旅俄

华侨华人的
历史与现实

Китайские эмигранты в
России: история и современность

主　编　宁艳红
副主编　姜　丹　王　佳

中国社会科学出版社

图书在版编目（CIP）数据

旅俄华侨华人的历史与现实／宁艳红主编．—北京：中国社会科学出版社，
2020.12

ISBN 978 - 7 - 5161 - 3541 - 9

Ⅰ.①旅… Ⅱ.①宁… Ⅲ.①华侨—历史—俄罗斯②华人—历史—
俄罗斯 Ⅳ.①D634.351.2

中国版本图书馆 CIP 数据核字（2021）第 019938 号

出 版 人	赵剑英
责任编辑	张 湉
责任校对	姜志菊
责任印制	李寡寡

出 版	中国社会科学出版社
社 址	北京鼓楼西大街甲 158 号
邮 编	100720
网 址	http://www.csspw.cn
发 行 部	010 - 84083685
门 市 部	010 - 84029450
经 销	新华书店及其他书店

印 刷	北京明恒达印务有限公司
装 订	廊坊市广阳区广增装订厂
版 次	2020 年 12 月第 1 版
印 次	2020 年 12 月第 1 次印刷

开 本	710×1000 1/16
印 张	17
插 页	2
字 数	287 千字
定 价	98.00 元

目　　录

绪论：风雨飘摇的一个半世纪
——旅俄华侨华人的历史与现实

从古至今，人口迁移活动，绵绵不绝。中国人移居海外的历史源远流长。"赚得金银万两，返乡建屋购田"是众多移民的金山梦、发财梦。为了实现这个梦想，许许多多的华侨栉风沐雨、筚路蓝缕奔赴异国他乡。鸦片战争以后，中国人移居海外出现高潮，到第二次世界大战结束之际，海外华人有 1000 万人。而旅俄华侨是众多海外移民中人数最多、分布最广、生活条件最差、处境最悲惨的群体。

旅俄华侨主要来自中国边疆地区，或来自内地省份，经陆路长途跋涉，或经水路一路艰辛，他们选取不同的赴俄线路，历经千辛万苦，来到地域遥远风霜寒冷之地，漂泊在西伯利亚和远东地区的广袤土地上。从 1860 年的《北京条约》签订至今，旅俄华侨已经走过一个半世纪的风雨历程。他们在中俄（苏）关系的历史变迁过程中经历风云际会，留下辉煌与落寞，抒写平凡与雄壮。由于所处的时代不同，或许他们有着相似的赴俄经历，却有着不同的奋斗历程和不一样的人生轨迹。

与东南亚和欧美国家的华侨不同，在发展历程中，旅俄华侨呈现出人数众多、处境艰难、经济活动大起大落、华文教育匮乏、社团组织无力等特点。由于一个半世纪以来中俄关系曲曲折折的发展变化，旅俄华侨也经历复杂的人生旅程。本书从中外学者的不同视角，展示不同时期、不同层面的旅俄华侨的生活轨迹、文化活动。

一 关于"华侨"与"华人"概念

"华侨"作为一个具体概念出现已经有大约一百三十年的历史，可是从其产生以来，对其理解和表述一直存在着争议。在晚清、民国凡是具有中国血统而居住在国外的人，都被认为是华侨。中华人民共和国成立之后，随着华侨双重国籍问题的解决，华侨概念也产生了变化。1990 年颁布的《中华人民共和国归侨侨眷权益保护法》第二条明确指出："华侨是指定居在国外的中国公民。"同时，依照国务院侨务办公室发出的通知，对华侨定义中"定居"一词作了具体解释，是指已取得住在国长期或者永久居留权或已取得住在国连续五年（含五年）以上合法居留资格，并在国外居住。中国华侨华人研究所副所长张秀明认为，定居指中国公民已经取得住在国长期或者永久居留权，并已在住在国连续居留两年，两年内累计居留不少于 18 个月，中国公民虽未取得住在国长期或者永久居留权，但是已经取得住在国连续 5 年以上（含 5 年）合法居留资格，5 年内在住在国累计居留不少于 30 个月，视为华侨。①

1993 年我国出版了首部《世界华侨华人词典》，其中对"华侨"一词的解释是：中国在海外定居谋生并保持中国国籍侨民的总称。如此看来，对于华侨概念的界定与历史背景的变化是休戚相关的，不同的历史时期，华侨定义所指人群也会有所不同。在俄罗斯学术界"华侨"一词泛指绝大部分居住在其境内的"中国人"，无论其是否取得该国国籍或长期居留权，在表述上多使用"中国侨民""中国移民""俄罗斯的中国人"等词语。

华人（Ethnic Chinese）概念初专指起源于黄河和长江流域的华夏族，随后扩展到受中华文明影响的周边少数民族之上，现时并成为全体中华民族的代称，其概念包括了"中国公民"（citizen of China）和"海外华人"（Overseas Chinese）。

新中国成立之前的民国政府侨务委员会的法条强调，"华人"是除华侨外，尚包括"归化为外国国民"以及移民散居在全球各地的中国人；"华侨"则单指定居在国外的中国公民。在中华人民共和国的法律中，华人是指带有前述中华民族血缘而"国籍非属中华人民共和国之人"。

因此，基于本书研究对象的特定含义，我们将"华侨"宽泛地界定为留居海外并保留中国国籍的华人。旅俄华侨就是泛指留居俄（苏）保留中国国籍的华人，它包括早期的华农、华商、华工等取得长期或永久居住权的居民，也囊括了赴俄（苏）短期居住、工作、学习的中国人。这既是出于学术研究的需要，更是出于多角度、全视野展示旅俄同胞学习工作、文化

---

① 张秀明：《华侨华人相关概念的界定与辨析》，《华侨华人历史研究》2016 年 6 月第 2 期。

生活、社会活动的考虑。

二　割地成侨：旅俄华侨的缘起

黑龙江是我国三大河流之一，源远流长，水势壮阔，奔腾入海。巍峨的外兴安岭，绵亘数千里，是江北原野的天然屏障。这片辽阔的地域，土地肥沃，物产丰富。16 世纪末以前，西起贝加尔湖，北至外兴安岭，东至鄂霍次克海，均属中国版图。自 8 世纪初，唐王朝在黑龙江地区设都督府，册封部落首领为都督起，历代王朝均派官吏对黑龙江地区行使管辖之权。到了清代，居住在黑龙江以北、乌苏里江以东的各族人民分别归黑龙江将军和吉林将军管辖。这里不仅地域辽阔，而且民族众多，创造了丰富多彩的民族文化。满族、蒙古族、鄂伦春族、鄂温克族、达斡尔族等是生活在我国东北边疆的古老民族，人数众多，足迹遍布整个黑龙江流域。清廷问鼎中原后，除居住在东北腹地和"从龙入关"者外，黑龙江中下游为其主要聚集地，他们绝大部分是清朝派驻瑷珲的八旗子兵后代，包括满族八旗、汉军八旗。这里还有达斡尔族、鄂温克族（索伦人）、鄂伦春族、赫哲族（俄人称戈尔德人），少部分费雅喀族（又叫作飞牙喀、非牙哈等，俄人称之为基里亚克人）、库页（专指居住在库页岛的原住民）等少数民族以及汉族人。这里的每一寸土地，都浸透着中华儿女的血汗，他们胼手胝足，用辛勤的劳动共同开发这块世代繁衍生息的土地。

黑龙江沿岸地区对于俄国，尤其是对于西伯利亚具有重要意义。1689 年，清朝同俄国签订了《尼布楚条约》，确认中俄东部边界，阻止了俄国向中国东北地区的继续扩张、侵吞。《尼布楚条约》的签订，使中国东北边疆获得了较长久的安宁。1858 年 5 月，俄国西伯利亚总督穆拉维约夫趁英法联军攻陷大沽口之际，以武力强迫黑龙江将军奕山签订了中俄《瑷珲条约》。根据这个条约，清政府割让黑龙江以北、外兴安岭以南 60 多万平方公里的土地，原属我国乌苏里江以东约 40 万平方公里的土地，包括吉林省全部海岸线及海参崴出海口，划为中俄"共管"，俄国在黑龙江、乌苏里江享有航行权，从而夺得了经黑龙江前往太平洋的通道。1860 年 11 月 14 日，清政府与俄国签订了《北京条约》，将乌苏里江以东 40 万平方公里的土地划归俄国。俄国通过《瑷珲条约》和《北京条约》割占了我国黑龙江以北、外兴安岭以南、乌苏里江以东 100 多万平方公里的领土，成为鸦片战争中最大的赢家。从此，黑龙江和乌苏里江从中国的内河变为中俄两国的界河。

1900 年，中国华北地区和东北地区相继爆发了义和团反帝运动。俄国为了维护其在华的侵略利益，于 1900 年 7 月，派兵进入此时仍属中国管辖的"江东六十四屯"，对世世代代居住于此的中国人进行了疯狂的屠杀和驱赶，先后制造了骇人听闻的"海兰泡惨案"和"江东六十四屯惨案"。《瑷珲县志》记载，江东六十四屯北起精奇里江口，南至孙吴县的霍尔莫勒津屯，面积达 3600 平方公里，在 1900 年被俄国割占前约有 3.5 万人。与之毗邻的海兰泡（布拉戈维申斯克）大约有 4 万居民，两地居民总数大约在 7.5 万余人，其中绝大部分为中国人。这一部分人因为割地而成为生活在俄国的侨民。

三 旅俄华侨简史

第一部分：帝俄和苏联早期的华侨华人

华侨赴俄具有政治、经济、生活等多方面原因。19 世纪中叶以来，由于国内土地减少、连年战乱、灾荒频发，以及俄国移民政策与远东地区大开发等原因，中国人开始大规模赴俄。1861 年 4 月 27 日，俄国政府制定并颁布了《俄国人和外国人向阿穆尔省和滨海省移民条例》，"实行缓交税务和用地分期付款，规定每户移民最多可占有 100 俄亩土地，免除兵役 10 年，免除土地税 20 年"。在本国劳动力严重不足，无法满足远东大开发需求的情况下，俄国政府和企业纷纷到中国招募大量的廉价华工，以补充国内劳动力的严重不足。自 19 世纪 70 年代始，来自中国东北三省和山东、山西、河南、河北、湖北各省的破产农民和无业居民大量移居俄国的东部地区乃至欧俄核心地带，至第一次世界大战爆发前，形成了俄国境内分布广泛、人数庞大、从业各异的华工群体，成为近现代史上跨国界、跨文化的历史现象。

十月革命以前，在远东经济开发中华侨涉足的领域十分广泛，包括资源开采与加工、交通与通讯、建筑、贸易、服务业、农业等各个领域，主要在矿山、伐木场、铁路、航运、磨米厂、油坊、面粉厂等部门从事非技术性的体力劳动，如仆役、伐木、船舶、采石、修路、航运、捕捞、渔猎、采集和与城市建筑行业相关的细木工、石工、石雕工、房屋油漆工、砖瓦匠等。

在十月革命以前，旅俄华侨遍布俄国各个角落，在各行各业之中都可以看见他们的身影，早期赴俄华工生活在祖国被帝国主义欺凌、瓜分的年代，在国内处于社会最底层，受到不平等待遇。他们背井离乡来到俄国，却依旧未改变被奴役、剥削的命运。在俄国，华工被称为"苦力""老伯代""跑腿子"，受尽俄国官僚、资本家的压榨，华工的付出与所得报酬和待遇不成正比。华工大多从事着俄国工人不愿意做的最危险、最苦、最累、最脏的苦工，每天工作 10—16 个小时，工作稍有怠慢或差错就要遭到监工打骂或扣罚工资，根本谈不上对劳动者权益的保护，人身安全也得不到保障，只有少数会俄语的"俄国通"或者与俄国妇女通婚的华工生活较好。

华工是远东劳动力市场的主力军，成为远东资本原始积累过程中不可缺少的一部分，在远东地区的经济开发中起到了重要的作用，加速了俄国远东大开发的进程。俄国西伯利亚地区和远东地区经济的快速发展与华工的辛勤劳动是分不开的，没有华工的积极参与、无私奉献，俄国就无法实现远东大开发的目标。在远东大开发建设中，华工更是用鲜血和生命抒写了一部奋斗、辛酸的血泪史。

十月革命前，在俄国远东地区的华工达到三十多万人，他们的生活环境极其恶劣，从事最艰苦的劳动，受到资本家的虐待、凌辱，纷纷要求摆脱奴隶地位、争取自由。

十月革命期间，华商的资产被没收，各地工厂纷纷倒闭，许多华工因革命和内战失业，处境艰难，财产损失惨重，人身安全难以保证，经常发生白卫军屠杀华侨事件，到处都有流浪的华工人群，他们靠行乞度日。由于大批华工失业归国，造成俄国远东地区劳动力严重匮乏，大多数企业停产、停工，俄国居民的日常生活受到严重影响，远东地区的经济受到重挫。

十月革命促进了旅俄华工的觉醒，他们与俄国工人联合起来共同反抗阶级压迫和民族压迫。1916 年在彼得格勒造船厂做工的刘福臣、冯作发是第一批报名参加赤卫队的战士，他们曾经参加突击进攻冬宫的战斗，并加入了布尔什维克党。明斯克巴赫工人赤卫队建立后，当地伐木场的千余名华工全部报名参加，在遥远的柯维契车站附近伐木工厂做工的 2000 名华工在布尔什维克党的帮助下全部报名参加赤卫队。1917 年在莫斯科、彼得格勒、彼尔姆、别尔米、弗拉基卡夫卡斯、彼特罗扎伏德斯克以及俄国其他城市的赤卫军支队中都有旅俄华工的身影。

华工还是传播马克思主义的一支重要力量。在许多城市里都留下了旅俄华工战斗的足迹。他们誓死保卫苏维埃政权，用鲜血铸成中俄友谊。这一期间还涌现出保卫符拉吉高加索的传奇英雄包其三；骁勇善战的中国营长孙富元和蒂拉斯波支队；威震阿穆尔州的陈柏川和老头队，他们用行动彻底改变了中国人在苏联的形象，他们的名字被铭记在苏联国内战争的史册上。

苏联时代的旅俄华侨和华人在数量上要比帝俄时代大为减少，但是在人员结构和政治觉悟、文化程度上有了极大的变化。华侨分布在苏联各地，以工作学习为主要目的，参与苏联社会主义建设，享受苏联公民同等待遇。

这一时期一些进步青年不远万里纷纷到苏联求学，寻求革命真理，苏联各大城市相继开放和创办学校，为中国革命者敞开了学习的大门，东方大学、中山大学等革命学校应运而生，赴苏留学活动渐次兴起。

20 世纪二三十年代，中国共产党陆续派出一批骨干赴苏联学习军事和政治理论，以推动中国革命发展，由于共产国际的指导和大革命的影响，在 20 年代出现了中共党员留学苏联的高潮。

20 世纪二三十年代的留苏学生支援了中国革命，提高了中共党员留学生的理论水平，培养了一批优秀军事指挥员，密切了苏联、共产国际和中国共产党的关系，为 1949 年新中国成立之后中苏关系的发展和 20 世纪 50 年代留苏教育的发展奠定了基础。

苏维埃政权建立后华农继续在当地租种土地，蔬菜种植是华农在远东地区从事的主要行业之一，华农从事农业种植和土地耕种的活动得到了苏联政府的支持，享受与苏联当地居民平等的权利。1927 年前后，苏联有 3 万余名华农，每年向城市提供白菜 3000 多万公斤，马铃薯 8000 万公斤，其他各种蔬菜 1.8 万公斤。据统计，1929 年末，在远东地区有 5.5 万名中国人，其中干农活的大约有 3 千人。是年在赤塔区共有"莫斯科""广州公社""自由中国""东方人""国际主义者"和"三月一日"6 个东方菜农合作社。在各个农庄里成立扫盲教育机构，组织华农参加社会主义比赛活动。一些集体农庄成立了党组织，开展政治理论学习并进行文化扫盲活动，一些集体农庄还成立图书阅览室、托儿所等机构，华农的文化生活得到了改善。

新中国成立之初，百业待兴。要发展工业、特别是重工业，最为奇缺的就是各类专业技术人员，尤其是高级技术人员。这一时期，中国急需发展高等教育，而国内又无法在短时间内培养出大批社会主义建设所需要的人才。在当时的国际环境下，要迅速培养大量中国自己的专业技术人才，只能依靠苏联，通过派遣留学生获得。

1951 年夏，中华人民共和国中央人民政府教育部经过严格的选拔和考核，从全国高等学校、科研机关和应届高中毕业生中录取了 375 人，8 月 13 日和 19 日，派往苏联的首批留学生分两批启程到莫斯科学习，其中有 239 人入苏联各地高等学校读本科，另 136 人入苏联的研究机构读副博士研究生，他们学习和研究的专业非常广泛，既有理科、工科、农科，还有文科。

据苏方统计，1951—1965 年在苏联学习的中国人员中有 18000 名技术工人、11000 名各类留学生、900 多名中国科学院各研究所的科学家，以及按科技合作合同在苏联了解技术成就和生产经验的 1500 名工程师。20 世纪五六十年代的留苏学生分别在莫斯科、列宁格勒、喀山、基辅、哈尔科夫、高尔基城等几十个城市的 220 多所大学和科研机构里学习。其中尤其以莫斯科和列宁格勒两个城市最多，在这两个城市里学习的留苏学生约占留苏学生总数的 70%。

第二部分：新中俄关系和"一带一路"倡议视野下的华侨华人

1989 年中苏关系正常化以来，两国的经贸关系随之展开。尤其苏联解体之后，中俄两国的经贸关系同政治与外交一样获得了突飞猛进的发展。这一时期前往俄罗斯远东地区务工的中国劳务人员开始增加，在旅游和边贸的推动下，大量中国人涌入俄罗斯。

新时期旅俄华侨大规模涌入俄罗斯的原因是多方面的。一是政治因素。中俄两国政府恢复正常关系以来，进一步加强睦邻友好与双边合作。两国政府不断出台促进彼此开放的政策、措施，赴俄罗斯各地经商、旅游、求学的中国人数不断上升，形成了历史上又一次华侨赴俄高峰期。二是人口因素。俄罗斯远东地区地域辽阔，物产丰富，人口稀少。近年来人口自然增长率下降，外流人口加剧，现有劳动力无法满足远东地区大开发的需要。而与俄罗斯远东地区相邻的中国东北地区人口稠密，劳动力过剩，为填补俄罗斯劳动力短缺提供了便利条件。三是经济因素。苏联解体引发了社会的激烈动荡和经济危机，卢布对美元的汇率暴跌。改革开放后的中国经济实现长期、快速、持续发展，商品种类丰富，市场经济繁荣。巨大的反差推动了边境贸易、赴俄经商及旅游业的兴起。俄罗斯快速发展经济的目标，为旅俄华侨提供了广阔的发展空间。四是地缘因素。中国东北地区与俄罗斯远东地区毗邻而居，有 4300 多公里的边境线，黑河、绥芬河、满洲里、东宁是赴俄重要通道，交通便利快捷。

华侨大多分布在莫斯科、圣彼得堡、哈巴罗夫斯克、符拉迪沃斯托克、伊尔库茨克、赤塔、阿穆尔州等地，一些较小的城市和村镇也有他们的身影，在远东地区无论是大城市还是小村镇都有华商的足迹。

进入 21 世纪，俄罗斯远东地区的中国人数量经历了由"持续减少—小反弹—再下滑—逐年回升—小幅下降—逐年攀升—直至历史最高点"的发展历程。

1. 持续减少（2001—2003）

2000 年，远东地区总人口为 720 万，常住的中国人口约为 25 万，占远东总人口的 3.5%。2001 年，远东地区的中国常住人口为 23.7 万人。2002 年黑龙江黑河海关过境的人数为 239941 人。2003 年 5 月，俄罗斯以中国"非典"疫情为由，组织卫生防疫部门突击检查中国人聚居的宿舍楼，以不符合卫生条件为由，查封关闭 19 处中国商人聚居宿舍楼，并限期两天内全部搬走清空。同一时间俄罗斯临时关闭多个边境口岸，赴俄中国人数量骤减，2003 年黑河海关过境人数为 191092 人。

2. 小反弹（2004）

"非典"疫情得到有效控制后，俄罗斯陆续开通边境口岸，从 2004 年开始，大量中国人重返俄罗斯，俄远东地区中国人数开始增多，仅从黑河海关过境的人数为 240526 人。

3. 再下滑（2005—2007）

从 2005 年开始，远东地区中国人数再度回落。2006 年，俄罗斯官方数字统计，曾使用中国合法劳务人员 201835 人，其中 20% 在移民局合法登记。俄罗斯学者拉林对远东地区中国人进行统计：2006 年为 18168 人，2007 年较上一年人数下降 15.3%，其中 78% 的中国人住在俄罗斯的城市或小城镇。

4. 逐年回升（2007—2012）

通过在远东地区进行的调研得知，2007—2012 年是华商在远东地区创业的黄金期，高额利润驱动大量中国人赴俄。2008—2012 年，黑龙江黑河海关过境人数依次为 266557 人、274428 人、275935 人、298864 人、335518 人，呈现一个新的逐年上升趋势。

5. 小幅下降（2013—2014）

2014 年俄罗斯经济严重萎靡，人民币与卢布汇率由秋季的 1∶6.5 降至年底的 1∶12。2014 年前在布拉戈维申斯克市经营水果年净利润为 30 万—50 万元人民币（以下均按人民币计算），友谊库一天能批发出价值 20 万元的货物，从黑河市直接过货一车水果利润达 5 万元人民币，如今批发一车水果仅挣 3000 元人民币。因卢布贬值、利润剧减，华商很难获利而纷纷回国，远东地区中国人口数量再度出现短暂下降趋势。

6. 攀升直至历史最高点（2015—2016）

据塔斯社 2017 年 5 月 17 日报道，新西伯利亚地区经济发展部统计的数字显示，2016 年新西伯利亚共接待 2 万多名中国游客，这几乎是 2015 年接待游客量的 4 倍，是 2014 年的 10 倍。

2014—2016 年，从黑龙江黑河出入境人数重新回升到 30 万人以上的高位，依次为：326518 人、391619 人、371427 人。2015 年俄罗斯远东经济探底回升以来，中国向远东地区的劳务输出以及商务输出日见起色，远东地区的经济开始回暖升温，移民人数达到历史最高点，说明新一轮赴俄人数的高峰已经来临。

远东中国移动就业人口大多从事建筑、餐饮、服装鞋帽、日用百货和蔬菜、水果批发与零售、农业种植等行业。围绕以上行业又形成了许多配套的服务产业，如租赁土地种粮食、蔬菜，做粉条、豆腐，生豆芽，养蘑菇等副业产品。有学者统计，中国蔬菜和水果在阿穆尔州市场所占比例达98%，服装、针织制品、各种纺织品和鞋类分别占 80% 到 95%。此外，他们还经营超市、房地产、中介公司、运输公司、旅游公司等，在远东地区，无论是大城市还是小村镇都有华商的身影，主要活跃在布拉戈维申斯克市、哈巴罗夫斯克市、符拉迪沃斯托克等主要城市，主要从事商业、餐饮、建筑、农业等行业，同时也从事与上述行业相关的附属业。

中国经济实力的崛起，加快了中国文化走出去的步伐。中国的文化、语言、饮食备受俄罗斯人推崇，华侨的社会地位、经济地位不断提升，工资有保障，生存环境、工作条件发生质的变化。他们当中有的人在中俄经贸发展中从事令俄罗斯人艳羡的职业。

在俄罗斯打拼的中国人，大多不是独自一人，而是与亲属或者同乡同行一起，他们在俄罗斯站稳脚跟，有一定经济实力后，便以移民网络为基础把亲属、朋友带过来共同创业打拼，互相照应和依靠，他们以家庭为单位，少则二三人，多则十几人、数十人，形成微型华人社区。

新时期旅俄华侨不再从事繁重工作，他们的政治经济地位不断提升，是中俄文化交流的纽带，成为推动远东地区经济发展的重要力量。他们不仅是远东地区主要的纳税者，是当地发展经济不可或缺的力量，还雇用俄罗斯人，解决俄罗斯人就业问题。

新时期，在中俄合作框架下，旅俄华侨人数不断上升，社会地位不断提高，他们心系祖国，情牵故土，不仅对旅居国做出突出贡献，还为祖居国的经济发展做出贡献，在中俄文化交流上发挥着桥梁纽带作用。

四 中俄学者研究现状

在 20 世纪，旅俄华侨问题曾经三次引起学术界和中俄政府部门的关注。第一次是 20 世纪初，由于"黄祸论"的影响，俄国学者和政府官员纷纷关注旅俄华侨问题，一批有分量的报告和论文相继问世。伊凡·纳达罗夫的《北乌苏里边区现状概要》、翁特尔别格的《阿穆尔沿岸（1908—1911 年）》、B. 格拉维的《阿穆尔沿岸地区的中国人、朝鲜人、日本人》详细记录了帝俄时期华侨华人赴俄的线路、人数、分布、业态、工资状况、社团活动及中俄通婚、华侨华人经济文化活动等，是研究远东地区华侨华人的重要文献史料。第二次是中苏"蜜月"期间，中苏推出一批旅俄华工与苏联红军共同抗击白匪军的文章和著作。如伊·巴比切夫的《在远东参加国内战争的中国朝鲜劳动者》、尼·波波夫的《他们同我们一起为苏维埃政权战斗》、刘永安的《为苏俄而战的中国志愿军》，详细记录了十月革命促进旅俄华工觉醒，与苏联人民一起并肩作战，保卫苏维埃的英雄事迹。第三次是 21 世纪初，中俄进入新时代合作伙伴关系，旅俄华侨问题又一次得到两国学者的关注，推出了一批有史料价值的文章。米兹、安洽的《中国人在海参崴—符拉迪沃斯托克的历史篇章（1870—1938）》，运用大量的档案资料，如报纸、杂志、旅行者的游记，详细介绍中国人在海参崴的生活和工作情况；布拉戈维申斯克国立师范大学奥莉娅·弗拉基米尔洛夫娜教授在《远东地区中俄边境关系（1917—1924）》《俄罗斯远东地区的中国移民》以及《1930 年在苏联远东地区的中国农庄》中通过俄罗斯文献资料，记录远东地区中国农庄的分布、人数及华农工作状况；西伯利亚联邦大学达旗生教授在《远东问题》2008 年第 5 期发表《中国劳务移民俄罗斯——鲜为人知的历史篇章》《俄罗斯远东地区的华侨扫盲运动与中文拉丁化运动》等，运用大量俄罗斯报刊、档案等，对华侨的文化教育状况进行翔实记录；尼·安·申佳洛夫的《布拉戈维申斯克历史》，搜集了大量的政治、经济、军事、文化、城市管理、基础建设等原始资料，为旅俄华侨史研究提供重要佐证材料；彼得罗夫的《俄罗斯华人史（1856—1917）》，运用大量图表和文献档案资料详细介绍滨海区居民民族分类统计、中国人在阿穆尔州人口的数量、海参崴口岸进出境人数、华侨置业人数等；索罗维耶夫·费德罗·弗拉迪米洛维奇的《资本主义时代俄远东的华人劳务（1861—1917）》，运用史料阐述 19 世纪下半叶至 1917 年以前俄国远东地区旅俄华人的产生和发展过程，记录俄国远东旅俄华侨的生活状况；叶琳娜·伊万诺夫娜·涅斯捷罗娃的《俄罗斯远东地区南部的管理体制及中国移民（19 世纪下半叶—20 世纪初）》，运用大量海参崴档案记录 19 世纪末 20 世纪初旅俄华侨（华工、华商）在俄国远东地区的生活状况，及俄罗斯对华侨务工、定居采取的政策；俄罗斯科学院远东分院亚历山大·拉林撰写的《中国人在俄罗斯：历史与现实》《旅俄华侨简史（1850—1920）》，系统阐述了 19 世纪下半叶至今旅俄华侨的历史概况，并就旅俄华侨的研究作了概括和总结。

国内学者也纷纷推出一批有价值的著作和文章：侧重华侨生活状况的有李永昌的《十月革命前夕的旅俄华工》，李志学的《割地成侨——俄罗斯华侨华人史的特殊一页》，卜君哲的《近代俄罗斯西伯利亚及远东地区华侨华人社会研究（1860—1931 年）》，李传勋的《俄罗斯远东地区的所谓中国"移民"问题》，于晓丽的《俄罗斯远东中国移民问题论析》，初祥、刘伟东的《俄罗斯远东地区的知名华人》，黄定天、赵俊亚的《俄罗斯远东地区中国移民状况述论》等。

侧重旅俄华侨与马克思主义传播研究的有林军的《全俄华侨组织——旅俄华工联合会研究》，薛衔天的《关于旅俄联合会机关报——〈大同报〉》，郭渊的《旅俄华工接受和传播马列主义过程的历史考察》，李玉贞的《十月革命前后的旅俄华人组织及其活动》，李志学、谢清明的《十月革命前后北洋政府对旅俄侨民的使领保护》等。

侧重旅俄华侨对俄罗斯贡献的有 B. 扎采平的《华人对俄罗斯远东城市发展的贡献》。

侧重留俄学生的有于洪君的《关于二、三十年代中国革命者和青年学生赴苏学习的几个问题》。

五　本书的构架与特点

本书首次全面系统地对旅俄华侨历史与现实的文章进行有针对性收录，弥补以往学术界在该领域的研究缺失。为本书赐稿的不仅有学界的资深专家，还有学界新秀。他们的研究成果从多学科视角探索了旅俄华侨研究的问题和趋势，展示不同历史时期旅俄华侨的生活状况、经济文化活动、社团组织活动、教育活动、华侨形象等，通过一个个不同历史事件，折射出不同历史时期的中俄关系。

为了集中展示旅俄华侨的研究成果，本书收录了国内外 19 篇有代表性的论文，本书以时间为经，以事件为纬，按照时间分为两部分：第一部分：帝俄和苏联早期的华侨华人；第二部分：新中俄关系和"一带一路"倡议视野下的华侨华人。内容包括清末民初留苏教育、二十世纪初的旅俄华侨、女性华侨、十月革命前生活在集体农庄的华农、旅俄华工形象的转变、旅俄华工联合会机关报《旅俄华工大同报》、北洋政府的护侨活动、俄罗斯时期的莫斯科华商、俄罗斯华侨现状分析等，主要论述从 1860 年《北京条约》至今一个半世纪以来旅俄华侨的发展轨迹。本书是会集百家之长，会聚中外学者高层次研究成果的学术性基础性研究资料，是深化旅俄华侨史研究的尝试。

本书论文内容、基本观点均具有可读性、学术性，实用性较强，所依据档案史料及调查资料大多为作者原创、属首次发表，学者们采取民族学、社会学、历史学、文化人类学、国际法学、社会心理学等多学科交叉比较的方法；采用史学二重证据法和三重证据法；利用信息化手段，进行大数据分析，并以唯物史观为指导，采用史论相结合的研究方法，是研究旅俄华侨华人不可或缺的史料。

本书通过采集不同时期旅俄华侨原始材料，展现了一个半世纪以来旅俄华侨的生活状况，记录他们在俄的酸甜苦辣及人生足迹，还原了旅俄华侨真实历史面貌，描绘了旅俄华侨在多方面因素如人口数量、文化程度、职业结构、生活状况等影响下，个体的发展变化，呈现出不同历史时期旅俄华侨的个性特点。

选编结集过程中，所有论文保持刊发时的原貌，并注明出处，希望本书的出版，为广大读者深入了解旅俄华侨历史提供参考。

六 本书编撰的目的及使命

一个半世纪以来中俄关系曲折复杂、恩恩怨怨，在此背景下，旅俄华侨由受奴役、地位低下，处境悲惨到在十月革命的洗礼下，纷纷起来反抗帝国主义压迫，与苏联战士一起抗击白匪军，再到遍布苏联各地，参与苏联社会主义建设，享受苏联公民同等待遇。俄罗斯时期，旅俄华侨走入全新生活，完成新华侨社会地位和社会形象的转变。

一个半世纪以来，旅俄华侨探索出一条艰辛的生存之路。他们与俄（苏）人民联系密切，他们不仅是远东大开发的重要生力军，还是远东地区重要的经济支柱。他们热爱第二故乡旅居地，用行动谱写了许许多多可歌可泣的英雄事迹。旅俄华侨和苏（俄）人民在反法西斯和军国主义战斗中相互支持，相互援助，并肩作战，用鲜血和生命铸造了中俄友谊；在卫国战争的最艰难岁月里，许多旅俄华侨毅然投身到抗击法西斯德军的英勇战斗中，中国飞行员唐铎作为苏军空中射击团副团长，鹰击长空，在同法西斯的空战中屡建战功；在莫斯科伊万诺沃国际儿童院学习的革命后代，他们虽然年幼，但是自告奋勇参与到抗击法西斯战争中，挖战壕、生产军服、照顾伤病员，为苏联卫国战争做出了自己的贡献。

铭记历史，开创未来。新时期，旅俄华侨不仅是中俄关系的见证者，还是联系中俄关系的桥梁和纽带。他们是传播中国好声音，让俄罗斯人民了解中国的重要实践者；是助力祖国发展，同圆共享中国梦的建设者；是维护中华民族大义、祖国统一和民族团结的促进者；是弘扬中国传统文化，推动中俄文明交流的互鉴者。

进入 21 世纪，中俄进入新时代战略合作伙伴关系，随着全球化进程的加速和中国国际化水平的提升，双方交流日益加强，尤其是随着中俄部分档案的解密，旅俄华侨问题引起学界的广泛关注，一批高质量的研究成果相继问世，研究领域由以旅俄华侨历史为主，拓展至旅俄华侨政治、经济、华商管理、华文教育、华侨宗教、华文传媒研究等领域，研究方法呈现多学科交叉的发展趋势，涉及政治学、经济学、历史学、社会学、民族学、教育学、管理学等学科的方法和视角。尽管近年来国内外出版了不少有关旅俄华侨的研究成果，但唯独缺少一本既有较强学术性，又适合广大读者阅读、博采众长的基础性学术著作。

黑河学院是中俄 4300 多公里边境线上中方唯一一所普通高校，多年来，利用地缘优势，与俄罗斯三十余所高校建立交流合作关系，对俄合作取得丰硕成果，旅俄华侨研究成绩斐然，得到社会各界的好评。2017 年 5 月，黑龙江省社科联批复在我校建立省旅俄华侨历史文化学术交流基地；2017 年 11 月，中国华侨华人研究所批复在我校建立中国侨乡文化研究中心，这是东三省唯一的侨乡文化研究中心；2018 年 9 月，成立黑龙江省旅俄华侨华人研究会，这是目前我校唯一的省级一级学会，也是黑龙江省唯一在哈尔滨市以外建立的一级学会。

编者在旅俄华侨史研究领域耕耘八载，在诸多学界前辈的帮助和支持下取得了一些成果。曾对 19 世纪中期至今的旅俄华侨进行较为系统的学术研究，曾出版《旅俄华侨史》（人民出版社 2015 年版）、《华侨在俄罗斯》（黑龙江教育出版社 2015 年版）和《旅俄华侨史料汇编》（黑龙江教育出版社 2016 年版）、《黑水为证：旅俄华侨的历史记忆》（社科文献出版社 2018 年版）。

时值旅俄华侨研究成果在中华大地百家齐放、百家争鸣之际，为进一步彰显中国侨乡黑河学院文化研究中心的研究成果，作为研究中心负责人愿为广大读者尤其是学者，提供编写旅俄华侨华人历史与现实的基础性著作，这也是我们编写本书的初衷。

作为一名研究者，我们要不忘初心，继往开来，牢记学者的历史使命，把更多的优秀成果展示出来。通过编撰旅俄华侨华人历史与现实的相关著作，可以总结中俄关系下华侨的发展脉络及其特点，华侨的迁移规律和融合过程，拓宽学者对旅俄华侨史的研究思路和研究的深度与广度，开辟旅俄华侨研究的新领域，填补旅俄华侨文献史料研究的空白。本书是对旅俄华侨史和中国移民史、中俄关系史研究的补充和完善，为研究国际移民史、世界华侨史的专家、学者提供基础材料，尤其是相关研究理论和观点的提出，将进一步完成旅俄华侨史研究、世界史研究的理论创新，从而对上述学科的建设发展尽一份绵薄之力，也可以为促进中俄之间的区域合作提供历史借鉴。

黑龙江黑河是对俄的窗口，是赴俄重要通道，是旅俄华侨归国的重要离散地和聚集地。弘扬和传承中华优秀的传统文化，传承旅俄华侨拓荒不息的奋斗精神和爱国爱乡的奉献精神，传播侨乡中华好声音，也是落实十九大精神，实现文化强国，坚定文化自信，繁荣社会主义文化的具体体现。

本书系 2019 年中国侨联课题"俄罗斯远东地区华侨华人生存状况的调查与研究"项目的阶段性成果，副主编为姜丹、王佳。由于本书涵盖的时间较长，涉及的范围较广，加之编者学识及能力有限，无法一一收录该领域的优秀学术成果，纰漏之处，敬请各位专家学者批评指正。

编者

2019 年 12 月

第一部分

帝俄和苏联早期的华侨华人

清末民初中国人留学俄（苏）活动的历史考察

刘振宇*

【摘　要】清末民初中国人留学俄（苏）活动，是百年中国人留学史最富于特色的一段篇章。19世纪下半叶起，受中俄外交关系及国际国内形势等因素影响，中国人留俄活动渐次兴起，陆续有中央、地方派遣的各类型官费留学生以及大批自费留学生赴俄国求学深造，并延续至民国初年，而清政府的留学管理体制也随之建立与完善。这一时期的中国人留学活动首开中国学子赴俄求学之先河，培养出一批精通俄文俄语的政府官员、外交与外语人才，还有部分留俄（苏）学生积极投身侨务与革命事业，在维护华侨华工利益、促进中苏外交关系建立及推动中国革命发展等方面有一定贡献，并开辟了近代中俄教育交流乃至文化交流的新渠道。

【关键词】清末民初；留学教育；留俄（苏）

选派留学生赴海外求学深造，既是人类社会文化交流的重要形式，也是一个国家造就人才的必要途径。对近代中国而言，派遣留学生更是育才于域外"挽大厦之将倾"的求存之道。因此，自19世纪中叶以来，在"师夷长技"命题的引领下，为求"以西方之学术，灌输于中国，使中国日趋于文明富强之境"①，大批学子负笈千里，奔赴东西洋诸国，由是揭开了百年中国人留学大潮的序幕。正因其意义重大、影响深远，故长期以来学界有关中国人留学史的高质量研究成果不断涌现。但在既有成果之中，就国别而论以研究留学美、日、英、德等国为多，而对清末民初中国人留

---

* 作者简介：刘振宇：沈阳师范大学教育科学学院副教授。

① 容闳：《西学东渐记》，湖南人民出版社1981年版，第23页。

学俄（苏）活动的专题考察尚为稀见。甚至有苏联学者认为，直到 20 世纪 20 年代以前还未有中国青年赴俄留学。[①] 为还原史实、以资借鉴，笔者以档案史料等第一手资料为依据，力图对此段留学活动之缘起、发展脉络及影响等作以述论，以求展现其完整风貌与历史意义。

一　留学之基筑于历史

对于处在时刻变化发展中的人类世界而言，每一历史事件的产生、演化乃至结局都是与一定的经济、政治、社会等因素紧密相连的，有特定孕育条件与深刻内在动因。恩格斯便指出："历史是这样创造的：最终的结果总是从许多单个的意志的相互冲突中产生出来的，而其中每一个意志，又是由于许多特殊的生活条件，才成为它所成为的那样。这样就有无数互相交错的力量，有无数个力的平行四边形，而由此就产生出一个总的结果，即历史事变，这个结果又可以看作一个作为整体的、不自觉地和不自主地起着作用的力量的产物。"[②] 这就要求我们在分析历史问题之时，必先对引致其发生、演进的内外部因素作以客观深入的探求。诚如列宁所言，研究社会科学问题的最可靠方法就是"不要忘记基本的历史联系，考察每个问题都要看某种现象在历史上怎样产生、在发展中经过了哪些主要阶段，并根据它的这种发展去考察这一事物现在是怎样的。"[③]

中国人留学俄（苏）活动在清末民初时期的兴起，若追根溯源而论则肇始于中俄国家关系的确立，并在两国政治、经济、外交、军事、文化等领域交往不断深入的基础之上，伴随着中俄教育交流活动的开启而获得了产生发展的历史机遇。

中国与俄罗斯之间的关系，最早可追溯自公元 9 世纪至 10 世纪。发源于欧洲东部的俄罗斯，在公元 9 世纪建立起第一个统一的国家——基辅罗斯。正是在此时期，罗斯与中国之间发生了商业贸易方面的间接联系，中国的丝织品等各种制品开始传入罗斯。[④] 但这种间接性质的贸易活动并不

①　Г. В. Ефимов. Из истории Коммунистического университета трудящихся Китая. Проблемы Дальнего Востока. 1977. №2。

②　《马克思恩格斯选集》第 4 卷，人民出版社 1972 年版，第 478 页。

③　《列宁选集》第 4 卷，人民出版社 1995 年版，第 26 页。

④　［苏］斯拉德科夫斯基：《俄国各民族与中国贸易经济关系史（1917 以前）》，宿丰林译，社会科学文献出版社 2008 年版，第 40 页。

能真正促进中俄两大民族的沟通交流，至成吉思汗麾下的蒙古大军横扫欧亚大陆之时，中国与俄罗斯方才产生直接接触。1223 年，蒙古大将速不台奉命进军俄罗斯南部，此后俄罗斯之名为中国人所知晓。在中国历史典籍的记述中俄罗斯有多种称谓："其名作斡罗思部，又作阿罗思，又作兀鲁思，又作乌鲁思。《元朝秘史》作斡鲁斯，盖皆蒙语 Oros 者也。"① 由蒙古人建立的钦察汗国控制绝大部分罗斯领土之后，即有部分俄罗斯人被送至中国北部，组建起"宣忠扈卫亲军"，为蒙古贵族服役。② 而蒙古人则通过挟携中国内地的工匠技师、歌伎艺人、书吏等专门人才，在罗斯传播了中华文化。此外，蒙古人还将茶叶带到了罗斯诸公国，俄罗斯上层人士由是喜欢饮用中国茶，而且他们对精美的中国器物和服饰也颇为喜爱，"不但争相使用穿戴，还用东方语言来称呼"，"甚至学会了使用算盘来记账"。③ 蒙古人在罗斯的统治大约持续了两个半世纪，直至 15 世纪下半叶到 16 世纪初之时，由大公伊凡三世统治的莫斯科公国基本完成了对罗斯各公国的兼并，并摆脱了蒙古桎梏，统一的俄罗斯国家就此初步形成。④ 而在中国，朱元璋于 1368 年率军攻占元大都，推翻了元朝的统治，建立起明王朝。随着盛极一时的蒙古帝国的崩溃，中俄之间的联系出现了历史断层，自公元 14 世纪下半叶起，两国开始各自独立发展，彼此之间无论官方抑或民间往来皆难觅踪迹。

1547 年，伊凡四世于加冕典礼上正式采用古罗马皇帝凯撒的称号，自称"沙皇"，标志着军事封建专制的沙皇制度在俄罗斯的确立。由是，为进一步掠夺更多土地和奴役更多人民，满足封建贵族对更多利益的渴求，沙皇俄国走上了对外扩张的道路，使得"俄国的历史"成为"一部国家殖民的历史"。⑤ 在此进程中，中国与俄罗斯于 17 世纪开始建立起国家间的政治、经济和文化联系。沙俄不仅通过武装侵略对中国领土进行殖民占领，更着意于借助商业攫取利益。有学者对此评价道："俄国从最初与中国发生关系时起，就让人家看出它想从与它的邻邦的接近中捞取什么……

---

① 张星烺编注，朱杰勤校订：《中西交通史料汇编》第 1 册，中华书局 1977 年版，第 160 页。
② 详见（明）宋濂等《元史》卷三十五、卷三十六。
③ 黄定天：《中俄关系通史》，黑龙江人民出版社 2007 年版，第 2 页。
④ ［苏］马夫罗金：《俄罗斯统一国家的形成》，余大钧译，商务印书馆 1995 年版，第 195 页。
⑤ 复旦大学历史系《沙俄侵华史》编写组：《沙俄侵华史》，上海人民出版社 1986 年版，第 2 页。

而这个目的就是商业。俄国把中国看成是一个未来的市场。""彼得大帝时期的中俄关系史，实际就是俄国在远东的商业史以及中国政策对这种经济关系所发生影响的历史。"① 这就导致冲突与贸易成为其时中俄国家关系的主题，清王朝与沙俄政府围绕着领土争端、商贸往来等一系列问题展开了斗争与谈判。在此期间，两国分别于 1689 年和 1727 年签订了《尼布楚条约》及《恰克图条约》，对涉及的矛盾与争端以法律条文的形式予以规定和解决。

也就是在此时期，中俄关系的演进促成了中俄教育交流活动的产生。在清王朝与沙俄政府交涉日繁的过程中，两国都感受到语言隔阂问题所带来的种种弊端，尤其是进行尼布楚谈判之时，因中俄均缺乏通晓对方语言的专业翻译，只能启用熟谙拉丁语而又掌握汉语的在华耶稣会士作为沟通媒介。鉴于耶稣会士的独立"第三方"身份，故其难以成为沟通中俄关系的长久倚重力量。由此，中国与沙俄都开始着手培养外交、翻译人才。俄国政府充分意识到此问题的重要性，因而采取"双管齐下"的策略，既在国内兴办满、蒙文学校，又向北京派遣东正教驻京布道团和留华学生，以此培养通晓中国语言的外交、翻译及汉学人才，并配合沙俄对华外交政策开展搜集情报、研读资料等活动，对中国进行全面研究。② 相对于俄罗斯的积极态度，其时尚处于鼎盛时期的清王朝则囿于传统的"天朝上国"政治文化与朝贡体制，不肯"纡尊降贵"派遣留学生赴俄实地学习考察，仅于 1708 年在北京创设了俄罗斯文馆③，及于 1792 年在伊犁建立了"伊犁俄罗斯学"④，用以培养俄语人才。

尽管清王朝对于培养外交、翻译人才的重视程度较之沙俄相去甚远，但中俄教育交流毕竟得以发轫。随着中国与俄罗斯国家关系的建立与发展，在政治、经济、军事、外交等诸因素的综合作用下，此种教育交流活动的重要性日益凸显，从而为中国人赴俄留学的实现奠定了前期基础，创造了历史契机。

---

① ［法］加斯东·加恩：《彼得大帝时期的俄中关系史》，江载华、郑永泰译，商务印书馆 1980 年版，第 3、7 页。

② 余子侠、刘振宇、张纯：《中俄"苏"教育交流的演变》，山东教育出版社 2010 年版，第 12—27 页。

③ 故宫博物院：《文献专刊（故宫博物院十九周年纪念)》，和记印书馆 1944 年版，第 49 页。

④ （清）松筠修：《钦定新疆识略》（二)，文海出版社 1965 年版，第 639 页。

二 官派留俄始于外交

伴随着中俄国家关系的逐步演进，中国人留学俄国的必要性与可能性亦日益显现。对于派遣中国学子赴俄留学一事，早在 18 世纪上半叶已有清朝官员提出动议。1735 年，镶蓝蒙古旗副都统多尔济针对俄罗斯文馆教学成效并不显著的问题向清廷奏议："由俄罗斯学校少年内，拣选学习略懂者四名，与今来之俄罗斯使臣同遣，勤习伊等语文三年而回。如此，翻译由俄罗斯国来文，不致遗谬。"① 此项派遣留俄学生的建议虽是学习外语之良策，但基于其时清王朝对俄外交政策的局限而并未被采纳。当历史的时针转到 19 世纪中叶之时，中国人留学俄国的契机似乎再度出现。1859 年 1 月 24 日，俄国东西伯利亚总督尼古拉·尼古拉耶维奇·穆拉维约夫② 在致黑龙江副都统吉拉明阿的咨文中表示："所有二年后差学生前来之处，我甚欢悦，且与两国有益。其学生前来学艺，务于起身之一月或半月以前致信，我闻信后，即饬属员尽心教诲。"③ 接此咨文后，清廷却颇感莫名其妙。于是，清中央政府在同年 1 月 27 日密寄给黑龙江将军奕山、吉林将军景淳的上谕中指出："其木哩斐岳幅来文内，有二年后差学生到俄国学艺之语，更不知从何而来。"④ 由于缺乏更多资料作为旁证，此事也就成为一桩无从考证的历史悬案，但可以肯定的是，咸丰帝在位时期并未有中国学子以官派留学生的身份赴俄学习。

直至清同治年间，中国人留学俄国的帷幕才徐徐拉开。此时，历经两次鸦片战争的清王朝被迫选择兴办洋务作为"自救"措施，派遣留学生即是其中教育革新的重要环节，这就再次为中国人赴俄留学提供了机遇。由是，从"随使游历"与"住馆肄业"起步，官派留俄生开始登上历史舞台。

所谓"随使游历"，是指总理各国事务衙门在派遣使团出国考察时，随团均携有京师同文馆学生若干名，这些学生要在领队官员的指导下学习

---

① 中国第一历史档案馆译编：《雍正朝满文朱批奏折全译》下册，黄山书社 1998 年版，第 2492 页。

② 在清朝汉文俄罗斯档中被称为木哩斐岳幅。

③ 故宫博物院明清档案部编：《清代中俄关系档案史料选编》第 3 编，中华书局 1979 年版，第 611 页。

④ 同上书，第 609—610 页。

外国语言文字、了解各国国情、掌握外交礼仪、熟悉中外交涉有关事项等。"随使游历"前往的国家很多，俄国便是其中最主要国度之一。此时的中俄关系已经与清代前期大有不同，俄国在第二次鸦片战争中充当英法与中国之间的调停者，从中捞取到大量在华利益和特权，沙俄势力得以渗入中国并全面扩张。在这种形势下，清政府不得不改变以往"天朝上国"不肯轻易遣使出访的态度，开始陆续向俄国派遣使团参观考察。第一个赴俄考察团出现于1866年。是年2月20日，恭亲王奕䜣奏请清廷批准斌椿携若干同文馆学生随赫德出洋考察。同年3月6日，斌椿考察团从北京启程。该团共有5人，包括斌椿与其子广英，以及同文馆的3名学生。① 访俄期间，斌椿一行收获颇丰，尤其对沙俄国情有了直观了解。继斌椿考察团之后，清政府于1868年1月5日又派遣蒲安臣使团前往日、美、英、俄等国"办理中外交涉事务"②，此次随团出访成员中亦有京师同文馆英、法、俄馆学生6名。③ 斌椿考察团和蒲安臣使团对俄国的出访，使随团同文馆学生得到多方历练，增长了对俄国的认识，也对俄语更为熟谙，这就为此后中国使团专访俄国铺平了道路。1878年12月31日，总理各国事务大臣崇厚率领的访俄使团抵达彼得堡。使团中有京师同文馆学生6人，主要任务是担任翻译及实地学习。这些学生分别隶属于英、法、俄三馆。④学生们除担任翻译外，还协助官员襄办馆务，并借参加外事活动之机与俄国社会广泛接触，这对培养其语言文字能力、外交技能及增进对俄国的深入了解均大有裨益。

随着中外交涉日益增多，单靠"随使游历"已无法满足清政府对外交、外语人才的需求。为改变此种状况，1890年3月16日詹事志锐上奏称，由于随使出访机会太少导致同文馆学生欠缺口语锻炼，无法同外国人流畅交谈，遑论快速准确地完成翻译工作，由是提出应给予学生更多出国机会。⑤ 此建议获清廷肯定，继而以"住馆肄业"取代"随使游历"，以加强培养同文馆学生的外语能力。1896年2月7日总理各国事务衙门呈报《奏派学生出洋片》，拟于英、法、德、俄使馆各拨学生4名，分往学习语

① 张德彝：《航海述奇》，湖南人民出版社1981年版，第1页。
② 张德彝：《欧美环游记》，湖南人民出版社1981年版，第26页。
③ 同上书，第25页。
④ 张德彝：《随使英俄记》，岳麓书社1986年版，第640页。
⑤ 中国史学会主编：《洋务运动》（二），上海人民出版社1961年版，第69—70页。

言、文字、算法，以 3 年为期，责成出使大臣严为稽核。① 其中赴俄学生共为两批：第一批是邵恒濬、桂芳、陈嘉驹、李鸿谟，第二批为张庆桐、傅仰贤、陈瀚、郝树基。与"随使游历"的同文馆学生相比，"住馆肄业"学生可长期在俄学习，但同时由于"学生均以襄赞使署公牍为务，无暇求学"，所以有学者认为其"实不能谓为留学生也"。② 虽然如此，"住馆肄业"学生还是获得了进入俄国学校攻读专业课程的机会，比照"随使游历"已是不小进步。如郝树基在俄所学专业为矿务，于 1905 年 10 月学成回国；陈瀚、范其光所学专业为铁路，毕业后为获得高等文凭自愿继续留俄。③ 部分"住馆肄业"学生还因学业优良获清政府褒奖。如在 1905 年，出使俄国大臣胡惟德上奏清廷，称张庆桐、郝树基、范其光、陈瀚"在俄已届满六年"，且"积年刻苦，讲求科学""立志既远，植品尤佳"，请求清廷"按异常劳绩续行请奖所有"。此议获准，张庆桐等人因此均升至更高官阶。④

"随使游历"与"住馆肄业"开创了中国官派留俄学生之先河，尽管其首要目的是配合外交官员完成出访使命，但也确实负有学习语言文字及其他专业的任务，而其积累的外语知识、外交技能都成为后辈留俄学生可资借鉴的宝贵经验。

三 官费留俄随势而兴

历经"随使游历"与"住馆肄业"阶段后，真正意义上的官费留俄学生终在 20 世纪之初登场亮相，而这又与清政府对留学教育的更高要求及其时俄国高等教育的发展状况密切相关。为提高留学生的质量和数量，光绪皇帝于 1899 年和 1902 年先后两次下旨，要求留学生从专门学习语言文字向其他行业转换，并诏令各省给予一定经费支持。因此，从中央政府机构到地方各省纷纷加大派遣留学生力度。其时，鉴于各省所派出洋学生之

---

① 朱有瓛主编：《中国近代学制史料》第 1 辑（上册），华东师范大学出版社 1983 年版，第 51—52 页。

② 张星烺：《欧化东渐史》，商务印书馆 2000 年版，第 45 页。

③ 中国社会科学院《近代史资料》编辑部：《近代史资料》总第 92 号，中国社会科学出版社 1997 年版，第 163 页。

④ "奏为前同文馆选派出洋学习俄文学生张庆桐等毕业请鼓励事"，光绪三十一年九月二十六日，中国第一历史档案馆馆藏档案，军机处录副（光绪朝），缩微号 538 - 2554。

目的地多以日本为主，而往泰西各国咨送者甚少，故清廷谕令各省督抚，为"广开风气"，"选择明通端正之学生，筹给经费，派往西洋各国"①，这就为官费留俄生的出现提供了契机。加之此时俄国已步入资本主义发展轨道，高等教育获得极大发展，到20世纪初时俄国大学里的自由气氛和学术生活多元化已经可以与西方国家的大学相媲美②，虽仍存有"法政不如工艺，文学不如武备"的弊端，但军事、工业技术、农林冶矿等专业的教育水平位居世界前列，这与清政府着意培养科技人才的目的不谋而合。③由此，留俄学生人数呈渐增之势。

　　1903年，署理湖广总督端方从湖北各学堂中选拔出萧焕烈、严式超、夏维松、刘文彬派往俄国留学。1904年，经总理学务大臣奉旨批准，京师大学堂译学馆选派柏山、魏渤前往俄国圣彼得堡皇家大学堂学习法政专业。黑龙江将军程德全对派遣留俄学生同样十分重视，他在1906年的一份奏折中指出："查各省咨送外洋肄业学生，若日若美，若英法德，为数约以万计，独于俄则寥寥无几……江省界连壤接，密迩周旋，将来两国铁轨大通，界务、商务以及一切交涉事宜，接踵而起。若以彼都政事俗尚不加深究，何以收安内辑外之效？"④正是基于为东北培养外交人才的考虑，程德全于1906年和1907年先后派遣王忠相、车席珍、朱绍阳、王佐文、车仁恭、刘雯、朱世昌、唐宝书、李毓华、钟镐等人前往俄国圣彼得堡学习勘探、矿物、理化、法政、商务、军事等专业。此外，1906年有原自费留学的江苏学生魏立功转为官费生，并于1908年入圣彼得堡商学院学习商务专业。1907年，吉林官费生、肄业于京师同文馆的李垣入圣彼得堡大学。同年8月，江苏自费生李宝堂入圣彼得堡铁道学院学习铁路建设专业，后转为邮传部官费生。

　　为便于了解清末新政时期官费留俄生的大致情形，现将资料较全者列表1如下：

---

　　①　朱寿朋、张静庐：《光绪朝东华录》卷176，中华书局1958年版，第4932页。

　　②　［美］尼古拉·梁赞诺夫斯基、马克·斯坦伯格：《俄罗斯史》，杨烨、卿文辉主译，上海人民出版社2007年第7版，第413页。

　　③　王焕琛：《留学教育——中国留学教育史料》，"国立"编译馆1980年版，第654页。

　　④　"奏为黑龙江省选派学生赴俄游学以储人才事"，光绪三十二年闰四月二十六日，中国第一历史档案馆藏档案，宫中朱批奏折，缩微号01-38-009-1609。

表1　　清末民初部分官费留俄生情况一览表①

姓名	籍贯	到俄时间	何处咨送	到学年月	所在院校	专业	毕业时间	毕业去向
柏山	广州驻防镶白旗	光绪三十年五月	京师大学堂译学馆	光绪三十年八月	森堡大学堂	法政科	宣统二年	回国
魏勋	江苏海门厅	光绪三十年五月	京师大学堂译学馆	光绪三十年八月	森堡大学堂	法政科	宣统二年	回国
萧焕烈	湖南衡州府清泉县	光绪二十九年五月	湖北	光绪三十年七月	森堡大学堂	法政科	预计宣统三年	回国
严武超	湖北黄州府黄冈县	光绪二十九年五月	湖北	光绪三十年七月	森堡大学堂	政法专科	拟于宣统元年	光绪三十四年暑假护送病重同学夏维松回国
魏立功	江苏海门厅	光绪三十年四月	江苏	光绪三十一年八月	森堡中等实业学堂	/	宣统二年	商务学堂毕业后入军医大学堂
朱世昌	安徽安庆府桐城县	光绪三十二年闰四月	黑龙江	光绪三十四年八月	森堡商业学堂	商务普通科	民国初年	/
车席珍	黑龙江省海伦厅	光绪三十二年闰四月	黑龙江	光绪三十三年八月	森堡矿务学堂	勘苗科	民国初年	回国
唐宝书	广东香山县	光绪三十二年闰四月	黑龙江	光绪三十三年八月	森堡矿务学堂	矿务专科	民国初年	/
车仁恭	黑龙江省巴彦州	光绪三十二年闰四月	黑龙江	光绪三十三年八月	森堡大学堂	法政科	民国初年	/

① 本表据《留学教育——中国留学教育史料》第659—668页资料整理而成。

续表

姓名	籍贯	到俄时间	何处咨送	到学年月	所在院校	专业	毕业时间	毕业去向
王佐文	黑龙江省呼兰府	光绪三十二年闰四月	黑龙江	光绪三十三年八月	森堡大学堂	法政科	民国初年	/
王忠相	黑龙江省海伦厅	光绪三十二年闰四月	黑龙江	光绪三十三年八月	森堡实业学堂	商务法律	民国初年	回国
朱绍阳	湖北武昌府兴国州	光绪三十二年闰四月	黑龙江	光绪三十三年八月	森堡商业学堂	商务专科	民国初年	/
李毓华	吉林省吉林府	光绪三十三年六月	黑龙江	光绪三十三年八月	森堡大学堂	法政科	民国初年	回国
刘雯	吉林省吉林府	光绪三十二年闰四月	黑龙江	光绪三十四年八月	森堡矿务学堂	矿务专科	民国初年	回国
钟镐	吉林满洲镶黄旗	光绪三十三年六月	黑龙江	/	陆军马队学堂	/	照章四年毕业	回国
李堂堂	江苏上海县	宣统元年三月	邮传部	光绪三十三年八月	森堡铁路大学堂	铁路专门科	民国初年	回国
陈瀚	江苏江宁府江浦县	光绪二十五年十一月	外务部	光绪二十八年	俄京道路学堂	道路工程	/	光绪三十一年商部札调，三十二年伊犁将军奏调
范其光	江苏江宁府上元县	光绪二十五年五月	外务部	光绪二十八年九月	俄京道路学堂	桥工、铁路、等等	/	光绪三十一年商部札调，三十二年分通艺司行走
李垣	顺天府大兴县	光绪三十三年十二月	吉林	光绪三十四年	森堡大学堂	/	照章四年毕业	回吉林省

表 1 所列官费留俄生共计 19 名。此外，尚有部分官费留俄生因资料不全等原因无法列入表内，现对其情形概述如次：湖北选送的夏维松因病于 1907 年提前回国，后再度赴彼得堡完成学业，刘文彬则转入欧洲其他国家就学。①

1903 年 8 月自费留俄生陈颇抵达俄国②，1904 年 6 月 5 日转为外务部官费生③，同年 7 月入"俄国户部所设之学堂内"学习商务、实业④。京师大学堂译学馆俄文科甲级学生陈大岩、陈浦等 3 人于 1903 年受派赴俄留学。⑤ 1911 年，管学大臣命京师大学堂提调从学堂内选派留俄官费生，最终只有从未学过外语的体操教员刘光谦应征。赴圣彼得堡后，因其未习好俄文而无法入校听讲，后申请改派法国。⑥

除上述由清中央政府主导派遣的官费留俄生外，来源于东北、西北地区的地方自主官费留俄生亦不乏其人。在新疆，1902 年锡伯营领队大臣、副都统色布西贤为培养锡伯族人才，经与索伦营领队大臣协商并报请伊犁将军马亮批准，从锡伯、索伦两营和新老满营中选拔关清廉、春保、伊力善、殷德山、崇纳等 11 名品学兼优的学生，于当年保送俄国阿拉木图学习俄语。⑦ 1903 年，伊犁将军马良为培养通晓俄语的满蒙外交人才，挑选留俄幼童 10 名，由索伦营领队大臣志锐带领赴俄国阿拉木图当地学堂留学，另派新满营佐领伊勒噶春随带大学生 2 名驻俄照料。⑧ 1907 年，马亮以"该学生等材堪造就"为由，派索伦营副领队总管福善带领他们继续在俄学习。1908 年，署理伊犁将军广福增派大学生 2 名同赴阿拉木

① 杨树人：《俄国事务专家夏维松先生的回忆》，台北《传记文学》1962 年第 1 卷第 3 期。

② 中国社会科学院《近代史资料》编辑部：《近代史资料》总第 95 号，中国社会科学出版社 1998 年版，第 32 页。

③ "奏为赴俄学习期满官学学生陈颇勤苦耐学请奖励事"，光绪三十二年十一月十一日，中国第一历史档案馆馆藏档案，军机处录副（光绪朝），缩微号 538－2587。

④ 中国社会科学院《近代史资料》编辑部：《近代史资料》总第 95 号，中国社会科学出版社 1998 年版，第 48—49 页。

⑤ 参见全国政协文史资料委员会编：《文史资料选辑》第 140 辑，中国文史出版社 2000 年版，第 198 页；陈初辑：《京师译学馆校友录》，文海出版社 1978 年版。

⑥ 全国政协文史资料委员会编：《文史资料存稿选编：教育》，中国文史出版社 2002 年版，第 765 页。

⑦ 政协伊犁哈萨克自治州委员会文史资料委员会：《伊犁文史资料》第 6 辑，1990 年印行，第 169 页。

⑧ 《伊犁将军马奏出洋学生考选拔学并养正学堂改添教习限定学额片》，《东方杂志》1905 年第 2 卷第 6 期。

图留学。①

　　东三省派遣留俄生的方式较之于新疆更为独特，即由地方政府选派学生赴俄国控制下的中国城市学习，而这又是源于沙俄对东北地区的殖民统治。自 1896 年起，沙俄先后利用多项不平等条约取得修筑中东铁路及支线的特权，其势力由此深入东北全境。日俄战争后，沙俄更加着力控制所占中国领土，迁入东北的俄人数量与日俱增。1906 年时哈尔滨"有俄人 6 万余名"，"一切要政商务均归俄人把握，自东三省交涉局总办以及其余中国官商皆俯首帖耳毫无主见。"以至时人讽曰："黑龙江省有一俄人独立地在名曰哈尔滨，盖至言矣。"② 这一时期，沙俄在哈尔滨等地建立大量俄国学校，其中一些也吸纳中国学生，这就为东北地方政府派遣学生赴哈留学创造了条件。1911 年 9 月，东三省总督赵尔巽与中东铁路管理局局长霍尔瓦特达成协议，由奉天选派 30 名官费留学生（男生 20 名，女生 10 名），进入哈尔滨男子、女子商业学校攻读 8 年制商业经济专业。到哈尔滨后，他们寄宿于俄人家庭，饮食起居均按俄人习惯，日常生活皆用俄语对话，因而学业进步极快。③ 在 1913 年 6 月举行的合班考试中，5 名男生和 3 名女生被评为最优等，并获书籍等奖品，其余诸人成绩亦为优异，均可进入高级班与俄国学生一同学习。④ 这些学生毕业后多从事外交工作，如曾任中东铁路理事会俄文秘书、《哈尔滨公报》社长、哈尔滨副市长的关鸿翼，就是其中一员。⑤

　　至民国初年，北洋政府也曾选派学生到俄国圣彼得堡大学、炮兵学校等校留学。⑥ 而在俄国十月革命以后，中国选派官费留俄生活动因政治原因彻底终止。

四　自费留俄风起青萍

　　相对于官派留俄生的起步迟缓，同为留俄生重要组成部分的自费生则

　　① "奏为伊犁满蒙幼童赴俄学堂游学期满继续留学学生经费开支等事"，光绪三十四年二月初十日，中国第一历史档案馆藏档案，军机处录副（光绪朝），缩微号 538 – 2148。

　　② 《哈尔滨中俄近状》，《盛京时报》1906 年 10 月 27 日。

　　③ 黑龙江省文史研究馆编：《黑土金沙录》，中华书局 2005 年版，第 56—57 页。

　　④ 《留哈俄商务学堂学生之进步》，《盛京时报》1913 年 6 月 20 日。

　　⑤ 张福山：《哈尔滨文史人物录》，1997 年印行，第 71 页。

　　⑥ 王焕琛：《留学教育—中国留学教育史料》，"国立"编译馆 1980 年版，第 1683 页。

出现较早，且初期多为少数民族人士。1866 年，新疆锡伯族人福善随父母前往俄国，直到 1880 年回国，此后一直在塔城从事汉、满、维、俄等多种文字的翻译工作。① 1883 年，在新疆阿图什县伊克莎克乡出现了一所既授宗教课程又讲科学知识的新式教育机构，至 1885 年时，该校创办人胡赛英·木沙巴耶夫兄弟即派出 7 名学子赴俄喀山师范学校留学。到 1892 年，该地方派往国外求学者的队伍有所扩大，自后在清末先后派出 50 余名学子分往俄国、土耳其等国留学。由此可见，其地不仅为新疆地区近代出国留学之率先垂范，而且为后来新疆的留学教育事业打下深远的历史基础。② 有的早期自费留俄生还进入清朝地方政府工作，为中国对俄外交提供了极大帮助。如程德全主政黑龙江时期，其麾下便有一位名为阜海的哈喇沁蒙古人早年曾赴俄国学习语言文字。程德全称赞此人"于彼都政教风尚颇能识其大略"，因而向清廷申请将阜海列入巴尔虎旗当差。③ 进入 20 世纪后，新疆自费留俄生借助与俄为邻的地理优势，多前往"较为近便"的"与伊交界之俄国地方就学"。④ 如在 1913 年，锡伯营三牛录阿昌阿、觉洛、德全、文合尔图自费到俄国阿拉木图上中学。⑤ 此外，塔塔尔族也曾派出留俄学生。如在 1910 年，塔塔尔族的吾玛尔阿杰在塔城地区建立了第一所新式学校。为解决师资问题，吾玛尔阿杰派其子阿不都热合曼等一批学生到俄国喀山留学。这批学生学成归来后，充实到学校的教学第一线，极大地推动了这所新式学校的发展。⑥

与此同时，清末民初来自东北及内地的自费留俄生亦不乏其人，且情况各异。自 1858 年和 1860 年沙俄先后通过不平等的《瑷珲条约》《北京条约》割占了中国外兴安岭以南、黑龙江以北和乌苏里江以东 100 多万平方公里的土地后，在黑龙江与俄国远东地区之间便形成了长达 64 年的

① 政协伊犁哈萨克自治州文史资料委员会：《伊犁文史资料》第 18 辑，2002 年印行，第 74 页。

② 政协新疆维吾尔自治区委员会文史资料研究委员会编：《新疆文史资料选辑》第 13 辑，新疆人民出版社 1985 年版，第 80—81 页。

③ "奏为查明哈喇沁蒙古人阜海能识俄国语言文字请准列入巴尔虎旗当差事"，光绪三十二年四月二十九日，中国第一历史档案馆藏档案，宫中朱批奏折，缩微号 04 - 01 - 38 - 008 - 2827。

④ 中国社会科学院近代史研究所近代史资料编辑部编：《近代史资料》总 95 号，中国社会科学出版社 1998 年版，第 36 页。

⑤ 政协伊犁哈萨克自治州文史资料委员会：《伊犁文史资料》第 18 辑，2002 年印行，第 75 页。

⑥ 政协伊犁哈萨克自治州文史资料委员会：《伊犁文史资料》第 3 辑，1987 年印行，第 22 页。

"开交通"时期（1858—1922）。在此期间，黑龙江沿岸的两国人民，不分国界，不用证件，可以自由往来。① 由是，黑龙江地区前赴俄国者日增。② 据1909年的统计，黑龙江省前往外国者以赴俄为最多，具体情况如表2所示：

表2　　　　　　　　　1909 年黑龙江省赴俄及定居人数表③

	前赴俄国人数	寄居俄国人数
龙江府	2644	75
呼兰府	2	/
兰西县	8	18
瑷珲县	19	18
呼伦厅	242	/
合计	2915	111

在此趋势之下，该地自费留俄人数日趋增多就是自然而然的事情了。据《黑龙江志稿·学校志》载："出洋留学之人数，亦逐渐增加。最近留学俄、日之学生，其数超过晋、豫各省。"④

此外，比较典型的自费留俄个案有：曾长期从事外交及外语教育工作的李家鳌，于1886年（光绪十二年）自费出洋学习，先到英国学习英文，后到俄国学习俄文，并于1887年11月担任驻俄使馆翻译。1903年，自费留俄生吴文璐、陈渤于8月间先后抵达俄国。⑤ 曾作为张作霖部下充任东北辽吉黑热四省经略公署交际处长的杨卓，少年时期被人带到俄国接受过

---

① 政协黑龙江省黑河市委员会文史资料研究工作委员会编：《黑河文史资料》第8辑，1991年印行，第72页。

② 参见 Александр Иванович П. ИЗУЧЕНИЕ КИТАЙЦЕВ В РОССИИ. 1858–1884 ГГ. Россия и АТР. 2005. № 3；Мерк В. В. КИТАЙСКАЯ ОБЩИНА ВОСТОЧНОЙ СИБИРИ В 1920-Е ГОДЫ. Вестник Новосибирского государственного университета. Серия：История, филология. 2007. Т. 6. № 4.

③ 本表引自柳成栋整理《清代黑龙江孤本方志四种》，黑龙江人民出版社1989年版，第168页。

④ 张伯英：《黑龙江志稿》，黑龙江人民出版社1992年版，第1104页。

⑤ 中国社会科学院近代史研究所近代史资料编辑部：《近代史资料》总95号，中国社会科学出版社1998年版，第32页。

良好教育，对俄文俄语颇为精通，在东北与苏俄交往中发挥了关键作用。曾参加共产国际第一次代表大会并受到列宁接见的张永奎，因少孤被俄国医生收养并带回俄国，后于 1906 年和 1915 年分别考入彼得洛夫斯克第一中学、彼得堡大学法律系学习。① 而著名的国民党左翼人士、进步社会活动家张西曼教授，则于 1911 年前往俄属海参崴留学，以京师大学堂肄业生身份转入俄帝国东方语文专科学校（后改为东方大学）研究政治经济。②

　　除上述自费留俄者外，当时还有一些在俄国远东地区及中国东北地区经营边贸生意的商人也将下一代送往圣彼得堡等地留学。如在 1904 年 8 月 17 日，驻俄公使胡惟德在致外务部的电报中提出："崴部粤商关、旅顺粤商冯，各遣子弟一人来森留学，已历三年。近因战事，信阻资绝。学堂中向使馆商办。德思出洋留学系遵旨事件，自备资斧尤宜加奖劝设。因资绝废学，功辍丰途，诚非国家本意，可否由暂由部拨官款支给，每年每人以千金为限，不过一年，战定信通，仍由该商本家续给，在国家所费不多，而可得劝商奖学之效。"此封电报既表达了胡惟德对自费留俄生的关爱，亦透露出其时部分自费留俄生的求学艰辛。然而胡惟德请求资助自费留俄生的建议最终未被采纳，这两名中国学子不久之后便因学费断绝被资遣回国。③ 当然，也有自费生因学业成绩优良、综合素质突出而获得驻俄使馆的肯定与聘用。如在 1904 年 9 月 12 日，胡惟德在致外务部的电报中提出："自资学生吴文泰、舒英材极可造，亟应起给薪水，留襄公事，以资造就。"④ 其字里行间充分表明了对自费留俄生才华的高度评价与认可。

　　因有关其时自费留俄学生的材料有限，现仅将资料较详细者列表 3 以示：

　　需要说明的是，表 3 所列名单中的胡世泽、乌铭潘、乌益泰、毕文

---

　　① 张福山：《哈尔滨文史人物录》，1997 年印行，第 94、97、127 页。关于杨卓的生平考证，详见张福山、欣然《杨卓生前身后事》，《世纪桥》2005 年第 4 期。

　　② 张小曼：《我的父亲张西曼》，《海内与海外》2009 年第 7 期。

　　③ 中国社会科学院近代史研究所近代史资料编辑部编：《近代史资料》总 92 号，中国社会科学出版社 1997 年版，第 122—123 页。

　　④ 中国社会科学院近代史研究所近代史资料编辑部编：《近代史资料》总 95 号，中国社会科学出版社 1998 年版，第 51 页。

表3　　　　晚清部分自费留俄生情况一览表①

姓名	籍贯	到俄时间	何处咨送	到学年月	所在院校	专业	毕业时间	毕业去向
程世模	四川夔州府云阳县	光绪三十二年闰四月	黑龙江	光绪三十二年闰四月	森堡实业学堂	商务法政科	民国初年	回国
牛文炳	山西汾州府汾阳县	光绪三十三年六月	学部	宣统元年八月	森堡大学堂	物理专科	民国初年	回国
胡世泽	浙江归安县	光绪二十六年	/	光绪三十一年	森堡中学堂	普通科	民国初年	毕业后入专门大学堂
乌铭潘	镶黄旗蒙古霍隆武佐领	光绪三十三年	/	宣统元年三月	森堡商务高等学堂	商务专科	/	/
乌益泰	镶黄旗蒙古霍隆武佐领	光绪三十三年	/	宣统元年三月	森堡商务高等学堂	物理科	/	/
刘泽荣	广东肇庆府高要县	/	/	光绪三十一年	俄南省白通府城州中学堂	普通科	预计宣统三年	毕业后入森堡大学堂
毕文彝	汉军镶蓝旗春奎佐领	光绪三十三年四月	/	/	俄国普通中学毕业并兼习俄、法文	/	/	赴比利时留学
毕文鼎	汉军镶蓝旗春奎佐领	光绪三十三年四月	/	/	俄国普通中学毕业并兼习俄、法文	/	/	赴比利时留学
关鹤朋	广东广州府南海县	光绪三十三年十月	/	光绪三十三年	森堡实业学堂	/	/	回国

① 本表据《留学教育——中国留学教育史料》第659~668页资料整理而成。

彝、毕文鼎、程世模虽名为自费，但均有明确的官方背景。胡世泽是出使俄国大臣胡惟德之子，乌铭潜、乌益泰、毕文彝、毕文鼎均为清政府官员下属，程世模是黑龙江将军程德全之长子，留俄之前已"略通俄国语言文字"。而同样积极派遣留俄学生的伊犁将军马良，则于1903年将时年22岁的长子、试用通判广荣从伊犁派往俄国自费留学。[①]

十月革命后，北洋政府仇视新生苏维埃政权，停止了官费留苏俄学生选派，于是有留苏俄者悉为自费。是时，苏维埃联邦的远东共和国在北京设有远东通讯社及外交使团，少数中国青年即通过远东共和国驻北京外交使团获得签证而赴苏俄留学。[②]

五 管理体制几经更迭

清末民初的留俄教育管理体制历经了一个较为复杂的发展过程，基于国家管理留欧教育策略的演变，无论规章制度、机构设置抑或人员选用均有明显变化。

晚清时期，中央政府对留俄生的选派与管理最初并无既定方针与常设机构、人员，对留俄学生的直接管理主要依托于驻俄使馆这个平台。从"随使游历"和"住馆肄业"开始，出使俄国的外交官员即负有管理留俄学生之职责。由于其时留俄学生极少，因而尚有余暇对留学生的经费、生活、课业、奖惩等事项进行处理。例如，驻俄使节应总理衙门的要求，会对同文馆学生进行课业考核、评定成绩，以督促他们努力学习。曾纪泽兼使俄钦差大臣时，即曾多次对同文馆学生的课卷进行审评，并排定甲乙名次。[③]又如胡惟德担任驻俄公使期间，对官费、自费留俄生的学业、生活等有关事项无不面面俱到、关护有加。除此之外，胡惟德还组织留俄学生开展邮寄译报工作，每月两次，由留俄生自译自缮。此项工作"一以鼓励译材，一以考察勤惰"，因此"与培植学生之道不无裨益"，对于培养留俄

---

① "奏为遣长子广荣自费赴俄游学请俟学有成就考验差委事"，光绪二十九年八月二十三日，中国第一历史档案馆藏档案，军机处录副（光绪朝），缩微号538－244。

② 黄平：《往事回忆》，人民出版社1981年版，第5页。

③ 曾纪泽：《出使英法俄国日记》，岳麓书社1986年版，第357—414页。

生的翻译能力与综合素质具有非常重要的作用。①

而当官费、自费留俄生日渐增加之后，出使大臣在处理种种公务之外，显然已无暇负起全面管理留学生事务的职责，这就迫使清政府必须设立专人承担包括留俄生在内的留欧学生管理工作。最早提议并设置留欧游学监督的是一些积极派遣留学生的地方大员。早在1896年署理两江总督张之洞派遣赴英、法、德等国的留欧学生时，其便选派昔年曾充任出洋委员的江苏候补知县沈翊清担任"照料委员"，配合出使法国大臣庆常管理留学生诸项事宜。② 1903年，署理湖广总督端方鉴于江鄂两省留德学生逐渐增多的情况，选派曾担任出使大臣随员的户部候补员外郎阎海明担任留德学生监督。③ 然而，阎海明在任职不久之后即因个人原因自动请辞。④ 此后，湖广总督张之洞与两江总督周馥又任用候选道员吴宗濂充任江鄂两省留学生监督，"凡在英法德比四国学生悉归该员管理"。⑤

当然，此时的留俄生仍未有专设的留学监督，依然归驻俄公使管理，这种情况直至1907年才发生改变。是年5月，湖广总督张之洞与两江总督端方合奏清廷，因原留欧学生监督吴宗濂"已由比国参赞奉命兼权使"，亟需遴选人员接替其责，所以请求批准由江苏淮扬海道蒯光典接充江鄂两省留学生监督，此议获准。⑥ 1907年12月9日，学部奏请《派欧洲游学生监督并陈开办要端折》，提出鉴于江鄂及直隶等省的留欧学生人数渐增，为能切实考察学生的学业等情况、严格约束学生的行为，请求由蒯光典充任欧洲游学生监督，负责全国各省留欧学生之事务，此议再获批准。⑦ 蒯光典到任之后，清政府向其刊发了一颗满汉合篆文的木质关防，作为监督所行文牍之用。⑧

① 中国社会科学院近代史研究所近代史资料编辑部编：《近代史资料》总95号，中国社会科学出版社1998年版，第36页。

② 苑书义、孙华峰、李秉新主编：《张之洞全集》第2册，河北人民出版社1998年版，第1141—1142页。

③ 端方：《端忠敏公奏稿》，文海出版社1967年版，第345—346页。

④ 中国第一历史档案馆编：《清代档案史料丛编》第14辑，中华书局1990年版，第340—341页。

⑤ 端方：《端忠敏公奏稿》，文海出版社1967年版，第971—972页。

⑥ "奏请蒯光典接充欧洲留学生监督事"，光绪三十三年四月初四日，中国第一历史档案馆馆藏档案，军机处录副（光绪朝），缩微号414–1230。

⑦ 《学部奏派欧洲游学生监督并陈开办要端折》，《政治官报》1907年第54期。

⑧ 《又奏刊发欧洲游学生监督木质关防片》，《政治官报》1909年第136期。

上任之初，蒯光典即着手对留欧学生事务进行整顿，并以书面形式向学部汇报。其后，学部根据蒯光典的汇报电令各省务须切实严格管理留欧学生，"官费生不准为旁听生；校外预备与各项预备科均不准给全费；留学生不许改国、改校、改科；学费不许预支。"而自费生除学习农、工、医、格致四科外，其余为各大学旁听生及各项预备科者均不得补官费。① 在任期间，蒯光典作为留欧学生监督确实起到了一定作用，其在整顿学务、管理学生等方面的努力使得晚清留欧教育管理得以加强。有鉴于蒯光典的工作业绩，清政府于 1909 年批准其由淮扬海道擢升为四品京堂候补，以示嘉奖。② 然而好景不长，蒯光典因与留欧学生发生矛盾而致引发风潮，各国留学生联名呈请学部查办此事，因而学部不得不电饬蒯光典回国，其留学监督的职责则由驻各国使节代为行使。③ 此后不久，清政府以蒯光典独自管理留欧学生事务力有不逮，且"游学监督不归使臣节制，交涉时未免扞格"为由，决定撤销游学监督一职，改在驻欧各国使署中设立游学监督处，并由翰林院庶吉士章祖申出任留俄学生监督，主要负责管理留学生的各类具体事项，另每年拨给经费白银 7600 两。④ 当然，留俄学生监督仍要受出使俄国大臣辖制，在申领学费、对俄交涉、安排留学生等很多事务上还需出使大臣的支持乃至亲力亲为。

除管理机构及管理人员的变更外，管理留俄学生的规章制度也在逐步建立并日益完善。在留俄教育开展之初，并无专门规程对留学生的经费、课业等作以框定，清政府只是按情况发给留俄生一定数额的费用。例如，总理各国事务衙门于 1896 年派遣邵恒濬、桂芳、陈嘉驹、李鸿谟赴俄之时，在临行前给每人整装银 150 两。到俄后他们按清廷要求寓居于使馆，并可每月领取薪水银 50 两。⑤ 1906 年学部颁布《通行京外议定游学欧美学费数目文》，其中首次对留俄学生的学费做出明确规定，即每月发给 135卢布，每年总计 1620 卢布，在预科学习者则每月学费被削减五分之一。⑥ 在设立专员负责留欧学生事务后，清政府于 1910 年 4 月 24 日颁布《管理

---

① 《大清法规大全》，考正出版社 1972 年版，第 1613—1615 页。

② 《直隶总督端方奏欧洲游学监督蒯光典卓著劳绩恳优加擢用折》，《政治官报》1909 年第719 期。

③ 《欧洲留学总监督行将裁撤》，《教育杂志》1909 年第 6 期。

④ 《学部奏欧洲游学监督改归使署办理并遴派各监督折》，《政治官报》1909 年第 733 期。

⑤ 朱有瓛：《中国近代学制史料》第 1 辑（上册），华东师范大学出版社 1983 年版，第 144 页。

⑥ 《大清法规大全》，考正出版社 1972 年版，第 1592 页。

欧洲游学生章程》，对学生管理、留学经费等予以明确框定。其中规定，留学欧洲的期限为3—7年，超过7年则取消公费资格，而已大学毕业再加特别研究者则不受此限；留俄学生从国内启程时能得到治装费300银圆，川资500银圆，毕业回国时亦可获得川资500银圆；留俄官费生在留学期间每月有135卢布的学费补贴，自费生如果能够考入大学学习农、工、格致、医科等专业，并经管理游学生监督处查明确实勤奋好学、成绩优异，那么也可获得部分学费补助。①

至民国初期，其时中国政府对留俄教育的管理似乎另类看待。据其时报载，1913年时民国教育部拟将欧洲留学生监督实行裁撤，"由部委派留学经理一人，经理留学各国学生费用事宜"，即"各国留学学费一律归经理发给"，但留俄学费"仍由使署兼管"。同时经理得负责"调查学生成绩、学校情形及学术事项以报告于教育部"，"学生抵国及离国均由经理员于教育部所发证书上批明进出年月以资考核"，而留俄学生只是任其自为。② 另据当时主管黑龙江教育事务的林传甲所著《黑龙江教育日记》载，驻俄公使刘镜人及留俄生车席珍、王佐文等人曾多次来电来函催求留学费，而教育部则有过不准留俄学生经费的批示，这些内容也可从一个侧面印证其时留俄教育被打入"另册"的凄凉境遇。至十月革命以后，尽管北洋政府驻俄使馆仍然存在，但在留学监理方面已是无能为力，故而原来规定的"留俄学生事务仍由驻俄使馆经理"，已成为一句实在的空话。

六　结语

就历史价值而言，清末民初中国人留学俄（苏）活动虽在规模、作用等方面尚无法与同时代留学欧美、日本潮流等同而论，也缺乏20世纪20年代留苏热潮和五六十年代"苏东波"现象等后续留苏运动对近现代中国所产生的广泛深远影响，但作为中俄国家关系发展演变的产物与中国学子赴俄留学的起点，其具有特殊的开创性贡献。

一是为近代中国培养了一批精通俄文俄语的各级政府官员。清末民初

① 《学部奏拟管理欧洲游学生监督章程折》，《教育杂志》1910年第5期。
② 《留学欧洲之经理员》，《申报》1913年9月2日第3版。

留俄（苏）生群体中，借留学之便而获得仕途发展之人为数不少，且官费、自费生均有。当然，较之普通自费生，官费生及具有官方背景的自费生供职于政府部门的人数更多。例如，享有学部官费的柏山、魏渤于1909年回国后，在清政府举行的归国留学生考试上取得优异成绩。287名同届法政科游学毕业生中，柏山、魏渤等47人名列优等，其中魏渤位列第13，柏山排名第20，均被授予法政科举人。① 至民国初年，留俄生在北洋政府各部门也占有一席之地。其中，郝树基任农商部佥事，范其光任蒙藏院参事，柏山任外交部佥事，程世模任公府外交顾问，魏渤任外交部主事。② 朱绍阳、夏维松、关清廉等则有出任驻苏俄使馆参赞或领事的经历。③ 此外，朱绍阳还于1928年由南京国民政府委派出任驻芬代办，并曾受冯玉祥委托与苏联交涉释放国民革命军留苏生事宜。④

二是众多留俄（苏）生从事俄语教育、文化译介等方面工作，促进了20世纪中俄（苏）文化教育交流的发展。如早期"随使游历"的同文馆学生庆全、桂荣分别对吉林珲春俄文书院、新疆俄文馆的建立与发展颇有贡献。邵恒濬和桂芳则曾在圣彼得堡大学教授汉语，对推动俄国汉语教学的发展功绩突出。⑤ 曾受清廷褒奖的"住馆肄业"学生张庆桐在俄期间将自己翻译的梁启超著作寄给俄国大文豪列夫·托尔斯泰教正，而托尔斯泰在复信中表达了对中国人民与中华文化的敬佩之情。⑥ 夏维松、李家鳌、魏立功等回国后均曾任职于外交部俄文专修馆。其中，夏维松于1921年署理校长，李家鳌任督办，魏立功担任校医。⑦ 刘泽荣回国后，于1933—1940年先后在北平大学法商学院和西南联合大学任俄语教授，新中国成立后他又兼任外交及俄语辞书编译工作，其编写的《俄文文法》《俄汉大辞典》等书对推动中国俄语教育发展具有至关重要作用。⑧ 而作为中苏关系

① "呈学部咨送游学毕业生履历等第请单"，宣统元年九月初六日，中国第一历史档案馆馆藏档案，军机处录副（光绪朝），缩微号562－3074。

② 《北京东西洋留学会员录》，1916年7月编订。

③ 政协伊犁哈萨克自治州委员会文史资料委员会：《伊犁文史资料》第6辑，1990年印行，第169页；郭寿华：《苏俄通鉴》，大亚洲出版社1971年版，第672页。

④ 《第二集团军留俄学生回国》，《申报》1928年12月27日第4张。

⑤ 肖玉秋：《试论清代中俄文化交流的不平衡性》，《史学集刊》2008年第4期。

⑥ 周一良主编：《中外文化交流史》，河南人民出版社1987年版，第554—555页。

⑦ 《外交部俄文专修馆第二编同学录》，1921年8月刊印。

⑧ 王乃庄、王德树：《中华人民共和国人物辞典（1949—1989）》，中国经济出版社1989年版，第137页。

与文化交流的大力推动者，张西曼不仅编写了《中等俄文典》《新俄罗斯（大学适用读本）》等俄文辞书，还在抗战时期积极促成中苏文化协会（Sino-Soviet Cultural Association）的建立，对促进中苏两国战时文学的发展与结成共同对日阵线起到了积极作用。①

　　三是部分留俄（苏）学生积极投身侨务与革命事业，在维护华侨华工利益、促进中苏外交关系建立及推动中国革命发展等方面贡献突出。1917年4月18日，刘泽荣与留学生刘雯、张永奎、伊里春、音德善、朱绍阳、李宝堂、刘娟等人共同组建了中华旅俄联合会（Союз Китайских Граждан В России）。② 设立该组织的目的就在于"洵为我旅俄人渡迷之津梁，输通两洋知识之枢纽，藉以研究该国各种实业及金融之问题"。因此刘泽荣等人将中华旅俄联合会的宗旨定为：（一）联络旅俄华人；（二）对于旅俄华人之行动，凡在法律范围内者，当竭力以辅助之。③ 借助中华旅俄联合会的发展与苏俄政府的大力支持，刘泽荣等留俄学生不仅将广大华侨华工团结在一起，而且直接促成北京政府派出的张斯麟代表团与苏俄之间的非正式谈判，为中苏建立正常外交关系创造了契机。此外，在刘泽荣等人领导下，该组织在推动中国早期共产主义运动与革命运动开展方面也有重要作用。④

　　不仅如此，清末民初中国人留学俄（苏）活动对于当代中国留俄教育乃至中俄教育交流的发展也颇具启示与借鉴价值。自20世纪80年代中苏关系解冻以来，中国人赴苏留学活动得以再次开启。至90年代虽历经苏联解体的波折，但中国留俄教育依然保持快速发展趋势。而俄罗斯高等教育自20世纪90年代以来开始的国际化走向，则为广大中国学子赴俄学习创造了良好条件。⑤ 进入21世纪以后，随着两国战略合作伙伴关系的形成，中俄教育交流合作愈发深入，中国与俄罗斯互办"国家年"、各级教育代表团互访、高校展览会、校际合作等活动均成为中国人认识俄罗斯教

　　① 中国第二历史档案馆馆藏档案，全宗十一②，案卷号630。

　　② 政协全国委员会文史资料研究委员会编：《文史资料选辑合订本》第21册，中国文史出版社1986年版，第198—199页。

　　③ "中央研究院"近代史研究所：《中俄关系史料：俄政变与一般交涉》（1917—1919），精华印书馆1960年版，第164—165页。

　　④ 关于中华旅俄联合会的具体情况，详见李玉贞《十月革命前后的旅俄华人组织及其活动》，《吉林大学社会科学学报》1981年第5期。

　　⑤ 参见张男星、杨冬云《论俄罗斯教育的国际化》，《俄罗斯研究》2005年第1期；杜岩岩、张男星：《博洛尼亚进程与中俄教育交流合作的空间》，《俄罗斯研究》2009年第1期。

育的窗口，加之留学市场与中介机构的逐渐成熟完善，这些都为中国民众近距离了解俄罗斯教育提供了渠道。尤其是高校展览会的召开，让中国学生可以与俄罗斯高校直接建立联系，这就为他们留学俄国提供了便利。因此，留学俄罗斯的中国学生人数总体而言呈上升趋势，短短几年间留俄学生数量较之以往已累计增长了近10倍。① 当然，在为新世纪中国留俄教育的飞速发展而欢欣鼓舞之时我们也应看到，在中俄关系日益密切的今天，两国间的留学教育乃至于教育交流仍有待于进一步加强。据有学者统计，在国外高校的中国学生中，俄罗斯的中国留学生仅占2.4%，而在美国和日本高校的中国留学生人数几乎是在俄罗斯的10倍。② 显而易见，这与中俄两国关系的发展态势并不相符。

当前，处于全球化时代的留学教育不仅是一个国家培养人才的主要手段，更是密切国家关系、促进国际交往的重要渠道。对于中国与俄罗斯而言，作为同是世界大国的邻邦，"两国人民、两国青年对人类的前途和命运都肩负责任，需要我们用全球视野和战略思维，深入认识国际关系中的中俄关系"③。由是，这就要求中俄两国更需进一步重视留学教育在加深彼此关系、增强沟通与协作等方面的独特功用。就此意义而论，尽管清末民初中国人留学俄（苏）活动的演进历程较为简单，但其产生的根源与发展的过程却深刻揭示了中俄国家关系与留学教育之间存在的紧密关系，彰显出两国关系对留学教育的决定性作用与留学教育对国家关系所具有的重大影响。这不但有助于我们从更高层面充分认识当代中俄教育交流尤其是留学教育的本质与效用，从而进一步推动两国间留学教育的发展、提升留学教育的质量以及拓宽留学教育的研究视野，亦可为促进中俄全面战略协作伙伴关系的不断向前迈进提供必要的历史借鉴。

综上所述，清末民初中国人留学俄（苏）活动，是中俄教育交流史乃至国家关系史上承前启后的重要一环，既自上赓续清康熙年间产生的两国教育交流活动，又自下为后续中国人赴苏留学做好了部分准备。虽在民初时期留俄（苏）活动受其时两国关系影响而几近中断，但终不绝如缕，得

---

① 《中国国际教育信息年鉴》编委会编：《中国国际教育信息年鉴》（2008—2009），中国商务出版社2008年版，第18页。

② 单春艳：《俄罗斯高校中国留学生现状述评》，《世界教育信息》2008年第1期。

③ 李克强：《顺应世界发展大势 深化中俄战略合作——在莫斯科大学的演讲》（2012年4月28日），（中国新闻网：http://www.chinanews.com/gn/2012/04-30/3856613.shtml）。

以延续。大批留俄（苏）学生或致力于外交、侨务、教育、译介等工作，或积极从事共产主义革命活动，不仅促进了中俄（苏）在政治、经济、文化等领域的沟通交流，也为此后风靡云涌的 20 世纪 20 年代留苏热潮奠定了基础。正如汤因比在《图说世界历史》中所言，人类全新生活方式的核心乃在于不同文化或文明的根本特性的交流融合。① 据此而论，清末民初中国人留学俄（苏）活动确实发挥了开辟近代中俄文化教育交流新渠道的独特功效，在促进两个国家、两大民族关系发展的历史进程中起到了特殊作用，其历史价值应给予必要肯定。

本文原载于《俄罗斯研究》2013 年第 1 期

① 许苏民：《比较文化研究史》，云南人民出版社 1992 年版，第 361 页。

文明相遇与跨文化空间的形成：
俄国侨民与中国侨民的视角

——20 世纪 20—30 年代旅俄华侨在
远东：远东跨文化空间的形成

[俄] O.B. 扎列斯卡娅著　郝葵译*

【摘　要】在俄中地区关系史上，远东华侨问题是一个极其重要、极有意义的研究课题。苏联民族政策为华侨在教育、工作和实现个人需求方面提供了新的机会。俄国的形象已经在华侨的意识里形成，这直接影响到他们后来对俄国所经历的社会政治和经济进程的理解。两种文明在俄罗斯社会变革时期的相互影响促进了中国革命进程的发展。发生在中国的社会政治变革对后来的俄中关系产生了直接的影响，而中国的广大劳动人民则被苏联领导层视为未来大变革的后备力量。俄国远东地区华侨的经济活动以及苏联针对华侨所开展的一系列活动，皆因与中国在地缘政治上的毗邻关系而促进了跨文化空间的形成，充实了地方的跨文明协同进程。

【关键词】旅俄华侨　远东　跨文化空间

　　世界体系的强烈躁动性和全球危机的急剧深化成为 21 世纪初期的时代特征。日益增长的经济、能源、生态风险引发了国家间政治观点的疏离和友善关系的冷却。在这种复杂的条件下，俄罗斯与中国的关系却逆境而上，得到了全面发展，进入了两国交往 400 年来的最佳时期。两国间高层定期会晤，双边贸易持续增长，在重大国际问题上立场一致。俄罗斯成为中国国家主席习近平上任后的首访国。对此，俄罗斯总统普京指出："今日的俄中关系正处于一个上升期，其突出的特点就是高度的双边互信，高

---

　　* 作者简介：[俄] 奥·弗·扎列斯卡娅（О. В. Залесская），俄罗斯布拉戈维申斯克国立师范大学教授。译者简介：郝葵：北京师范大学历史学院博士研究生，河南理工大学外国语学院讲师。

度尊重对方的利益，重大问题上相互支持和实质性的、最全面的伙伴关系。"① 在2013年9月圣彼得堡二十国集团（G20）峰会召开前夕，鉴于俄中两国合作所取得的成果以及两国领导人在多个政治、经济问题上的一致观点，法国《费加罗报》（Le Figaro）以建造俄中墙的形象来描绘当前俄中关系的状况和稳固性。

虽然当前俄罗斯与中国的国家关系处于高水平的发展阶段，但是在两国的交往史上仍有许多问题需要进行研究，不仅要关注两国国家层面的关系，还应关注两国地区层面的关系及其问题。

应当指出，如今地区层面上的俄中关系对于两国协作关系的发展意义愈加重大。在当今世界全球化的条件下，俄中两国的边境交流和跨文化交流得到了迅速发展，跨文明对话日益呈现出全面和多角度的特点。俄罗斯与中国在远东地区有着绵延漫长的边境线。如果把两国之间的跨文明协作看作一个系统的话，那么居住在远东边境地区的两国人民既是这个体系的主体，同时也是它的客体，在两种文化的对话中既是权利人也是责任人。为了顺利开展跨文化交流，使合作富有成效，优化现有的协作机制，建立新的途径促进双方在各个领域的深入交往，需要对俄中在远东边境地区关系的既有经验做深入细致的研究。此外，该领域中还有许多问题有待深入思考，尤其是某些专题研究和综合性研究亟待展开。

在俄中地区关系史上，远东华侨问题在我们看来是一个极其重要、极有意义的研究课题。俄罗斯远东地区在不同的发展阶段——帝俄时期、革命时期、社会主义建设时期，都有为数众多、来自邻邦中国的居民参与其社会生活之中。在今日俄中关系的新时期里，华侨依然是俄罗斯远东地区社会经济生活的重要组成部分。在21世纪俄中关系的发展进程中，不深入了解该地区华侨活动的历史就不可能有效地解决俄中未来长期协作过程中可能出现的问题。

尽管俄罗斯、中国和西方史学界对俄罗斯远东地区的华侨史学研究已有丰富的学术积累，但是就俄罗斯境内的华人活动来说仍有一系列问题有待深入研究。这些问题包括：针对华侨的民族政策演变过程、革命时期和社会主义转型时期该地区华人的法律地位特征、华人对环境的适应过程、

---

① Путин：«Российско-китайские отношения переживают лучший период за свою многовековую историю»，http：//rus. ruvr. ru/2013_ 03_ 22/。

华人参与社会主义建设等问题。研究表明：在革命和社会主义转型的 20 年内，俄罗斯远东地区的华人活动已经成为远东地域系统中的重要历史积淀，同时也是俄中两国地区间和文明间协作关系发展中不可分割的部分。笔者的研究成果在专著《俄罗斯远东华侨（1917—1938）》[①] 中有详细叙述。

苏联领导层以实现世界社会主义革命为志，他们把 1917 年 10 月之前生活在苏联领土上的华侨假想为即将来临的阶级斗争的参与者加以利用。苏联民族政策宣称这些华侨与苏联公民享有平等的权利。对于这群身处苏俄领土的中国人，苏维埃政权顾及他们的具体利益、保护他们的权利，实际上是为促使其认识俄国革命乃至进一步对其进行国际主义教化的步骤之一。

在俄国革命的年代里，远东地区华侨的经济活动并未中断。相反，正是华侨们用食品和工业品滋养了这一地区，使当地居民得以在复杂的社会经济条件下生存下来。这一地区不同时期的权力机关在对待华侨的问题上都有自己的一番举措。在阿穆尔劳动社会主义共和国时期，华侨获得了与当地居民平等的权利。1918 年第四届远东苏维埃代表大会通过了建立华工与俄工同等劳动条件的决议，确立了包括华人在内的各族农民与苏俄农民平等使用土地的权利。华人菜农因此获得了份地。限于客观原因，华侨的经济活动成为推动其融入当地社会的一个因素，与此同时也成为俄罗斯人在远东开发过程中的一个映像，在偏远地区的拓殖进程以及俄国社会的转型进程的复杂条件下，华侨的经济活动成为该地区居民得以生存的一个重要条件。

在有关华侨的民族问题上，远东共和国曾经尝试给出一个明确的立场。远东共和国以苏联民族政策为原则，制定了自己带有地域特征的民族政策。在远东共和国民族问题的解决上，俄共（布）远东组织处于领导地位并按照苏联国家的指示行事。根据布尔什维克党关于民族建设的纲领，共和国地域内少数民族（华侨也包括在内）的文化民族自治权利从宪法上得到了加强。尽管在实践中运行良好的自治法没有获得通过，但是华侨实际上已经被赋予了文化民族自治权。

---

① Залесская О. В. Китайские мигранты на Дальнем Востоке России（1917 – 1938 гг.）. Владивосток，2009。

在远东共和国时期，华侨社会中融入了许多新的内容：一些共产主义小组、基层组织和华工联合会分会得以建立。这些组织的活动促进了华侨劳动人民的团结。

　　相当一部分华侨对十月革命持欢迎态度并且积极投入俄国内战。在格罗杰克夫、乌苏里、达乌尔等战线的红色近卫军中都闪现着华侨的战斗身影。他们还加入了肃清"赤塔顽匪"和解放滨海地区的战斗。由此，在俄国居民和华侨的相互关系中出现了一个新的环节：华侨对俄国革命和组织经验的理解与领会。

　　随着远东并入俄罗斯苏维埃社会主义共和国，华侨成了少数民族（进而获得了苏维埃国家少数民族的权利，这大大改变了华侨在当地社会中的地位），同时还保持着外国人的法律地位。20世纪20—30年代远东地区约有7万名华侨。在1938年苏联大规模驱逐该地区华侨之前，华侨一直影响着该地区社会经济状况，他们充实了远东地区的劳工、侍仆和手工业者队伍。

　　在远东地区的社会主义建设和转型进程中也不乏华侨的身影。此间，苏联当局为华侨开办了苏维埃党校、高等学校委员会、宣传鼓动部、图书馆、出版机构、俱乐部、剧院、公社等机构，实施了一系列举措开办合作社、工会，开展斯达汉诺夫运动，并在华侨中开展文教工作，改革教育和文艺事业。

　　在苏联远东地区的华侨中开展文化教育和党务工作是20世纪20—30年代苏联民族政策不可分割的组成部分。按照苏联领导层的意图，这项工作应当促进华侨的国际化并且培养他们参与到亚洲未来的革命运动中去。远东边疆区在华侨劳动者中建立的扫盲点在当时已经形成了网络。大的居民点开设了俱乐部，这些俱乐部实际上是文化教育工作的中心，定期为华工举办党务教育培训。在20世纪20—30年代末期远东地区活跃着6个专门为东方人开办的俱乐部，共有会员1945人，主要是华工[1]。1924—1929年滨海省的各个扫盲学校共有华侨约2000人[2]。中文报纸的出版［苏联远东地区为华侨开办的报纸有《工人之路》（《Рабочий путь》）、《为了新字

---

　　① Государственный архив Хабаровского края （далее-ГАХК）. Ф. П – 2. Оп. 11. Д. 193. Л. 17。

　　② Государственный архив Приморского края （далее-ГАПК）. Ф. П – 67. Оп. 1. Д. 112. Л. 85 об. , 163。

母》（«За новый алфавит»）、《东方工人》（«Восточный рабочий»）、《华工》（«Китайский рабочий»）、《矿工》（«Горняк»）、《码头工人》（«Портовик»）〕促进了革命思想在华侨劳动者中的传播。此外，还为儿童开办了华文学校，为成年人开办了工农速成中学和高等学校分校。在1927—1928 学年，远东边疆区共有 4 所公立一级华文学校，学生总数为127 人①。还有一些以华人儿童广场和华人少先队的形式出现的儿童课外活动。1932 年 1 月 1 日在边疆区所有教学单位中就读的华人共 809 人，华侨子女共 3828 人②。建立于 1933 年 3 月 1 日的远东边疆区华文列宁中学可谓其中的一个典型。在 1936—1937 学年，该校在册学员共 281 人，学校里设有基层共青团组织，共有 41 名共青团员，其中有 36 名华人和 5 名朝鲜人③。

专门为华人开办的工农速成中学和高校分校为以前没能受到过中高等教育的华人华侨提供了受教育的机会，在华人华侨中培养出了一批领导干部、有组织才能的干部以及党务干部。在苏联接受教育后，许多华人成为后来中国革命的积极参与者。

华侨劳动者积极加入工会和合作社。尽管在合作与团结华侨的过程中存在诸多困难，但是这项工作还是取得了一定的成效。到 1927 年底加入各类组织的华工人数为 12932 人，占边疆区工业行业在册华工总数的80%④。华工中广泛使用集体合同制，工作依照苏联劳动法实施，他们同样参与社会主义竞赛和突击运动，同时参与工会组织的系列活动。

苏联远东地区中国剧院的建立和长期存在是该地区文化发展整体过程中一个独特同时也是必然的现象。其中，符拉迪沃斯托克（海参崴）中国剧院的活动成效最为突出。1931 年 3 月 19 日 "符拉迪沃斯托克中国剧院"创建了苏联唯一一个华人的青年工人剧院（ТРАМ）。在 1932 年 8 月举办的第一届全苏业余艺术奥林匹克竞赛上，华人青年工人剧院成为第一批参赛者并且获得了《苏联艺术》（«Советское искусство»）报颁发的 "布尔什维克思想与技能" 红旗（Красное знамя «за большевистскую идейность и мастерство»）。根据全苏工会中央理事会主席团的特别决议，华人青年

① ГАХК. Ф. Р – 719. Оп. 6. Д. 3. Л. 42。

② ГАХК. Ф. П – 2. Оп. 9. Д. 73. Л. 126。

③ ГАПК. Ф. П – 1190. Оп. 1. Д. 5. Л. 5；д. 7. Л. Л. 3，4，11；д. 15，Л. Л. 1，6，9，27。

④ ГАПК. Ф. П – 67. Оп. 1. Д. 112. Л. 135об。

工人剧院获得了巡游苏联全国的奖励。团结华侨并且使之了解和树立革命理想的任务，是通过华人在苏联境内的文化生活这种特殊的途径完成的。华人剧院的创作活动是中俄两族睦邻友好历史进程中不可分割的部分。

由此，这一时期的远东在不同文明相互作用的条件下逐渐形成了跨文化空间。俄罗斯远东地区的华侨在自身法律地位变化的条件下从事经济活动，这一过程伴随着华侨与当地俄罗斯居民在"民间外交"层面上的积极互动。跨文化交际以及两种文化、不同文明间的交融成为常态。俄罗斯远东地区的华侨在不同的社会政治条件下适应了俄罗斯居民的生活，融入了远东社会。

俄罗斯与中国居民在跨文化空间中的长期协作对俄中两国进一步的双边往来产生了直接影响，为邻邦人民的双边关系积累了最为宝贵的经验，为两国在跨地区和跨文明层面上的进一步协同合作奠定了坚实的基础。苏联民族政策为华侨在教育、工作和实现个人需求方面提供了新的机会。俄罗斯的形象已经在华侨的意识里形成，这直接影响到他们后来对俄罗斯所经历的社会政治和经济进程的理解。两种文明在俄罗斯社会变革时期的相互影响促进了中国革命进程的发展，也因此促使华侨归国。发生在中国的社会政治变革对后来的俄中关系产生了直接影响，而中国的广大劳动人民则被苏联领导层视为未来大变革的后备力量。

综上所述，20世纪20—30年代是华侨史以及俄中国家和地区关系史上极其重要、极有意义的时期。如今，俄罗斯远东地区的华人仍在增多，广泛、多维的跨文化对话仍在继续。然而，如今与邻邦人民之间活动的开展没有20世纪20—30年代那样的大规模、多层次和常态化。正是在这种活动的过程中，革命、政治变革和意识形态方面的经验被华侨所理解并积累下来，进而在中国得到推广。

如今，华侨史研究引起了中国学界越来越多的关注。在国家层面，建立了华侨史研究成果的专门出版机构——中国华侨出版社。此外，广西华侨历史学会主办的《八桂侨史》（2002年更名为《八桂侨刊》）以及学术期刊《华侨华人历史研究》作为研究华侨问题的专刊定期出版。在研究成果方面具有重要意义的是周南京主编的12卷《华侨华人百科全书》（北京，1999—2002年）的出版。该百科全书涵盖了华侨史社会、法律、经济、文化方面的内容。有人认为把华侨问题作为一个独立的研究领域，从其历史发展过程的多科性、综合性角度进行研究势在必行①。

尽管如此，仍不得不遗憾地指出，旅俄华侨史，尤其是远东地区华侨史，相对于华侨通史来说，未得到中国学者应有的重视。旅俄华侨史研究只是在华侨史研究的通史类成果和中国近现代外交史研究类成果中有一些零星的内容②。在研究21世纪初全球华人数量和组成的年鉴类著作（海外华人蓝皮书）中俄罗斯也没有被单独列为华人侨居国。该系列的2012年年鉴中包含的大量数据材料论证了华侨是中国传统文化的载体、中国与世界各国之间的重要经济链接和中国大陆软实力的代表③。

对20世纪20—30年代的研究充分显示了俄罗斯远东地区的华侨活动对于中国历史与俄中关系史的显要意义，华侨在远东地区跨文化空间形成过程中的决定性作用，以及当时当地的华侨所发挥的作用同今天的海外华侨华人社区所发挥的作用在本质上是相同的。俄罗斯远东地区华侨的经济活动以及苏联针对华侨所开展的一系列活动，皆因与中国在地理上的毗邻关系而促进了跨文化空间的形成，充实了地方的跨文明协同进程。在我们看来，把对20世纪20—30年代这一历史时期远东华侨活动的研究融入俄罗斯远东地区华侨史中，对该研究领域进行结构重建和概念归总，以便更加深入、完整、多维地审视问题，为今后该领域研究分离出新的维度和向标是十分必要的。

本文原载于《俄罗斯学刊》2014年第2期

---

① 参见郭梁《中国的华侨华人研究与学科建设》，《华侨华人历史研究》2003年第1期。

② 参见熊志勇、苏浩《中国近现代外交史》，世界知识出版社2005年版；黄凤志主编：《中国外交史（1840—1949）》，吉林大学出版社2005年版；杨闯、高飞、冯玉军：《百年中俄关系》，世界知识出版社2006年版；黄定天：《中俄关系通史》，黑龙江人民出版社2007年版；沈志华：《中苏关系史纲（1917—1991）》，新华出版社2007年版。

③ 丘进主编：《华侨华人研究报告（2012）》，社会科学文献出版社2012年版。

20 世纪上半叶在苏联的中国女性

［俄］达旗生·弗拉基米尔·戈里果利耶维奇*

旅俄华侨在俄罗斯的历史可以追溯到 19 世纪下半叶，那时候中俄边境正值开交通时期，对华商、华工开放，赴俄国经商和务工的华侨基本上都是男性。但是在阿穆尔沿岸中俄边境地区出现了一些来自中国的女性。1860 年底，乌苏里地区针对中国移民（俄国人称之为蛮子）进行了第一次人口普查，结果显示该地区有 1797 名中国男性，210 名中国女性。[①]

19 世纪末，中国移民数量在俄罗斯远东地区迅速增长，但是女性较少。在南乌苏里地区的华侨都有自己的产业，其中男性 975 名、女性 58 名、儿童 134 名。[②] 1900 年在哈巴罗夫斯克市的中国移民数量为 2100 名男性，7 名女性。[③] 在 1897 年后贝加尔州人口登记中，有 2300 名中国移民被登记在册，[④] 其中仅有 17 名女性。在 1897 年人口登记中，伊尔库茨克省有 74 名男性华侨以汉语为母语，4 名女华侨以汉语为母语。[⑤] 1897 年，在托木斯克省有 7 名华侨以汉语为母语，其中 6 名男性，1 名女性。

十月革命前夕，女华侨在俄国分布更加广泛，但是女华侨人数占华侨总人数的百分比没有增长。1916 年 1 月，根据俄国政府部门资料显示，在

---

* 作者简介：［俄］达旗生·弗拉基米尔·戈里果利耶维奇，西伯利亚联邦大学公共历史教研室主任，历史学博士，教授，克拉斯诺亚尔斯克国立师范大学教授。

① Восточно-Сибирский календарь на 1875 г. -Иркутск, 1874. С. 129。

② ГАЗК. Ф. Р – 96. Оп. 2. Д. 93. Л. 45об。

③ Жуков А. М. Китайцы в Хабаровске // Третьи Гродековские чтения. Ч. 1. -Хабаровск, 2001. С. 56。

④ И. С. Земледельческая Сибирь. К вопросу о численности сельскохозяйственного населения Сибири // Известия ВСО ИРГО. Т. XLI. 1910. -Иркутск, 1911. С. 155。

⑤ Первая всеобщая перепись населения Российской империи 1897 г. Т. LXXV. Иркутская губерния. -СПб. , 1904。

布拉戈维申斯克市的华侨中，中国男性为 4573 名，女性为 37 名。在阿穆尔州附近山区工作的只有中国男性，在布列亚有关于 3 名中国女性的相关记载。① 1915 年 1 月，《关于萨哈林区中国人、朝鲜人及日本人数量调查表》中有居住在萨哈林地区的中国女性数字的记载。② 在阿穆尔河畔尼古拉耶夫斯克的乌达县曾经注册过 144 名中国男性，5 名中国女性。在亚历山大地区有 380 名中国男性和 12 名中国女性，普里斯科维地区有 1817 名中国男性，2 名中国女性，萨哈林州的城市中共计 18 名中国女性。③ 1915 年初萨哈林州 2876 名中国人中仅有 37 名女性，1915 年 5 月增至 76 名；④ 1915 年 8 月萨哈林州有 6010 名中国男性，40 名中国女性，⑤ 年底该地区的中国男性数量下降了近一半，女性总数为 58 人，⑥ 其中一半女性生活在阿穆尔 – 尼古拉耶夫斯克市。

　　第一次世界大战期间，华工大量涌入乌拉尔地区和俄罗斯的欧洲地区，华工队伍中都是男性。但在同一时间，中国女性也进入俄国。例如，阿拉帕耶夫斯克运送华工的负责人任辅臣（后来成为华工中著名的将领）与普通华工的明显区别在于携同家眷赴俄，而且家眷不用住在伐木场的简易工棚里，而是居住在阿尔帕耶夫斯克市里。1918 年当地布尔什维克劝说这名原中国军官组建中国团，其妻子带着孩子们去了莫斯科。⑦ 在苏联卫国战争时期，许多中国女性跟随她们的丈夫试图从乌拉尔地区返回家园，路途中，许多中国人被困在西伯利亚地区的城市里很长一段时间。1920 年底在伊尔库茨克站，根据第五集团军教导队国际兵张志海的报告：⑧ 1920 年 11 月 11 日，在一辆中国货车中，有 190 名中国人，其中包括 24 名没有劳动能力的老人、15 名中国妇女、3 名俄罗斯妇女和 35 名 12 岁以下的儿童。⑨

　　20 世纪 20 年代，在苏联生活着大约 10 万名中国移民，其中大约 2 万

① РГИА ДВ. Ф. 702. Оп. 1. Д. 1256。
② РГИА ДВ. Ф. 702. Оп. 1. Д. 1106。
③ РГИА ДВ. Ф. 702. Оп. 1. Д. 1106. Л. 5。
④ РГИА ДВ. Ф. 702. Оп. 1. Д. 1106. Л. 23。
⑤ РГИА ДВ. Ф. 702. Оп. 1. Д. 1106. Л. 40。
⑥ РГИА ДВ. Ф. 702. Оп. 1. Д. 1106. Л. 64。
⑦ Государственный архив Свердловской области（ГАСО）. Ф. 221. Оп. 2. Д. 574. Л. 34。
⑧ Курсивом дано написание китайских имен в оригиналах русских документов。
⑨ Государственный архив Иркутской области（ГАИО）. Ф. Р – 42. Оп. 1. Д. 163. Л. 11。

名中国人加入苏联国籍，大部分人居住在远东地区。1923 年，根据"远东
地区国民经济委员会资料"显示，在这一区域里居住着 50183 名中国人，
1925 年该数据为 57167 名中国人。[1] 该组数据还显示，1923 年那里大约有
3341 名中国女性，[2] 1926 年有 3980 名中国女性。[3]

据《1923—1924 年远东国际委员会达列科索的报告》记载，在符拉
迪沃斯托克有 23159 名中国人，其中 1579 名为女性，约占中国移民总数
的 6.8%，而在滨海地区中国移民的总数为 41480 人，中国女性占
7.5%。[4] 1923 年后贝加尔斯克省统计有 2996 名中国移民，其中包括生活
在赤塔的 60 名中国女性，共计 85 名中国女性。[5] 她们年龄大多数在 25—
39 岁，其中也包括女童。1923 年，在阿穆尔省居住着 260 名中国女性，
其中 49 人居住在农村。[6]

20 世纪 20 年代下半叶，中国人居住最多的城市是符拉迪沃斯托克市。
例如，1926 年 11 月 8 日，在该地区注册有 34000 名中国人，其中 10000
名为华工。[7] 远东历史学家们认为，在卫国战争结束时哈巴罗夫斯克有
1145 名中国人，1927 年，在中国村生活着 4000 多名中国人，其中有 70
名中国女性。[8]

20 世纪 30 年代初，苏联的中国问题专家写道："苏联的 10 万名中国
居民中只有 19% 拥有苏联国籍，中国人大多集聚在远东地区，占在苏联中
国居民的 71%，其中拥有苏联国籍的只有 5%，其余大部分的中国人仍然
保留中国国籍。他们中大部分人不但没有苏联国籍，还与中国保持着紧密
的联系，其中比较明显的特点是他们的性别与年龄的比例，男性占 88%，

———————————

① Государственный архив Хабаровского края（ГАХК）. Ф. Р – 791. Оп. 2. Д. 3. Л. 90，91。

② Залесская О. В. Китайские мигранты на Дальнем Востоке России（1917 – 1938 гг.）.
-Владивосток «Дальнаука»，2009. С. 343。

③ Залесская О. В. Китайские мигранты на Дальнем Востоке России（1917 – 1938 гг.）.
-Владивосток «Дальнаука»，2009. С. 246。

④ Отчет Дальревкома и Дальэкосо за 1923 – 24 год. -Хабаровск，1925. С. 37。

⑤ Таблица населения по национальностям，полу，возрасту и грамотности. -Иркутск，
1923. С. 88。

⑥ Залесская О. В. Китайские мигранты на Дальнем Востоке России（1917 – 1938 гг.）.
-Владивосток «Дальнаука»，2009. С. 344。

⑦ ГАХК. Ф. П – 2. Оп. 2. Д. 47. Л. 41。

⑧ Жуков А. М. Китайцы в Хабаровске // Третьи Гродековские чтения. Ч. 1. -Хабаровск，
2001. С. 58。

女性占 12% ，儿童与 14 岁以下的儿童只有 4.4%。"①

可以从 1926 年 12 月 17 日全苏人口普查上报的文件中获知中国女性居民的数量，其中有 9473 名男性和 768 名女性，② 绝大多数中国人生活在苏维埃联邦社会主义共和国，其中乌克兰地区注册有 75 名中国女性，白俄罗斯地区有 3 名中国女性。在城市居民和农村居民中男性和女性的人口比例大致相同。

如上所述，无论是加入苏联国籍的华人，还是没入籍的华侨，他们绝大部分生活在远东地区。1926 年西伯利亚地区人口中有 1360 名男性华侨和 49 名女性华侨，③ 同一时期，2129 名在苏华侨中只有 22 名女性。④ 但是，在少数的"中国女性"中，几乎一半人的母语是俄语，因此，极有可能在人口普查中将中国移民的俄罗斯籍妻子也列入了"中国女性"的统计中。

1926 年的乌拉尔地区人口普查结果显示，注册人员中加入苏联国籍的有 361 名男性华人和 30 名女性华人。⑤ 1926 年人口普查中除了加入苏联国籍的华人外，在乌拉尔地区还有 76 名男性华侨和 6 名女性华侨。⑥ 这里必须说明的是，绝大部分具有苏联国籍的华人都以汉语作为母语，但是超过半数的女华人将俄语作为母语。

尽管中国女性移民占中国移民总数的百分比较低，但长期定居苏联远东地区的中国女性移民的比例较高。⑦ 如：据 1930 年的统计数据显示，有790 名死亡者，其中女性为 93 人。⑧

① Лайхтер И. О латинизации китайской письменности // Культура и письменность Востока. Кн. 10. -М. ，1931. С. 22 – 23。

② Всесоюзная перепись населения 17 декабря 1926 г. Краткие сводки. Вып. IV. Народность и родной язык населения СССР. -М. : Издание ЦСУ СССР，1928。

③ Всесоюзная перепись населения 1926 г. Т. VI. Отд. 1. М. : ЦСУ СССР，1928. С. 12。

④ Всесоюзная перепись населения 1926 г. Т. VI. Отд. 1. М. : ЦСУ СССР，1928. С. 86。

⑤ Всесоюзная перепись населения 1926 года. Уральская область：［таблицы］. Отд. 1. Народность. Родной язык. Возраст. Грамотность / ЦСУ СССР，Отд. переписи. - Москва：Издание ЦСУ СССР，1928。

⑥ Всесоюзная перепись населения 1926 года. Уральская область：［таблицы］. Отд. 1. Народность. Родной язык. Возраст. Грамотность / ЦСУ СССР，Отд. переписи. -Москва：Издание ЦСУ СССР，1928. С. 150。

⑦ ГАХК. Ф. Р – 9719. Оп. 27. Д. 3. Л. 44。

⑧ Государственный архив Приморского края（ГАПК）. Ф. 163. Оп. 1. Д. 20。

中国女性通过不同方式到达苏联，其中有一部分出生在苏联，一部分来自中国东北地区，还有一些人是经过欧洲进入苏联的。20 世纪 20 年代，一些中国女性进入莫斯科和列宁格勒高等学校学习。20 世纪 20 年代和 30 年代，瞿秋白的妻子杨之华、林彪的妻子张梅、毛泽东的妻子贺子珍都曾去过苏联。许多中国领导干部的女儿也曾在俄国中部地区生活甚至在那里长大，后来，其中许多人受到了政治迫害。①

20 世纪 20 年代后期，中国女性移民中出现越境人员。② 1929 年，一份关于中国战俘的文件记载："经查明，有证据显示被俘人员中有一名指挥员的妻子。"③ 自日本侵占东北地区以来，越境逃到苏联远东地区的中国妇女人数明显增加。

苏联境内的绝大多数中国女性移民都是作为家庭主妇不参与经济、社会、政治活动的。苏联 1926 年的人口普查数据显示，远东地区中国男性和女性的识字率分别为 37.2% 和 7% ,④ 但苏联的政治改革是需要妇女和少数民族参与到社会政治生活中的。

扎列斯卡娅研究员这样写道："1924 年底符拉迪沃斯托克市的中国妇女已经计划开始工作，在第 26 号中国党团组织的领导下，城市内共有 180 名中国女性参加了关于国际形势和苏联妇女状况的大会，随后成立了中国妇女代表大会，选出了 20 名女代表。代表大会 5 月 1 日在团部举行。"⑤

1925 年，符拉迪沃斯托克苏维埃党校开办中国部，第二年招收 14 名中国学员，其中有 3 名女学员。后来布拉戈维申斯克的学者指出："布拉戈维申斯克、斯帕斯克、尼科利斯克 - 乌苏里斯克、哈巴罗夫斯克开展中国女性工作形式化，党支部的部分工作内容为追究杀害妻子或卖妻妾的丈夫法律责任（曾有一名丈夫获刑 1 年半），为中国女性安排工作，如果中国女性不想忍受丈夫的折磨殴打，帮助他们解除家庭的束缚。"⑥

---

①　Син-Лин. Белое внутри черного. Черное внутри белого. Малоизвестные страницы из истории репрессий китайских революционеров в сталинском гулаге（20-50-е годы XX века）- Калифорния，2010。

②　ГАПК. Ф. 163. Оп. 1. Д. 20。

③　ГАЗК. Ф. П – 75. Оп. 1. Д. 853. Л. 43。

④　Залесская О. В. Китайские мигранты на Дальнем Востоке России（1917 – 1938 гг.）. -Владивосток «Дальнаука»，2009. C. 146。

⑤　Там же. , C. 132。

⑥　Там же. , C. 132 – 133。

在苏联工业化、集体化和文化变革下进行的改革并没有避开中国妇女。在苏联工业化初始阶段，中国女性也投身到社会生产中，女工们工作在滨海地区服装厂、地方糖果公司等之中，手工业者们聚集到合作社，在农业地区居住的中国人及他们的妻子都加入集体农庄。

在苏联的文化变革中，中国人开展的活动最多。革命者的目标是打破男女之间的父权关系，使妇女成为独立和自由的人。1929 年，东方妇女福利委员会在符拉迪沃斯托克积极开展工作。委员会由执委会——奖励委员会、区工会委员会——王宏信（音译）组成。委员会成员对妇女的工作条件和加入工会的情况进行了调查。在该委员会的倡议下，在符拉迪沃斯托克建立了"中国儿童之家"，为中国妇女设立了妇女咨询处，并决定于 5 月 1 日在团部通过手工艺品小组开展文化普及教育工作。①

在苏联的中国妇女还在苏联文化变革过程中开始宣传苏联的生活方式。例如，1930 年，莫斯科共产主义国际执行委员会中国分部在《苏联妇女》《3 月 8 日》等书中增加了出版计划。② 文化变革期间在苏联的中国人摒弃旧习俗如裹脚，抵抗家庭暴力。1930 年 2 月，李祥顺因强迫妻子卖淫 5 年被判处 1 年劳役。中国女性参加了当地的扫盲运动。在已获的"绝密"苏共 1929 年 11 月 20 日"关于扫除少数民族文盲"文件中有这样的记录："在现有的东方民族中，中国人、朝鲜人、布里亚特人几乎是文盲，文化工作的重点是妇女工作，在对少数民族的扫盲活动中，需要重点组织对党员、共青团员、工人、儿童军、积极分子、雇农的教育，对少数民族女性、中国女性和布里亚特女性建立专门机构。"③

自苏联的文化变革开始以来，少数受过文化教育的中国妇女投入其中。例如，在符拉迪沃斯托克，中国妇女王福香就组建工会，徐福中学的代表和中国戏院女演员李晓峰，都参与了这里的工作。举一个有趣的例子。1930 年，阿穆尔州洁雅地区工会发生了一件在东方学生间的事情，有资料记载："在学生间发生了一件有伤风化的事情，一名中国大学教师希望和

① РГИА ДВ. Ф. Р – 2413. Оп. 4. Д. 938. Л. 11。

② Российский государственный архив социально-политической истории（РГАСПИ）. Ф. 495. Оп. 78. Д. 64. Л. 10。

③ ГАЗК. Ф. П – 71. Оп. 1. Д. 4. Л. 128。

一名朝鲜族学生结婚，事情引起来自教师和学生们的一致反对，部分中国学员出于其违背了'民族传统'而不愿听其讲课。"① 1930 年扎伊区工会委员会调查了东方培训班的情况。《议定书》表示："在随后离校的课程中，一名中国女教师与一名韩国学生结婚，这是一种不健康的情况，中国部分学员出于'民族传统'的理由不愿意听老师讲课。"

　　1931 年 4 月，符拉迪沃斯托克举行了第一届中国妇女大会，会议时间为 1931 年 4 月 20 日，会议主题为"当前形势下党在中国妇女中的工作重点和任务"，有 110 名代表出席了会议，在大会上，中国戏院女演员李晓峰进行了表演。在众多发言者中，小学教师宋贵良是这样说的："学校的人太少了，要想中国妇女参加更多的会议，是否可以带孩子去学校。"② 大会的会议记录中这样写道："中国妇女的头上有两座大山，一座是资本主义，一座是夫权思想压迫。繁重的家庭劳动折磨着妇女，妇女要从家庭劳动中，从不平等的地位中解放出来，只有参加劳动才能改变现状。现在的苏联正进行着社会主义建设，我们的劳动力不足，苏联共产党正确的民族政策是为朝鲜妇女、中国妇女、苏联妇女创造条件，使他们能够在轻工厂和重工厂中工作。这不仅是口头说说，还要落实到实处，最终要实现苏联和社会主义建设目标，使苏联免遭资本主义国家的攻击。"③

　　20 世纪 30 年代末，联共（布）和苏联领导层改变了国内政策，放弃了"无产阶级国际主义"的方针，加强对苏联各群体的压制政策，第一批遭受政治镇压的有亚洲人，特别是中国女性。有资料显示，这一时期生活在苏联的中国人及女性团体被强制移民。"1938 年 5 月 15 日远东边疆区迁往伏罗希洛夫山中及伏罗希洛夫地区的中国人及其家属名单"显示，有中国男性 259 名，中国女性 67 名，还有 35 名苏联人，其中儿童 69 人。④ 因此，在被驱逐的华侨中，有住在乌苏里斯克及周围地区的 259 名中国男人，32 名成年妇女，同父异母或单亲的女孩人数大致相同。"乌苏里地区迁往新疆的中国人及其家属名单"表明当时有完整的中国式家庭和中苏混合式家庭，除此之外，文件还指出有一些和儿女生活在一起的孤寡华人⑤。

①　Государственный архив Амурской области（ГААО）. Ф. Р – 38. Оп. 1. Д. 3. Л. 5。

②　РГИА ДВ. Ф. Р – 2413. Оп. 4. Д. 938. Л. 1об。

③　РГИА ДВ. Ф. Р – 2413. Оп. 4. Д. 938. Л. 1。

④　ГАПК. Ф. 163. Оп. 1. Д. 20. Л. 2。

⑤　ГАПК. Ф. 163. Оп. 1. Д. 4。

1938 年从滨海边疆区迁往阿穆尔州的 73 个加入苏联国籍的中国家庭中有 43 名女性，130 名儿童。① 这些女性都有俄罗斯名字，其中还有中苏通婚家庭的后代。这些中国女性的家庭自然状况存在一个问题，他们有俄罗斯名字但没有父称。

从资料看，部分从滨海边疆区迁往阿穆尔州的典型中国家庭的情况：出生于 1890 年的包文锦，妻子包张氏出生于 1905 年；② 出生于 1892 年的由朋魁，妻子由金魁出生于 1913 年，儿子尤里出生于 1938 年；③ 出生于 1900 年的李本苏，妻子徐帆出生于 1910 年，儿子嘎莎出生于 1937 年；④ 出生于 1889 年的曹海山，妻子曹海氏出生于 1888 年，儿子曹瓦山出生于 1931 年，女儿曹秀金出生于 1922 年等,⑤ 还有一些中国人与母亲居住。

"乌苏里斯克市强制移民的人员"中这样记载："毕徐氏，1914 年生人，1931 年越境，无业，与 7 岁的女儿梅共同生活；37 岁的王古氏，1929 年越境，丈夫被拘押，家庭妇女；⑥ 徐远富，1898 年生人，1929 年越境，妻子家庭妇女，带两个儿子分别 13 岁和 15 岁；⑦ 康刘氏 59 岁，1931 年越境，家庭妇女；⑧ 富张氏，1900 年生人，1931 年越境，家庭妇女，有 3 个子女；⑨ 张王氏，1888 年生人，1934 年越境，家庭主妇，带 1 个女儿。"⑩ 名单中还有 38 岁无业的李王氏、生于 1906 年的家庭妇女白张氏，1926 年越境，并带 1 个 14 岁女儿古新。⑪ 在名单中还有一个"俄罗斯女性"，可以确定是 1911 年出生的苏联籍女性李程火，关于她的情况是这样记录的："以前住在斯帕斯克市里，她的第一任和第二任丈夫都被拘捕了。"⑫ 被强制移民的还有家庭妇女，她们是带着 3 个孩子的沈世新（音

① ГАПК. Ф. 163. Оп. 1. Д. 21. Л. 2。
② ГАПК. Ф. 163. Оп. 1. Д. 4. Л. 1。
③ ГАПК. Ф. 163. Оп. 1. Д. 17. Л. 12。
④ ГАПК. Ф. 163. Оп. 1. Д. 17. Л. 14。
⑤ ГАПК. Ф. 163. Оп. 1. Д. 21. Л. 11。
⑥ ГАПК. Ф. 163. Оп. 1. Д. 20. Л. 3。
⑦ Там же.。
⑧ ГАПК. Ф. 163. Оп. 1. Д. 20. Л. 5。
⑨ ГАПК. Ф. 163. Оп. 1. Д. 20. Л. 9。
⑩ ГАПК. Ф. 163. Оп. 1. Д. 20. Л. 10。
⑪ ГАПК. Ф. 163. Оп. 1. Д. 20. Л. 7。
⑫ Там же.。

译)[1] 和富江梅[2]，带着 4 个孩子的胡徐氏和李张氏。[3] 由此可见，20 世纪 30 年代末居住在远东地区的中国女性大多是在 20 世纪 20 年代初至 20 年代期间的越境人员，还有一些集体农庄的中国女性。据记载，她们是于 1915 年、1918 年、1926 年赴苏联的。

如果说城市里被强迁的中国女性有 1 至 4 个孩子，那么来自集体农庄的女社员经常带着更多的孩子。如：1900 年出生的越境女性陆李氏有 6 个孩子，1929 年越境。[4] 拉兹多利纳亚站被拘捕的中国家庭中有俄籍的妻子和与其年龄相差 50 岁的需要被赡养的母亲。[5] 1918 年出生在苏联集体农庄的庄员孙福科，他的母亲是 1882 年生人，1916 年到达俄国；王阳氏和同岁老乡孙王氏带着 2 个女儿和 3 个儿子。[6] 在名单中还有无子女和有 1 个孩子的中国女性，集体农庄里的姜氏有 1 个儿子和 2 个女儿。[7]

被强制迁往新疆的名单中，居住在乌苏里地区的华人家庭中还有夫妻年龄差距大的现象：王富民比丈夫小 35 岁，李王氏比丈夫小 21 岁，付张氏比丈夫小 17 岁，李程火比丈夫小 10 岁。[8] 也有妻子比丈夫年龄大的情况，如郭尤氏比丈夫年长 1 岁，[9] 张徐氏比丈夫年长 2 岁，[10] 宫良氏比丈夫年长 6 岁。[11]

在当局对境内的华侨进行政治镇压及大规模强制迁移到新疆后，中国移民的数量急剧减少。1939 年的人口调查显示，苏联境内被登记的中国人数为 32023 人。[12] 苏联只有两个地区的中国移民人数占苏联居民人数的 0.5%，赤塔州有 6017 名中国人，[13] 哈巴地区包括阿穆尔州有 5117 名中国人。[14] 但

① ГАПК. Ф. 163. Оп. 1. Д. 20. Л. 8。
② ГАПК. Ф. 163. Оп. 1. Д. 20. Л. 9。
③ ГАПК. Ф. 163. Оп. 1. Д. 20. Л. 11。
④ ГАПК. Ф. 163. Оп. 1. Д. 20. Л. 14。
⑤ ГАПК. Ф. 163. Оп. 1. Д. 20. Л. 20。
⑥ ГАПК. Ф. 163. Оп. 1. Д. 20. Л. 16。
⑦ ГАПК. Ф. 163. Оп. 1. Д. 20. Л. 17。
⑧ ГАПК. Ф. 163. Оп. 1. Д. 4。
⑨ ГАПК. Ф. 163. Оп. 1. Д. 17. Л. 1。
⑩ ГАПК. Ф. 163. Оп. 1. Д. 17. Л. 20。
⑪ ГАПК. Ф. 163. Оп. 1. Д. 4。
⑫ Всесоюзная перепись населения 1939 года: Основные итоги / Под ред. Ю. А. Полякова. - М. : Наука, 1992. С. 57。
⑬ Там же., С. 65。
⑭ Там же., С. 61。

是苏联仍然有一些中国移民，包括居住在后贝加尔地区、滨海边疆区和阿穆尔地区的女性移民。此外，中国女性还有被关押的，如 1940 年初，苏联政府对居住在伏罗希洛夫市（1935 年乌苏里斯克市曾改名为伏罗希洛夫），1915 年出生的中国女性王小林判刑。①

由此可见，从 19 世纪下半叶到 20 世纪上半叶，在远东地区一直都有中国女性的身影，她们虽然有几千人，但是占中国移民总数的比例并不高。在俄国社会生产和社会政治生活中，传统的中国女性并未发挥明显的作用，但是 20 世纪 20 年代至 30 年代，苏联革命巨变打破了中国女性传统的生活方式。苏联时期远东地区的一些中国女性与她们的丈夫、父亲、儿子历经苏联社会主义现代化、斯大林的镇压、被强制移民等重重困难。在 20 世纪 40 年代的艰难时期，苏联境内的中国移民除了遗留的一部分，还有来自中国的越境人员，其中不乏中国女性。

---

① ГАПК. Ф. 163. Оп. 1. Д. 17. Л. 26。

十月革命前中国人在俄国
远东地区的粮食种植活动

潘晓伟[*]

【摘　要】十月革命前，在俄国远东地区的粮食种植领域活跃着一些中国人，他们主要分布在"江东六十四屯"和南乌苏里地区。"江东六十四屯"的中国农民较为富裕，多是以主人的身份从事粮食种植活动，而南乌苏里地区的中国人主要以佃户或雇工身份参与种植活动。两地中国农民以自己的辛勤劳动为俄国远东地区的俄国人、中国人等提供粮食，丰富了远东地区的粮食种类，并一定程度上缓解了远东地区粮食供应不足问题。十月革命前，俄国各个阶层对中国人粮食种植活动的态度并不一致，官方持否定态度，而一般民众则看到了中国人在远东粮食种植领域的贡献。

【关键词】中国人；俄国远东地区；粮食种植活动

由于地缘的原因，远东地区是中国人较早进入的俄国地区之一。十月革命前，俄国远东地区各个领域都存在很多的中国人。十月革命前，俄国远东地区存在的中国人问题已受到国内部分学者的关注，但多集中于工商领域，鲜有涉及农业领域的。十月革命前，中国人在俄国远东地区粮食种植领域的活动是其经济活动的重要组成部分之一。通过研究中国人在远东地区粮食种植领域的活动可以管窥十月革命前远东地区乃至全俄中国人与当地经济发展的关系。

---

　　* 基金项目：本文系黑龙江大学对俄专项项目"后苏联时代俄远东中国移民问题研究"（DEZ1802）和黑河学院"俄罗斯远东智库"项目"俄罗斯远东外国移民问题研究"（18YDZKCJC12）阶段性成果。
　　作者简介：潘晓伟：历史学博士，黑龙江大学俄罗斯语言与文化研究中心及黑龙江大学历史文化旅游学院副教授，硕士研究生导师。

俄国远东地区地域广阔，自然和气候条件恶劣，种植业落后。农业发展的这一特点在俄国远东地区形成之初就有所体现。十月革命前，俄国远东地区的粮食种植区主要集中在"江东六十四屯"和南乌苏里地区，中国人在两地粮食种植业的发展中都起了很大作用。本文以"江东六十四屯"和南乌苏里地区从事粮食种植活动的中国人为例，浅谈十月革命前中国人在俄国地区的粮食种植活动。

一　"原著满洲人"的粮食种植活动

俄国远东地区第一批中国人的出现是中俄《瑷珲条约》和《北京条约》缔结的结果。根据条约，外兴安岭以南、黑龙江以北，包括库页岛在内的原属于中国的100多万平方公里的土地割给了俄国，但两条约给予了割占之地的清朝臣民以居留权。中俄《瑷珲条约》规定："黑龙江左岸，由精奇里江以南，至霍尔漠津屯，原住之满洲人等，照旧准其各在所住屯中永远居住，仍著满洲国大臣官员管理，俄罗斯人等和好，不得侵犯。"[1] 中俄《北京条约》规定："遇有中国人住之所及中国人所占渔猎之地，俄国均不得占，仍准中国人照常渔猎。"[2] 这成为俄国历史上的一个特例，即允许其境内的邻国人按其本国法律生活和不受俄国政府管理。原居住在黑龙江左岸及乌苏里江至海广阔地域上的清朝臣民被"割地成侨"，成了俄国远东地区最早的中国人群体，俄国人称其"原著满洲人"（зазейские маньчжуры）。

"原著满洲人"按照民族成分来划分，主要有汉族人、满族人和达斡尔人，在国籍上他们仍属于中国国籍，居民的管理权也由中国东北地方政府来行使。"原著满洲人"居住区域即我们通常所说的"江东六十四屯"。中文资料称"江东六十四屯"南北长140余里，东西长70—80里。俄文资料载"江东六十四屯"位于阿穆尔河左岸66俄里、深入内地20俄里的地带，总面积为1400平方俄里。[3] "江东六十四屯"是个地理概念，实际

①　《中俄边界条约集》，商务印书馆1973年版，第21页。

②　同上书，第28页。

③　Назаров А. Ю. Маньчжуры, дауры и китайцы Амурской области//Известия Восточно-Сибирского отдела Императорского Русского географического общества. Т. 14，№ 1 – 2. Иркутск：Печатано в типографии Н. Н. Синицина，1883г. C. 1。

在不同的历史时期屯数有变化，有二十八屯、三十屯、四十八屯等称谓。"所谓六十四屯，是 1900 年以前达到的村屯数。"① 江东六十四屯地处黑龙江和精奇里江冲积平原，地质肥沃，适合农牧，是黑龙江左岸自然条件最为优越之地。"江东六十四屯"的居民是十月革命前远东地区从事种植活动的中国人代表之一。

鉴于"原著满洲人"在远东地区特别是在阿穆尔州种植业发展中的作用，因此《瑷珲条约》缔约谈判中，俄方才同意给予"原著满洲人"居留权。《瑷珲条约》俄方谈判代表 Л. А. 彼罗夫斯基（Перовский）直言道，"允许目前居住在左岸的中国居民居住一段时期，这对我们不但没有任何害处，相反，会有好处……"因为中国人"土地耕种得很出色，我们的移民还需要他们的粮食"。② 彼罗夫斯基说出了俄国给予"原著满洲人"居住权的真实用意，同时也反映出"原著满洲人"对远东农业垦殖的意义。

最先来到阿穆尔河左岸的俄国人群体是哥萨克，俄国政府力求依靠他们实现"屯垦戍边"的目的，但哥萨克不善农耕，生计难以维持，建立粮食基地更是无从谈起。19 世纪下半叶，曾到过阿穆尔河沿岸的俄国总参谋部上尉、探险家 Н. М. 普尔热瓦尔斯基（Пржевальский）这样描述哥萨克的生活："……生活富裕无从谈起，他们中的大部分人连起码的生活资料都没有，一年里从后半个冬天直到第二年收获期，政府要养活他们，好使他们不至于饿死……"③ 窘困中的哥萨克"经常向满人买点布达"④ 来"勉强度日"，更有甚者"用衣服跟满人换粮食吃"。⑤

和派驻哥萨克"屯垦戍边"几乎同时进行的是，俄国政府以优惠条件吸引欧俄地区居民和外国人来阿穆尔河沿岸地区定居开发边疆，但收效甚微。据统计，1859—1881 年 13 年间，迁移阿穆尔州的欧俄地区居民共有 8704 人，⑥ 平均每年为 670 人，这个数量的移民相对于远东地区广袤无垠、

---

　　① 薛衔天：《关于江东六十四屯的屯数、屯名和居民人数问题的几点资料》，《黑河学刊》编辑部编：《瑷珲历史论文集》，黑河地区哲学社会科学联合会，1984 年，第 215 页。

　　② ［苏］А. П 瓦西里耶夫：《外贝加尔的哥萨克》（史纲），第三卷，北京师范学院外语系俄语专业师生译，商务印书馆 1978 年版，第 154 页。

　　③ Пржевальский Н. М. Путешествие в Уссурийском крае. 1867 – 1869 гг. Москва：ОГИЗ，1947г. С. 230。

　　④ "布达"是俄文"буда"的音译，指的是"谷子"。

　　⑤ ［苏］А. П 瓦西里耶夫：《外贝加尔的哥萨克》（史纲），第三卷，北京师范学院外语系俄语专业师生译，商务印书馆 1978 年版，第 181、183 页。

　　⑥ Полнер Т. И. Приамурье . Факты，Цифры，Наблюдения. Москва：Гор. тип.，1909г. С. 852。

亟待开发的土地而言是微不足道的。受优厚条件的诱惑，欧洲一些国家的
移民，如芬兰人、捷克人等也迁居俄国远东地区，但这些人不能适应远东
地区的自然环境，很快便离开了。因此，"原著满洲人"的存在对于 19 世
纪下半叶远东农业垦殖的意义重大，能一定程度上弥补哥萨克不善农耕和
俄国农业移民匮乏的缺陷。

关于"江东六十四屯"的居民数量，中文资料记载得不够确切。《瑷
珲县志》记载《北京条约》签订后居民数量时用的是概数，"约有千余
户，男妇万余人"，大村屯"每屯百八十户六七十户不等，其余小屯每屯
仅在四五十户二三十户不等。"[1] 中俄《北京条约》签订后，为了尽快在新
领土上站稳，俄国政府曾多次组织人员对阿穆尔河左岸进行考察，并撰写了
详细的考察报告，其中不乏关于"原著满洲人"数量方面的记载，这为后人
研究"原著满洲人"留下了弥足珍贵的资料，但不同资料记载不同，有时差
异很大。关于"原著满洲人"数量本文采用个别考察报告的记载。中俄
《北京条约》签署时，阿穆尔州有"原著满洲人"1280 户、10646 人分布在
44 座村屯中。各个村屯满族人、汉族人、达斡尔族人数量和分布情况为：满
族人 400 户、3286 人，分布在 16 个村屯；汉族人 540 户，分布在 14 个村
屯；达斡尔族人 289 户、1960 人，分布在 14 个村屯。[2] 1881 年，阿穆尔州政
府第一次人口普查数据显示：在结雅河到车尔扬耶夫站 1500 平方俄里的范围
内约有常住中国居民 13700 人，其中 12204 人是以家庭形式居住在此的。[3]

1883 年，曾到过江东六十四屯考察的俄国总参谋部上校 А. Ю. 纳扎罗
夫（Назаров）对当地居民情况有过详细的调查和记载：江东六十四屯共
有居民 1.4 万人、1266 户，每户人口不少于 11 人，全部居民分散在 63 个
村屯里。居民的民族成分分别是汉族、满族和达斡尔族，汉族人[4]有 8600

① 孙蓉图修、徐希廉纂：《瑷珲县志》，卷八《武事志》，成文出版社 1920 年版，第 11 页。

② Полнер Т. И. Амурье：факты，цифры，наблюдения：Собраны на Дальнем Востоке
сотрудниками общеземской организации. Москва：Гор. тип.，1909г. С. 59。

③ 转引自邹继伟《清末民初俄罗斯政府对江东六十四屯管理的尝试》，《社会科学家》2017
年第 2 期。

④ 原文用的是"китайцы"，这里指的是江东六十四屯的"汉族人"。帝俄时代包括学者在
内的俄国人多数情况下用"китайцы"来指代"汉族人"，非"中国人"，当前俄罗斯部分学者也
是如此。"中国人（китайцы）在没有附带条件的情况下用来称呼来自中国的人是不准确的，该称
谓仅适用于汉族人和一定程度上被汉化（接受汉语和汉族的某些精神、物质准则）的其他民族的
人。"参见 Дацышен В. Г. Китайцы в Сибири в XVII – XXвв：проблемы миграции и адаптации，
Красноярск：СФУ，2008г. С. 6。

人，满族人有 4500 人，达斡尔族人有 900 人。满族人、达斡尔族人汉化严重，和汉族人一样都已经定居，且会说汉语，三个民族的居民能够自由交流。①

1889 年，"原著满洲人"数量达到 15015 人。远东当局 1894 年曾派官员到结雅地区中国居民村落进行信息收集，统计结果表明：该地区有居民点 63 个，房舍 1364 间，居民人数为 16102 人。这些居民的民族成分多样，有汉族、满族和达斡尔族。其中满族人村为 27 个，房舍 510 间，居民人数为 5780 人。② 从以上数据可以看出，19 世纪下半叶"原著满洲人"的数量稳步增加，从 70 年代的 1.06 万人，到 1883 年的 1.4 万人，再到 1894 年的 1.6 多万人。

"原著满洲人"在 19 世纪下半叶阿穆尔州的农业拓殖中扮演了重要角色。种地是"原著满洲人"最主要的经济活动。其居住地位于黑龙江和精奇里江③冲积成的冲积平原上，这里土质肥沃，适合农业生产。《瑷珲县志》这样描述该地的富庶："地土膏腴，无干旱水溢之虞。每垧年终获粮，较之江右各田，浮收一倍有奇。"并将瑷珲城富庶的原因归结为"江东六十四屯"居民的供养，"庚子之先，瑷城富庶，实由于斯"④。自然条件优越，加之居民勤劳，所以，那时的"原著满洲人"普遍较富裕。

《瑷珲县志》描述的"庚子俄难"前"江东六十四屯"居民的富庶情况为：南北一百五十里许，东西八十里许，计旗丁二千一百五十四户，土地膏腴，人民勤农为务，年产诸粮富甲全省。家户居舍宽大，宅院整洁，蓄粮盈仓，豢牲皆群。⑤ 20 世纪 60 年代黑龙江省有关部门组织调查组对曾经的"江东六十四屯"居民进行访谈，受访问的 38 名人员中一半以上是中农，其中不乏耕种数百垧地，拥有马 200 多匹、车 20 多辆的"大粮户"。⑥

---

① Назаров А. Ю. Маньчжуры，дауры и китайцы Амурской области// Известия Восточно-Сибирского отдела Императорского Русского географического общества. Т. 14，№ 1 - 2. 1883г. С. 10。

② 转引自邹继伟《清末民初俄罗斯政府对江东六十四屯管理的尝试》，《社会科学家》2017 年第 2 期。

③ 俄国人称其为结雅河（р. Зея）——引者注。

④ 孙蓉图修、徐希廉纂：《瑷珲县志》，卷八《武事志》，1920 年，第 11 页。

⑤ 同上书，第 28 页。

⑥ 黑龙江省江东六十四屯问题调查组：《沙俄霸占江东六十四屯的前前后后——七十三位老人访问记》，《学习与探索》创刊号，第 69 页。

"原著满洲人"不管哪个民族的居民都从事农耕，"中国人、满族人、达翰尔族人整个夏天几乎全天从早到晚在田间劳作"①。其中汉族人从事种植活动的比例要高于满族人和达翰尔族人，故汉族居民较富裕，这能从雇工的数量上得到证实。那时"原著满洲人"在农业生产中使用雇工现象较普遍，其中汉族人家庭的雇工最多。有资料记载，19 世纪 80 年代初，16 个汉族村屯②共雇用了 1230 名工人。一个叫桑野（Санье）的汉族人每年雇用 20 名长工，农忙季节雇工有时会增加到 40 人以上；21 个满族人村屯雇用了 1204 名工人；7 个达翰尔族人村屯雇用了 34 名工人。③

至于"原著满洲人"种植活动的详细情况如耕地面积等，由于资料的缺少无从知晓，但能从役畜拥有量上看出一些端倪来。受传统饮食习惯的影响，"原著满洲人"饲养马、牛的主要目的是用于生产，而非食用，因而"原著满洲人"役畜拥有量一定程度能反映出耕地的规模。纳扎罗夫将"原著满洲人"的村屯分为两类，一类是完整意义上的村屯，符合这一条件的有 37 个，另一类不具备严格意义上村屯的特点：房舍散居各处的 2—4 所房子组成的小营子（заимка），具备这一特征的有 26 个。④ 从各个村屯居民拥有的役畜的数量能看出他们农耕的规模，以几个较大的村屯为例：

布京达村（Будинда），有满族居民 71 户、674 口，有役马 213 匹，耕牛 142 头。

小阿林村（Малый Алинь），有汉族居民 41 户、533 口，有役马 205 匹，耕牛 164 头。

大阿林村（Большой Алинь），有汉族居民 129 户、1677 口，有役马 645 匹，耕牛 520 头。

---

① Назаров А. Ю. Маньчжуры，дауры и китайцы Амурской области//Известия Восточно-Сибирского отдела Императорского Русского географического общества. Т. 14，№ 1 – 2. 1883г. С. 14。

② 除极少数村屯外，"江东六十四屯"的多数村屯都是三个或两个民族混居的，因而所说的"汉族人村屯""满族人村屯""达翰尔族人村屯"是以村屯中人口占多的民族命名的。

③ Составлено по：РГА ДВ. Л. 61 – 62. См.：Сорокина Т. Н. Хозяйственная деятельность китайских подданных на Дальнем Востоке России и политика администрации Приамурского края（конец XIX – начало XX вв.），Омск：ОмГУ，1999г. С. 51 – 52。

④ Грум-Гржимайло Г. Е. Описание Амурской области，Санкт-Петербург：типо-лит. и переплетная С. М. Николаева，1894г，С. 394。

图格敦阿林村（Тугбунь – Алинь），有满族居民 40 户、380 口，有役马 120 匹，耕牛 80 头。

呼敦山村（Хубунь – шань），有汉族居民 33 户、429 口，有役马 155 匹，耕牛 132 头。

额尔古扎村（Эльгуза），有达斡尔居民 19 户、167 口，有役马 76 匹，耕牛 66 头。

赫吉山村（Хеди – шань），有汉族居民 370 户、481 口，有役马 185 匹，耕牛 141 头。

辰敦山村（Чинь – дунь – шань），有汉族居民 54 户、702 口，有役马 270 匹，耕牛 216 头。

博尔多村（Бордо），有达斡尔族居民 24 户、192 口，有役马 72 匹，耕牛 72 头。

莫勒村（Мале）和毕喇村（Бира），有 39 户、370 口满族人，有役马 117 匹，耕牛 78 头。

费托克索村（Фе – Токсо），中国人称它为"蓝旗屯"，有满族人 27 户、276 口，有役马 81 匹，耕牛 70 头。

大吉利辰村（Большой Гильчинь）是黑龙江左岸汉族和满族村最大的一个，也是汉族人口最多的一个村屯，有汉族人 205 户、2490 口，有役马 1020 匹，耕牛 800 头。村中一些汉族人很富有，有个叫拉志（Ландзи）的人，拥有大片良田。[1]

"原著满洲人"的作物种植情况如下。最初，"原著满洲人"主要种植小麦、黍、玉米等适合北方居民的作物，其中黍的播种面积较大。后来随着俄国人迁移远东数量的增多，华人开始种植燕麦、黑麦等俄国人喜食作物并加以出售，销路很好。俄国人曾在"原著满洲人"居住地设有粮食收购站，收购中国人生产的粮食。19 世纪末，结雅河（р. Зея）、扎维塔亚河（р. Завитая）、托姆河（р. Том）、季姆河（р. Дим）等地金矿粮食的主要供应者是"原著满洲人"。19 世纪 80 年代，以上矿区每年从华人手中购买粮食达 30 万普特。[2] 1884 年，上结雅（Верхне – Зейская）公司和贾隆斯卡亚（Джалонская）公司向"原著满洲人"购买了 1973 普特、价值为 3156

① Грум-Гржимайло Г. Е. Описание Амурской области，1894г，С. 394 – 396。
② Назаров А. Ю. Маньчжуры，дауры и катайцы Амурской области//Известия Восточного Сибирского Отделения Императорского Русского Географического Общества. Т. 14. № 1 – 2. 1883г. С. 17。

卢布 80 戈比的荞麦；55091 普特、价值 38563 卢布 70 戈比的燕麦；1884 年，商人 И. 科杰尔尼科夫（Котельников）代涅尔琴斯克矿的布基内依（Бутиный）兄弟向"江东六十四屯"居民购买了 1026 普特、价值为 1028 卢布的荞麦和 8760 普特、价值 5890 卢布的燕麦。[①]"原著满洲人"在远东地区的种植活动持续至 20 世纪初，"庚子俄难"后"原著满洲人"或被屠杀或渡江回国，其居住区被阿穆尔哥萨克占据，之后部分居民重返黑龙江左岸，但较少有从事农业活动的。

二　乌苏里地区中国人的粮食种植活动

乌苏里地区由南乌苏里和北乌苏里组成，南乌苏里地区又可分为苏昌区、绥芬区、兴凯区和阿瓦库莫夫斯克区。南乌苏里境内存在绥芬河、勒富河、刀兵河、乌拉河、苏昌河等乌苏里江的支流，这几条河流的河谷土质肥沃、面积广阔、气候湿润，适合种地。南乌苏里地区对农业移民有很大吸引力，中国农民、朝鲜农民及俄国欧俄农民纷纷在此耕作，各类作物在此均有种植，既有东亚人食用的粟、小麦、玉米等传统谷物，也有俄国人喜爱的燕麦、荞麦、大麦等。据纳达罗夫统计，1879 年整个乌苏里地区的耕地面积为 5702.5 俄亩，其中北乌苏里仅为 210 俄亩，南乌苏里地区为 5492.5 俄亩。其中苏昌区最多，为 2267.5 俄亩，其次是兴凯区——2034 俄亩，阿瓦库莫夫斯克区——693.5 俄亩，绥芬区——497.5 俄亩。[②]

相对于南乌苏里地区，北乌苏里地区具有多山、多河流的地理特点，该地耕地面积少，农业不发达。北乌苏里境内有乌苏里江最大支流——伊曼河、比金河、霍尔河、瓦库河、基亚河等，如伊曼河、比金河水量很充沛，以至两河下游沿岸经常受水灾之患，很显然这样的自然条件不适合开展种植活动。北乌苏里地区为数不多的耕地被哥萨克占去了很大一部分。由于哥萨克群体的特殊性，外国人在哥萨克区从事种植活动有众多限制。相较于种地，北乌苏里地区从事狩猎、挖人参的比例较高。据纳达罗夫统计，19 世纪 80 年代，北乌苏里地区有 1300 万俄亩土地，已开垦的有 2040

---

① РГИА ДВ. Ф. 704. Оп. 1. Д. 176. Л. 106 – 107, 101 – 102. См.: Петров А. И. История китайцев в России: 1856 – 1917. СПб: Береста, 2003 г. С. 428。

② ［俄］伊凡·纳达罗夫:《〈北乌苏里边区现状概要〉及其他》，上海人民出版社 1975 年版，第 103 页。

俄亩，其中哥萨克拥有 1734 俄亩，异族人拥有 316 俄亩。鉴于南乌苏里和北乌苏里地区自然条件的差异，南乌苏里地区是滨海州及远东地区最主要的农耕区，成为中国农民在远东地区的主要聚集地。

中俄《北京条约》签订后，对于新获得的黑龙江和乌苏里江沿岸的大片领土，俄国决策层更多地是从政治和军事战略角度出发，在那里"站稳脚"是其最初目的。从这点出发，俄国当局欢迎中国人来远东地区，对中国农民的活动未做过多限制，给予他们和俄国移民相同的待遇，可以选择合适的空闲土地耕种。这时期中国农民和后来佃户、季节工有区别，他们无须和俄国人分享劳动成果。一般是先在选中的土地上建一个简易的住所，最初是窝棚，之后渐渐变成房屋。窝棚或房屋周围的土地则归房主耕种，俄国当局很少干涉。房主往往要找合伙人，有时也会雇工。对于收成的分配，要看投入资金及付出劳动的多寡。这些人和十月革命前远东的多数春去冬回的"候鸟"——季节工相比，他们在俄居住的时间要长些。中国人在远东"自主"种植活动的持续时间不长，随着俄国移民的增多"自耕"活动被终止。

从 19 世纪 80 年代起，伴随着东北亚地区广受列强的关注和东北亚国际关系日益复杂化，俄国远东地区的战略地位凸显，在俄国对外政策中的地位上升。同此相对应的是，俄国加强了对该地的管理，其中一项重要的举措是成立阿穆尔河沿岸总督辖区（Приамурское генерал-губернаторство）。此外，还加大力度鼓励欧俄居民向远东迁移，如实施官费移民等。随着俄国农民抵达远东数量的增多，对外国人在远东种植活动进行限制，如 1892 年 6 月 18 日颁布的法令规定，禁止包括中国人在内的外国人在阿穆尔州和滨海州拥有土地。在此背景下，中国"自耕者"被驱至别处，他们耕作多年的土地被俄国人占据，但由于新来的俄国人不能适应远东的自然环境，这导致中国"自耕者"有了留下来的机会。

对于种植业而言，气候和土壤是两个最重要的要素，19 世纪下半叶来到远东的俄国农民和哥萨克对二者均不适应。阿穆尔河沿岸地区降水量较大，沿海地区雾气大，尽管作物茎叶粗壮，但谷粒不饱满。受气候影响，作物上还生有一种寄生菌，在菌作用下果实变异，人食用后会头晕甚至呕吐。阿穆尔河沿岸地区的土质也不同于欧俄地区的土质，那里土壤以粉状的森林土质为主，其间常夹杂有砾石，从欧俄带来的种子、农具不能适应这种土壤。俄国农民和哥萨克的种植方式也加剧了种植危机。他们采用

"撒播"法，这既不利于锄草，也不利于排涝，而华人和朝鲜人采取"垅播"，可以克服"撒播"的弊端，收成比俄国人好许多。[①] 那时中国人种植的小麦、大麦的收获量和播种量的比例是40∶1，黍的收获量和播种量的比例是100∶1。俄国农民和哥萨克种植小麦的收获量和播种量的比例一般是6∶1或7∶1，远远低于中国人和朝鲜人。俄国农民和哥萨克为了增加收入，将耕地租赁给适应当地环境、善于农耕的华人、朝鲜人。这样，中国人以佃户的身份留下来，在自己曾经耕耘过的土地上继续劳作，由"自耕者"变成了俄国农民和哥萨克的佃户。那时将土地租赁给中国人、朝鲜人的现象在滨海州特别是适宜农耕的南乌苏里地区较普遍。

表1　　　　1910 年符拉迪沃斯托克等地中、朝、日三国人租赁土地情况

承租人	符拉迪沃斯托克		尼科尔斯克—乌苏里斯克		哈巴罗夫斯克		总量	
	面积（俄亩）	所占比例（%）	面积（俄亩）	所占比例（%）	面积（俄亩）	所占比例（%）	面积（俄亩）	所占比例（%）
中国人	65	16.5	307	38.0	136	82.0	508	37.1
朝鲜人	330	83.5	501	62.0	30	18.0	861	62.9
日本人	—	—	0.41	—	—	—	0.41	—
总数	395	100	808.41	100	166	100	1369.41	100

资料来源：Шликевич С. П. Колонизационное значение земледелия в Приамурье//Труды командированной по Высочайшему повелению Амурской экспедиции. Выпуск. Ⅹ. СПБ. , 1911г. С. 12.

如表1所示：中、朝、日三国人当中前两者是远东地区耕地的主要承租人，日本人承租土地仅为0.02%；朝鲜人承租的耕地多于华人占62.9%，中国人承租土地占37.1%。那时日本人的生活地域有限，从事行业单一，主要在沿海一带从事捕捞海产品等活动，从事农耕者很少。至于表1显示的朝鲜人承租的土地多于华人的事实，笔者分析是两个原因导致的，一是和远东朝鲜人务农比例高有关，二是和远东中国人的转租土地行为有关。一些华人从俄国人手中承租土地，之后再转租出去，做"转租

---

① ［俄］П. Ф. 翁特尔别格：《滨海省：1856—1898 年》，商务印书馆1980 年版，第116—118 页。

人"（субарендатор），从中赚取差价，被转租的土地许多被朝鲜人接手，而朝鲜人承租的土地几乎都自己耕种。

俄国远东地区中国人、朝鲜人租赁土地的价格问题如下。最初，俄国农民和哥萨克出租土地的租金是以实物形式交纳的，土地拥有者和承租人按照一定比例分配收获的粮食。多数情况下采取对半分成，即承租人要将土地收获物的一半交给出租人。进入 20 世纪后，地租多以货币形式交纳，但在不同地区或同一地区的不同地段，地租也有差别。

表2   1910 年滨海州俄国人向中国人出租土地的情况

出租的土地所在区域	土地面积（俄亩）	租金（卢布）
弗拉基米洛夫斯卡—图古斯克乡	6	50
鲁日诺—卢特科夫斯克乡	1	20
斯帕斯克耶—斯帕斯克乡	7	142
尼科拉耶夫卡—伊万诺夫斯克乡	13.5	273
格罗杰科沃乡	33	238
彼得罗巴甫洛夫卡乡	111	1740
新尼科尔斯科耶—绥芬斯克乡	78	700
弗拉基米罗—亚历山大罗夫斯克耶—苏城乡	172	2967
戈卢博夫卡乡	5	38

资料来源：Петров А. И. История китайцев в России：1856 – 1917. СПб：Береста，2003г. С. 436 – 438。

从表 2 可以看出，不同区域的租金有差别，7.2—20.3 卢布/俄亩不等。这一差别从出租人角度看，主要体现在"老住户"[①] 和"新住户"上，"老住户"出租土地的价格高于"新住户"。出现这一差别的原因是由于"老住户"来远东较早，能选择土质肥沃的地段，这类耕地租金自然要高些。

除了佃户外，十月革命前远东地区种植领域还活跃着另外一个庞大的

---

① "老住户"和"新住户"是指迁入远东地区的俄国农业移民。两者的划分依据是迁入远东的时间。"老住户"指 1861 年《俄国人与外国人在阿穆尔省和滨海省定居条例》颁布后迁入的农民，也叫"百亩土地所有者"（старожилы-стодесятинники），移民每户居民可分得 100 俄亩的土地。"新住户"指 1900 年《在阿穆尔省和滨海省建立移民地段的临时章程》颁布后迁入的农民，男性移民可分得 15 俄亩份地。"老住户"迁入时空闲土地多，可供选择的余地大，"新住户"选择余地小，因而"老住户"一般要比"新住户"富裕。参见王晓菊《俄国东部移民开发问题研究（1861—1917）》，中国社会科学出版社 2003 年版，第 109、121—122 页。

中国人群体——农业雇佣工人，这些人常常被称为"季节工"或"短工"，以此表明其工作的时令性。"季节工"多是在农忙季节赴俄，春节前后回国，一般在俄国工作几年后就回国。20 世纪初受俄国外交部派遣、曾专门前往远东调查"黄种人"问题的 В. В. 格拉韦（Граве），考察后得出结论："在当地居留 3 年以上的中国人很少，无论从事何种职业，在积攒 200—300 卢布后就返回故乡。"① 十月革命前，俄国远东地区较为殷实的俄国农民都要雇用一定数量的中国人或朝鲜人，尤其是在农忙季节。曾在远东任职多年，曾先后出任滨海州驻军司令（Военный губернатор Приморской области）和阿穆尔河沿岸地区总督（Приамурский генерал-губернатор）的 П. Ф. 翁特尔别格（Унтербергер）承认，多数俄国农民"在经营上一概墨守成规，几乎全雇佣中国工人和朝鲜工人经营农业"。②

十月革命前，俄国远东地区的中国农业雇工的工资和俄国农业工人相比差别很大。以乌苏里地区为例，19 世纪末，俄国农业工人的工资是 1 卢布/日—1.5 卢布/日，而中国雇工的工资是 0.4 卢布/日—0.65 卢布/日，最高不超过 1 卢布/日。1908 年，俄国农业工人的工资是 0.85 卢布/日—1.05 卢布/日，而中国工人的工资是 0.55 卢布/日—0.80 卢布/日。阿穆尔州中国工人的工资标准和乌苏里的中国工人工资相差无几。19 世纪末，阿穆尔州俄国工人在主人提供伙食情况下的工资是 0.6 卢布/日—1.2 卢布/日，而中国雇工在自带伙食情况下的工资为 0.3 卢布/日—1 卢布/日。1908 年，阿穆尔州俄国工人的工资为 1 卢布/日—1.25 卢布/日，中国雇工的工资为 0.80 卢布/日。③ 19 世纪末 20 世纪初，俄国远东中国雇工的日工资仅为俄国工人的 40%—60%。对于这种"同工不同酬"现象出现的原因，俄罗斯学者认为是由于俄国工人和中国人在劳动效率上存在差异导致的。俄国工人力气大、效率高，2 名俄罗斯人的工作效率可以抵 3、4 名中国人或 5、6 名朝鲜人。以割草为例，俄国工人 1 天能割半俄亩，而中国人只能割 0.2 俄亩。④

① Граве В. В. Китайцы, корейцы и японцы в Приамурье// Труды командированной по Высочайшему повелению Амурской экспедиции. С. 7。

② ［俄］П. Ф. 翁特尔别格：《滨海省：1856—1898 年》，商务印书馆 1980 年版，第 133 页。

③ Комов А. Жёлтая раса и рабочий вопрос в Амурской золотопромышленности//Сибирские вопросы. 1909г. №32. С. 8 −9。

④ Там же. , С. 9。

作为远东地区最主要的农耕区之一，19 世纪末 20 世纪初乌苏里地区集中了大量中国农民。南乌苏里地区有两处是中国农民较为集中之地，一处是苏昌河谷（д. Сучан），另一处是次木河河谷（д. Цимухе），在这两处生活的中国人中务农者比例较高。因为两处土地肥沃，俄国移民未到达前空闲土地较多，所以两地从事农耕的中国人普遍富裕。19 世纪 60—80 年代，在苏昌地区有一名叫李固（Лигуй）的中国农民在苏昌乃至乌苏里地区都很有影响力。李固是汉族人，他是何时来到苏昌地区的不得而知。俄文资料记载，1879 年李固 62 岁，他自称在苏昌生活了 29 年。① 由此推算，他是 1817 年出生的，即中俄《瑗珲条约》签订前他就已经在苏昌生活了。李固很富有，不仅种植的土地多，而且拥有的房舍较多，是苏昌地区拥有房屋最多的人。他富有，且乐善好施，家里经常住着一些投奔他的亲属和其他衣食无着的穷人或老无所依者，最多时达到 40 人。② 李固在当地有很高的威望，长期担任苏昌中国人社团的"大爷"（старшина）③。

李固不仅在苏昌乃至南乌苏里地区的中国人当中有威望，还受到俄国滨海州当局的表彰，原因是李固在"青岛淘金工人起义"期间做了很多好事。"青岛淘金工人起义"导致南乌苏里地区局势混乱，这期间李固作为苏昌和南乌苏里地区有影响力的中国人不能置身事外。李固对苏昌地区受到起义冲击的一般俄国人进行救助。起义爆发后，乌苏里地区局势混乱，当地一些俄国人的房舍被烧毁。李固允许受起义冲击、无家可归的普通俄国居民在家中避难。

淘金工人起义导致的混乱局面给当地普通中国人的生活带来不利影

---

① Нестерова Е. И. Китайский старшина Лигуй: вопросы истории и историографии. // Дальний Восток России в системе международных отношений в Азиатско-Тихоокеанском регионе: история, экономика, культура. （Третьи Крушановские чтения）. Владивосток: Дальнаука, 2006г, С. 146。

② Сборник главнейших официальных документов по управлению Восточной Сибирью. Иркутск: типография Штаба Восточно-сибирского военного округа, 1883г. Т. 4. С. 392。

③ "старшина"原意指某部门的"头目"或"工长"等，此处可以译为"大爷"，意指当时中国人居住区的头目。"大爷"由选举产生，由威望高且具备一定财力的人担任。"大爷"在本区内有一定权力，如有主持审判和对犯罪者惩罚的裁决权，也有对区内商品的定价权，但"大爷"履行职权要按照一定的规章，规章是依据习惯和日常行为准则制定的，需要区内的所有人都遵循。参见 Соловьёв Ф. В. Китайское отходничество на Дальнем Востоке России в эпоху капитализма （1861 – 1917 гг.）. Москва: Наука, 1989г. С. 70。

响。淘金工人起义期间远东地区红胡子也趁机作乱，借着混乱局势进行不法行为。为了使苏昌的中国人免受红胡子的侵扰，李固组织了警卫队，警卫队成员最多时达 850 人，由来自次木河的 500 名中国人和来自苏昌河上游的 250 名中国人及来自大集米河（p. Таудеми）一带的 100 名中国人组成。

"青岛淘金工人起义"结束后，俄文文献中就没有了关于李固的记载，直到 1880 年俄文文献中再次出现了李固的消息，这次是坏消息。这一年不知何故李固阻止俄国军队进入苏昌地区，因此事李固被乌苏里的地方当局逮捕，俄国各界对于如何处置他存在分歧，有人主张将其引渡给中国政府，还有人主张将其流放到其他地区，两种意见相持不下，最后对李固的处罚不了了之。两年后李固再次面临着被俄国抓捕的危险。这次牢狱之灾源于李固接受了中国珲春协领的任命，珲春当局为了加强对苏昌地区中国人的管理向李固颁发了委任状，这样李固对苏昌地区中国人的管理开始具有了官方色彩。接受任命后，李固在苏昌组建了一支 40 人组成的警卫队，保卫苏昌地区的中国人免受红胡子的骚扰，同时为了增强防御，李固组织人在苏昌地区的中国人居住地挖壕沟、建土围子等。李固接受中国官方任命和与珲春当局保持联系的行为被南乌苏里当局获悉后，后者很不满，将李固组织警卫保卫中国人不受红胡子侵扰行为当成了红胡子劫掠行为，李固被当成了红胡子头目，于是派人去苏昌抓捕李固，但没能抓住他，因为他事先得到消息，躲起来了。后来就没有了李固的消息，可能回国了。①

三 俄国各个阶层对中国人粮食种植活动的态度

十月革命前，在如何看待中国人在远东地区的种植活动问题上，俄国各个阶层的态度不一致。整体上看，官方对中国人在远东地区的活动持否定态度，而一般民众则看到了中国人在远东种植领域的贡献。

对中国人的种植活动的看法，先后任滨海州驻军司令和阿穆尔沿岸地

---

① Нестерова Е. И. Китайский старшина Лигуй: вопросы истории и историографии. // Дальний Восток России в системе международных отношений в Азиатско-Тихоокеанском регионе: история, экономика, культура. （Третьи Крушановские чтения）. Владивосток: Дальнаука, 2006г, С. 149。

区总督的翁特尔别格的意见具有代表性，他的看法一定程度上代表了俄国官方的态度。П. Ф. 翁特尔别格批评道：中国佃户和朝鲜佃户的野蛮垦殖方式损害了作为农民的道德声誉，中国人、朝鲜人的不当行为掩盖了他们善于经营、爱劳动的优点，① 否定了中国人、朝鲜人在远东农业开发中的贡献。同时翁特尔别格也意识到在远东地区劳动力不足的背景下，中国人是不可替代的，"在本区经济生活的某些领域中缺少异族劳动力还不行"，并提出限制中国人的条件，"到了本区的俄国工人总数增加到可以不使用中国人和朝鲜人的时候，解决所提出的问题就大为简单了。"②

纳达罗夫"有条件"地承认中国人在远东地区农业发展中的贡献，"条件"为远东劳动力不足。"将来随着乌苏里地区俄罗斯农业人口以及一部分工业人口的增加，这种好处就会自然而然地不复存在。"关于中国人在远东农业发展中的贡献，纳达罗夫总结出两点："符拉迪沃斯托克和南乌苏里边区其他较大的居民点，靠蛮子才能获得食物和菜蔬；蛮子是廉价而又优秀的雇工。不论要多少这类雇工，随时都可雇到。"③ 纳达罗夫骨子里是排斥中国人的。"乌苏里地区应该具有纯俄国的面貌，我们丝毫也不欢迎乌苏里地区的蛮子居民。蛮子离开乌苏里地区愈快，该地区的俄罗斯化也就愈迅速。""只要乌苏里地区还有蛮子居民，就必须尽可能厉害地剥削他们。"④

俄国人对中国人评价低与个别中国人的不法行为有关。中国人的不法行为在种植领域的一个表现是种植罂粟。滨海州的奥尔金斯克（Ольгинск）县的中国人种植罂粟的面积较大。据统计，1906 年，滨海州的罂粟播种面积是 200 俄亩，其中奥尔金斯克县有 80 俄亩，占滨海州全部种植面积的 40%；1910 年，滨海州的罂粟播种面积是 306 俄亩，其中奥尔金斯克县有 120 俄亩，占全省播种面积的 32.8%。那时滨海州罂粟提取物——鸦片的主要流向是中国。据不完全统计，1897 年，滨海州销往中

① РГИА ДВ. Ф. 702. Оп. 1. Д. 760. Л. 12 об. -13. См. ：Петров А. И. История китайцев в России：1856 – 1917. СПб：Береста，2003г. С. 433。

② ［俄］П. Ф. 翁特尔别格：《滨海省：1856—1898 年》，商务印书馆 1980 年版，第 121—122 页。

③ ［俄］伊凡·纳达罗夫：《〈北乌苏里边区现状概要〉及其他》，上海人民出版社 1975 年版，第 116 页。

④ 同上书，第 119 页。

国的鸦片达 200 普特。[①] 由于罂粟种植和鸦片走私可以获取高额利润，因此承租用于种植罂粟的耕地租金要高于其他耕地许多，最高时达 1 俄亩 100 卢布。

那时一些俄国人不认同中国人精耕细作的耕作方式，认为耗费的人力太多，而且对自然环境造成破坏，因而提出对中国人承租土地进行限制。最令人费解的是，俄国人将远东俄国人的懒惰归咎于中国人，认为中国人承租土地助长了俄国农民的懒惰，教会了俄国农民、哥萨克"不劳而获"。俄国地理学会会员、20 世纪初曾考察过乌苏里的 В. К. 阿尔谢尼耶夫（Арсеньев）就是这种观点的持有者，他建议只能允许华人以雇工身份，而不是佃户身份参与远东地区的农业生产活动。[②]

和翁特尔别格、纳达罗夫等人在种植领域排斥中国人相反的是，当时一些远东官员比较清醒，认识到完全禁止中国人参与远东拓殖事业不现实。如阿穆尔州官员 Е. Д. 兰金（Ланкин）就认为：在远东农业生产和劳动力市场如此糟糕的情况下，做不到农业生产中完全取消黄种人。[③]

十月革命前，远东地区的一般民众对中国人在远东地区种植领域活动的态度是有别于官方的，这可以从发表于《阿穆尔边区报》（Газета 《Амурский край》）的一篇评论中看出来。这篇评论发表的背景是"庚子俄难"。对于俄国对"原著满洲人"采取的措施，《阿穆尔边区报》评论：当前对"原著满洲人"土地的初步处理意见是拨给哥萨克……我希望当局能用另一种思维来指导该问题的解决。众所周知，哥萨克是在军事环境中成长起来的，他们不是很好的拓殖者，分给他们的土地会变成空闲地。这无论是对哥萨克，还是对边区而言都没有好处……在满洲农民灵巧双手的劳作下，这片土地已经成为了布拉戈维申斯克市的粮仓，布拉戈维申斯克的粮食和蔬菜是由他们供应的。这片土地拨给哥萨克支配的后果会是粮食种植和果蔬栽培的萎缩，城市会失去食品供应基地。没有满洲人，蔬菜价格至少会上涨 1 倍。随着种植业的凋敝，蔬菜价格

---

① Соловьёв Ф. В. Китайское отходничество на Дальнем Востоке России в эпоху капитализма (1861 – 1917 гг.). Москва：Наука，1989。С. 60。

② Арсеньев В. К. Китайцы в Уссурийском крае. Москва：КРАФТ. 2004 г. С. 245 – 246。

③ РГИА ДВ. Ф. 702. Оп. 3. Д. 383. Л. 10 об. См.：Петров А. И. История китайцев в России：1856 – 1917. СПб：Береста，2003 г. С. 439。

会涨至令人难以置信的程度。总之，该问题如何解决对于布拉戈维申斯克市居民很重要。鉴于此，市自治机构应该迅速向当局提出适当的、合理的申请。①

本文曾以《十月革命前俄国远东华人的种植活动》为名刊发于《世界农业》
（2016 年第 6 期），此文对刊发稿稍作修改，特此说明

---

① Мы слышали из достоверного источника//Амурской край. 1900. 30 июля（12 авг）. № 84。

旅俄华工与十月革命前后中国形象的转变

张建华*

【摘　要】自 19 世纪 70 年代始，来自中国山东、河北以及东北三省的破产农民和无业居民大量移居俄国的东部地区乃至欧俄核心地带，至第一次世界大战爆发前，形成了俄国境内分布广泛、人数庞大、从业各异的华工群体，成为近现代史上跨国界、跨文化的历史现象，而旅俄华工就其历史起源、人口数量、生存际遇和活动区域都堪称鲜见。这一群体中产生了最早的俄语翻译家、互市商人和革命家，诞生了第一个华人团体——中国旅俄联合会和旅俄华工联合国。在十月革命中，先进华工英勇地参加了保卫苏维埃政权的斗争。旅俄华工以自己的坚强、勤劳、聪慧和正义赢得了俄国人民的尊敬和苏维埃政权的信任，一举改变了俄国数个世纪以来形成的扭曲的中国形象。这一特殊群体以及生存和活动方式，不仅促进了中俄两大民族的相互认识、两大文化的碰撞交流，而且促进了现代中国形象在俄国（苏联）的形成，即超越了俄国（苏联）人乃至欧洲人传统的历史—文化视野之下的负面中国形象，初步形成了现代中国的正面政治—革命形象。

【关键词】旅俄华工；远东地区；中国形象；华工形象

中俄两国分属欧亚，地距遥远，文殊缘异，无论是"隔山猜度"（俄国第一代汉学家比丘林语），还是"文字之交"（中国作家鲁迅语），均是较为晚近的事了。自 18 世纪，"中国形象"由西欧人士和文字辗转介绍到

---

　* 基金项目：本文系教育部 2006 年度"新世纪优秀人才资助计划"（NCET）阶段性成果。

　作者简介：张建华，北京师范大学世界史研究中心主任，教授，博士生导师，历史学博士，从事俄国（苏联）思想文化史、中俄文化关系史、俄国汉学史研究。

俄国，随后在18—19世纪，俄国竟然也兴起了"中国风"。然而由于文化隔阂与认识差异，间或历史因素作祟，"中国形象"在俄国长期时阴时明，甚至晦暗无光。两大民族和文化真正全方位的接触则是开始于19世纪末20世纪初，其中1917年的十月革命是一界碑，而旅俄华工作为一个特殊的跨国界社会群体，在沟通两国文化和促进中国形象转变的过程中发挥了特殊乃至不可或缺的作用。

一 从"移民"到"华工"：在俄华人的起源 与一战前后华工的基本状况

在俄文文献中，"中国人"（Китайцы）或"在俄中国人"（Китайцы в России）是最为常见和内容最为宽泛的指代词。"中国公民"（Китайский гражданин，Китайские подданные）则是强调其国籍属性的专用词。"中国侨民"（Китайские диаспоры）、"中国移民"（Китайская миграция，Китайская эмиграция，Китайская иммиграция）、"中国流民"（Китайские поселения，Выходцы из Китая）和"中国移居者"（Китайские переселенцы）则是强调其来源地的专用词。"中国工人"（Китайские рабочие）、"中国劳动者"（Китайские работники）、"中国劳工"（Китайские трудящиеся）、"中国苦力"（Китайские кули）、"中国短工"（Китайское отходничество）、"中国劳动移民"（Китайские трудовые мигранты）和"中国粗工"（Китайские чернорабочие）则是强调其身份和职业属性的专用词，这些名词可以统一简称为"华工"。

然而，在俄文文献中，上述名词在通常情况下多混用、并用和连用，并无严格界限，因此本文涉及的专有名词——华工，实际上也常为其他名词指代。

并且，除俄国专业汉学家的学术著作以外，俄文文献（包括俄国官方文件）中提及的"中国人"等名词，通常仅指其国籍、身份和职业属性，一般不包含其民族属性（如汉、蒙、满、回、藏等），也不包括其省份来源（如山东、河北、吉林、黑龙江等）。

1628年，漠西厄鲁特蒙古人土尔扈特部首领和鄂尔勒克率其所部及部分杜尔伯特部、和硕特部牧民5万户（计25万人）西迁，1630年前后至额济勒河（今俄伏尔加河）下游定居。此为有文字记载最早出现在俄国的中国人。① 1877—1882 年有陕西、青海、甘肃和宁夏的起义回民，分三批，越过天山，移居到俄国的中亚地区，他们被称为东干人（Дунган，Dungan），共计 6200 余人，此为土尔扈特人后在俄境居住的最大的中国人群体。② 此外，在 19 世纪末前，在俄国境内还活跃着人数不多，但影响不小的华商群体。其中山西商人居多，清人松筠在《绥服纪略》中记载："所有恰克图贸易商民，皆晋省人。"再以鲁籍商人次之，其中以纪凤台名气最大。③

本文所提旅俄华工则是随着 1860 年清政府被迫与英法签订《北京条约》，被迫放弃 1727 年雍正皇帝所定禁止国人出洋就工的禁律后，所兴起的波及全球的华工潮的组成部分。

1861 年俄国农奴制废除之后，开始其工业和农业方面的结构调整，为解决远东地区缺乏劳动力之虞，沙皇政府于 4 月 27 日颁布新的移民立法，吸引和鼓励俄国人和外国人移居黑龙江流域和滨海地区，凡定居者除最多分给土地 100 俄亩之外，还予以免除兵役 10 年，免除土地税 20 年。④ 然而这个政策对于刺激俄国人移居东部热情作用不大。在 1859—1882 年的 24 年里，自俄国西部移居远东的人数仅为 14409 人，平均每年仅 600 人。⑤ 因此俄地方政府决定向邻近的中国招募工人。19 世纪 70 年代，俄国从中国的山东、吉林招募 150 名工人，合同期为 2 年，修筑哈巴罗夫斯克的工事、港口和铁路。此为真正意义上的第一批华工。⑥

此后，居住在阿穆尔边境区的中国人数量逐年增加，在军事堡垒、海参崴港口、乌苏里铁路建设工地充斥着大量的华工。沙皇政府外交部官员戈拉文在赴远东考察后写道："在俄国的远东领土上居住的中国公民人数

① 1712 年，清舆地学家、康熙朝内阁侍读图理琛奉使途经西伯利亚，两年后至伏尔加河下游，探望土尔扈特部。此为中国官方人士首次俄国之行，而图理琛所写《异域录》也是首部关于俄国风土民情的著作。

② ［苏］拉希德·优素波夫：《中亚东干人》，《回族研究》1994 年第 4 期。

③ 纪凤台，山东黄县人。生卒年月不详。自幼随父定居于海参崴。毕业于海参崴商务专科学校。初时因收购东北毛皮而发家。1893 年加入俄国国籍，改俄名尼古拉·伊万诺维奇·纪凤台。后借中东铁路修筑和经营而聚敛财富，成为俄远东和中国东北地区的最大华商，最盛时贸易远达河北、河南、山东、安徽等省份以及俄国内陆各省份。

④ ［俄］П. Ф. 翁特尔别格：《滨海省（1856—1898）》，黑龙江大学俄语系译，商务印书馆 1980 年版，第 64 页。

⑤ Приамурье：Факты, цифры, наблюдения：Приложение к отчёту общеземской организации за 1908г. Москва, 1909. С. 52。

⑥ РГИА. Ф. 394. Оп. 1. Д. 7. Л. 88。

的剧增，极大增加了黄种人的数量。这种现象一方面说明构成阿穆尔河流域总督区治下部分土地，从前属于中国，有中国人居住。另一方面中俄的直接比邻简化了两国移民国界的通道。根据《瑷珲条约》第一款和《北京条约》第一款，俄国政府保证给予居住在上述地区的中国公民以优惠。"在他看来："这是一些从事粗笨工作的人，他们作为伐木者夏天充斥着原始森林，作为农业工人充斥着农村，作为工人充斥着城市，建造各类房屋，整修街道，在码头上充当搬运工，在小火轮上当水手，总之出现一切需要使用他们粗笨体力的地方。"①

大量中国人移居俄国的原因是什么？戈拉文认为有三方面的原因：经济因素、投机因素、政治因素。他认为吸引华工赴俄的首要原因当然是经济因素，即为获得更高的收入。② 俄国驻中国赤峰领事馆1908年给沙皇政府的报告中谈到赤峰当地短工的日工资为15—25戈比，同时期俄国短工的日工资则不低于55—87戈比。赤峰当地成人工人年收入不超过42卢布，③ 而在俄国华工收入则为152卢布，比在中国能多挣110卢布。④

然而，由于"黄祸论"自西渐东的泛起以及沙皇政府内部的争论，1886年、1892年沙皇政府连续颁布法令限制外国人在黑龙江流域、滨海地区赎买土地，禁止外国人在俄国边境地区居住。但总的来说，这一时期俄国国内以及统治上层中吸引中国劳动力的论调占优势地位。1856年克里米亚战争失败后，俄国外交政策重点开始向东方转移。相应地在俄国思想文化界出现"东方派"，其代表人物是曾担任皇太子尼古拉二世（1894年继位）老师的乌赫托姆斯基公爵。他认为："亚洲各个种族的人民，从血统上、从传统上、从思想上，都觉得和我们很亲切，觉得是属于我们的。我们只需要更加靠近他们就行了。这个伟大而神秘的东方很容易就会成为我们的……把东方合并到俄罗斯帝国里，使两者融合起来，是俄国的历史使命。"⑤ 因此，正如当代俄罗斯学者卢金所评价的，"到19世纪末，中

① Приамурье: Факты, цифры, наблюдения: Приложение к отчёту общеземской организации за 1908г. Москва, 1909. С. 5, 52。

② Там же. , С. 7。

③ Там же. , С. 11。

④ РГИА. Ф. 394. Оп. 1. Д. 7. Л. 131。

⑤ ［美］马洛泽莫夫：《俄国的远东政策》，商务印书馆翻译组译，商务印书馆1977年版，第49页。

国对于俄国已经不再是单纯的理论问题，而是一个严重的实际政治问题了。"①

从1891年始，横跨欧亚，具有极其重要的军事——战略意义和更为深远的经济——政治意义的西伯利亚大铁路东段（车里雅宾斯克——海参崴）动工了。1896年《中俄密约》签订后，清政府允许西伯利亚铁路伸入中国境内，是为中东铁路。而铁路的兴建，无论是在俄国境内，还是后来染指中国东北，都需要大量的劳动力，中国人就成为其主要的来源。在西起车里雅宾斯克，东至海参崴长达7千余公里的西伯利亚大铁路上活跃着10万华工的身影。而中东铁路的横道河子到绥芬河段（3个工区）就有来自山东、河北等地的近4万名工人。

当代俄罗斯学者、鄂木斯克大学教授索罗金娜认为："从1902—1903年开始了中国人移民北满洲的热潮，因为清政府把这一现象看成是巩固中国东北边防的最好办法。"② 1887年黑龙江的居民人数为40.8万人，到1895年增加到150万人，8年间居民人数增加了3倍。③ 另一组数字表明，1842年东北居民人数为170万人，到1908年增加到15833629人。④ "随着与俄国接壤的中国地区居民人数的剧增，这里就变成了从满洲向阿穆尔边境地区移民的通道"。⑤

华工赴俄的路线大致有4条。

第一条是从与俄国接壤的东北各边境地区入俄境。水路：兴凯湖—乌苏里江；兴凯湖—乌苏里湾；珲春—图们江—海参崴。陆路：哈尔滨—齐齐哈尔—绥芬河—滨海省；满洲里—外贝加尔。哈尔滨是华工赴俄最重要的中转站，沙皇政府官员戈拉文记载称1906—1910年，有24万华工由此赴俄。⑥ 来自山东或河北的华工由关内或者从大连乘火车到哈尔滨和宽城子（长春），再经陆路到远东。大连到哈尔滨的火车票是5卢布（后降为3卢布），为保障路途安全，大部分华工买的是三等车厢而非四等车厢票，

① ［俄］卢金：《俄国熊看中国龙：17—20世纪中国在俄罗斯的形象》，刘卓星等译，重庆出版集团、重庆出版社2007年版，第120页。

② Приамурье：Факты，цифры，наблюдения：Приложение к отчёту общеземской организации за 1908г. Москва，1909. С. 7。

③ Там же.，С. 11。

④ Там же.，С. 346。

⑤ Там же.，С. 11。

⑥ Там же.，С. 122。

尤其是车入俄国境内时。一部分华工从哈尔滨乘车经满洲里或海拉尔抵达俄国的外贝加尔，另一部分华工经瑷珲到滨海省，再有一部分华工到阿穆尔省。

第二条是从山东自烟台（时称芝罘）经海路赴俄。烟台是继赴俄第一大陆路口岸——哈尔滨的第二大华工赴俄中转站，也是赴俄第一大水路口岸。1906—1910 年从烟台出境到海参崴的华工为 197879 人。同期烟台口岸办理的赴俄就工签证为 155078 份，仅 1906 年就达 54883 份。[①] 选择此路线出境者基本为山东人。

第三条是经赤峰中转陆路达俄国的符拉迪沃斯托克（海参崴），"赤峰码头成为山东短工出发的主要中转站"。[②] 河北籍华工也多选择此条路线。

第四条路线是从大连、营口和丹东到俄国远东地区。1904—1905 年日俄战争后，来自吉林和山东的华工也选择此路线赴俄，乘坐中国或日本公司的轮船。

此外，绕道欧洲抵达俄国也是一条线路。十月革命前旅俄华工中有数万人是经西欧随战事进程辗转流落到俄国的。[③]

在上述陆路、水路和海路口岸都设有俄国人或中国人承包的募工代办处。华工须向他们交纳相较其经济能力而言价格不菲的护照费、签证费、旅行费和手续费，由中俄包工头向俄官方和用人企业以及中国官员交涉并具结，然后将华工从其家乡带到口岸并安排住进专事此业务的旅店，再由店主送华工出境，入俄境后有俄人企业代表接应并将华工直接送至用人地点和企业。如果华工资金不足，也可以赊欠部分川资，待工作期满原路返回时偿还，但包工头或店主要以扣押护照或其他紧要物品为约制条件。在赤峰这样的旅店有数十家，每年此项收入达到 4000—5000 卢布。[④]

以赤峰口岸为例，募工处的手续费一般为 40 戈比，包工头为每一出国文件需向当地道台支付 1 卢布 20 戈比，随后向俄驻赤峰领事馆申请签

① Приамурье: Факты, цифры, наблюдения: Приложение к отчёту общеземской организации за 1908 г. Москва, 1909. С. 12, 16。

② Д. Позднее. Описание Манчжурии. СПб.，1897. С. 19。

③ 一战期间，法国曾招华工 20 万，英国招华工 5 万，用于挖战壕、修铁路。一些华工因英法前线败绩成为德奥俘虏，或因伤老病痛而流离欧洲。参见李长傅《中国殖民史》，商务印书馆 1937 年版，第 286 页。

④ Приамурье: Факты, цифры, наблюдения: Приложение к отчёту общеземской организации за 1908 г. Москва，1909. С. 9。

证需支付 2 卢布 25 戈比，购买一张去海参崴的船票需支付 13 卢布，在登船前必须向随船医生交纳一笔费用。[①] 华工一般乘坐价格和服务较低廉的德国或美国公司的轮船，"由于中国乘客要求不高，他们可以和非动物的货物混装。"[②] 俄国公司的轮船只在最忙季节运输华工。打短工的华工一般每年 3—4 月赴俄，11—12 月从海参崴返回，成年华工的平均收入是 150—300 卢布。[③]

山东省是旅俄华工最主要的来源地。从 19 世纪 70 年代第一批华工入俄到 1917 年十月革命前，山东省是"提供"来俄中国人的"大户"（Лидер по поставке Китайцев），[④] 而且来自东北的华工的祖籍也多为山东。因此就不难理解为什么在沙皇政府官方文件和其他俄文文献中留有"山东棒子"（Шаньдунбан）、"山东汉子"（Шаньдунцы）、"山东短工"（Шаньдунские отходники）和"山东蛮子"（Шаньдунские Манзы）等名称了。

1908 年海参崴有 4 万中国人，其中来自山东的为 3 万人。[⑤] 仅烟台口岸一地 1906—1910 年赴俄的山东籍华工就有 197879 人，[⑥] 而且不少人是举家或兄弟相携赴俄的。为此，沙皇政府外交部官员戈拉文认为："有充分理由说，在山东有不少这样的家庭，即其家庭成员未曾去过阿穆尔边区、西伯利亚和北满洲去挣高工资的了。"[⑦]

关于旅俄华工的人数统计是一个难题。当代俄罗斯学者索罗金娜认为："准确统计在阿穆尔地区居住和返回的中国人是极其困难的，因为他们中间的很多人是以步行方式经过没有任何注册站的不知名村子出入俄境的。"[⑧]

---

① Приамурье：Факты，цифры，наблюдения：Приложение к отчёту общеземской организации за 1908г. Москва，1909. С. 9。

② РГИА. Ф. 394. Оп. 1. Д. 7. Л. 131。

③ Т. Н. Сорокина，Китайская иммиграция на Дальний Восток России в конце XIX-начала XX вв. http：//www. omsu. omskreg. ru/histbook/articles/y1998/a013/article. shtml。

④ ［美］马洛泽莫夫：《俄国的远东政策》，商务印书馆翻译组译，商务印书馆 1977 年版，第 49 页。

⑤ А. И. Петров Китайская историография и истории Китайцев в царской России. краткий очерк. Россия и АТР. 2006. № 1。

⑥ Приамурье：Факты，цифры，наблюдения：Приложение к отчёту общеземской организации за 1908г. Москва，1909. С. 12，16。

⑦ Там же.，С. 11。

⑧ Т. Н. Сорокина，Китайская иммиграция на Дальний Восток России в конце XIX-начала XX вв. http：//www. omsu. omskreg. ru/histbook/articles/y1998/a013/article. shtml。

沙皇政府官员施列杰尔认为："中国人总是在我们的国境线上，可能走在只有他们一个人知道的高山和原始森林间的小道。"① 俄国总参谋部上校、俄国皇帝地理学会会员纳达罗夫在 1886 年提出的统计数字表明：1860—1870 年该乌苏里边区的中国人仅为 18 人。1879 年在海参崴的中国人为 1196 人。到 1885 年乌苏里边区和海参崴的长住中国人超过 1 万人，流动中国人口 4000 人，同时期该地区的长住俄国人为 3 万人左右。②

1897 年俄国人口普查统计数字表明，远东地区居住中国人 57459 名，其中男子 47431 名，妇女 10028 名，有 42823 人（占总数的 74.5%）居住在滨海地区。③ 1897 年阿穆尔省有中国人 11160 名，占当地总人口的 9.28%，滨海省登记的中国人为 31157 名，占当地总人口的 13.5%。④

日俄战争爆发后，沙皇政府限制中国人入境，使华工数量短时间减少。1900 年在海参崴的华工有 39887 名，1901 年为 44049 名，1902 年为 37024 名，1903 年没有 1 名中国人，只剩下朝鲜人 17376 名。⑤

从 1906 年开始，赴俄华工人数激增。海参崴报纸《我们的边区》（Наш край）描写客货滚装船"自由号"离开布拉戈维申斯克（伯力）的情景："船上所有的空间实实在在地被前往阿穆尔打工的中国人填满了，……码头上站满了从南方来的中国人，他们不得不手持船票按照舱位等级顺序等待登船赴阿穆尔沿岸。由于没有自己位置，每一次轮船离岸后都留下一大批人苦苦等待下一艘轮船的到来。"⑥

为统计 1906—1910 年赴俄华工人数，沙皇政府外交部于 1911 年特派以官员戈列文为首的远东考察团赴阿穆尔河流域和中俄边境城市（最南到达中国城市赤峰）对华工人数及生活状况进行调查。戈拉文完成了调查报告《阿穆尔流域的中国人、朝鲜人和日本人：奉使差旅阿穆尔考察团报告》

① Д. И. Шрейдер, Наш Дальний Восток. СПб. , 1897. С. 200。

② И. П. Надаро, Материалы к изучению Уссурийского края. Доклады в обществе изучения Амурского края. Владивосток, 1886. С. 15. цит: Сорокина Т. Н. Китайская иммиграция на Дальний Восток России в конце XIX-начала XX вв. http://www. omsu. omskreg. ru/histbook/articles/y1998/a013/article. shtml。

③ http://demoscope. ru/weekly/ssp/rus_ lan_ 97. php。

④ Т. Н. Сорокина, Китайская иммиграция на Дальний Восток России в конце XIX-начала XX вв. http://www. omsu. omskreg. ru/histbook/articles/y1998/a013/article. shtml。

⑤ Там же. 。

⑥ Там же. 。

（Китайцы，Корейцы и Японцы в Приамурье．Труды командированной по Высочайшему повелению Амурской экспедиции．），于 1912 年在圣彼得堡正式出版。

戈拉文统计 1906—1910 年共有 55 万名华工入境，平均每年有 11 万名华工入境。大部分华工选择 2—4 月间入境，中国春节前的 11—12 月回国。1906—1910 年由中国再度入境俄国华工为 40 万人，永久回国的华工大约为 15 万人。① 华工一般在俄工作 1—3 年就决定永久回国。《我们的边区》也称："通常中国人在春天里来俄国的阿穆尔河流域打工，这已不是新闻了，但是重要的是，在秋天到来前回国者的百分比却明显地逐年减少，例如去年（1908 年）从阿穆尔河流域回国的中国人数量要比前年低 50%。"②

1910 年的官方统计数字表明，俄境内统计在册的中国人为 11 万 5 千名。而按照非官方估计，在册和非在册的中国人已达到 15 万人。其中在农忙季节和进行重大军事和工程建设季节，会有大量的越境而不在册的中国短工。③ 当代俄罗斯学者拉林估计，至第一次世界大战爆发前的 1914 年，俄国的阿穆尔省和滨海地区的中国人数为 8 万—10 万人，而同时期当地俄国居民仅为 12 万人。④ 另一组数字表明，1916 年滨海省的华工为 7.8 万人，海参崴居民为 8.86 万人，其中中国人就为 2.9 人。⑤ 在海参崴设有"中国事务警察局"，专门处理涉及中国人的刑事案件。

1914 年 11 月 7 日，俄国对同盟国宣战。为解决前线军事需求、巩固后方工业实力，沙皇政府调整移民政策，放松对国外劳动力的限制。华工不仅出现在东西伯利亚、阿穆尔省和滨海地区，而且出现在莫斯科、彼得格勒、巴库、高加索和黑海地区。在俄国最北部的军事重地摩尔曼斯克从事铁路建设的华工近 1 万人。⑥ 苏联学者统计，第一次世界大战期间俄国

---

① Приамурье：Факты，цифры，наблюдения：Приложение к отчёту общеземской организации за 1908 г. Москва，1909．С. 21。

② Т. Н. Сорокина，Китайская иммиграция на Дальний Восток России в конце XIX-начала XX вв. http：//www.omsu.omskreg.ru/histbook/articles/y1998/a013/article.shtml。

③ А. Г. Ларин，Китайцы в России вчера и сегодня：исторический очерк. Москва，2000．С. 22。

④ Там же.。

⑤ ［俄］卢金：《俄国熊看中国龙：17—20 世纪中国在俄罗斯的形象》，刘卓星等译，重庆出版集团、重庆出版社 2007 年版，第 123—124 页。

⑥ 同上。

在华招募华工 20 万—30 万人，① 沙皇政府向前线派出华工共计 30 余次，
人数达 8 万余名。② "中华旅俄联合会" 在 1917 年 12 月 17 日的报告中提
及自 1916 年夏至今，新招华工人数 "已逾十万"。③ 中国驻俄使馆劳务专
员提供的统计数字显示，一战期间，在俄华工有 15 万人。④

表 1　　　　　1886—1900 年阿穆尔河流域总督区居住中国人统计数字⑤

年份	阿穆尔省	滨海省	外贝加尔省	堪察加省	萨哈林岛	总计
1886	14500	13000	—	0	0	27500
1891	14891	18018	300	0	0	33209
1893	20272	8275	321	0	0	28868
1900	15106	36000	695	0	0	51801

表 2　　　　　1910—1914 年阿穆尔河流域总督区居住中国人统计数字⑥

年份	滨海省	阿穆尔省	堪察加省	萨哈林岛	总计
1910	60586	31648	234	573	93041
1911	57447	18541	200	485	76673
1912	53698	24156	210	528	78592
1913	48181	29818	135	688	78822
1914	38779	32787	191	472	72229

①　Китайские добровольцы в боях за советскую власть（1918 – 1922）. Москва，1961 C. 39.
②　台湾 "中央研究院" 近代史所编：《中俄关系史料：俄政变与一般交涉（1917—1919）》，
"中央研究院" 近代史所 1960 年版，第 204 页。
③　同上书，第 191 页。
④　［俄］卢金：《俄国熊看中国龙：17—20 世纪中国在俄罗斯的形象》，刘卓星等译，重庆
出版集团/重庆出版社 2007 年版，第 123 页。
⑤　Сорокина Т. Н. Китайская иммиграция на Дальний Восток России в конце XIX-начала XX
вв. http：//www. omsu. omskreg. ru/histbook/articles/y1998/a013/article. shtml. 上述数字，表明在阿
穆尔河流域总督区（Приамурское генерал-губернаторство）华工的分布是不平衡的，主要集中在
阿穆尔省和滨海省。
⑥　РГИА. Ф. 1284. Оп. 185. Д. 23. Л. 36. ；Записки Приамурского отдела Императорского
общества востоковедения. Вып. III. 1915 г. Хабаровск. ，1916. C. 186 – 187. 上述数字是由俄国东方
学协会阿穆尔分会于 1915 年提供，以及阿穆尔流域总督区长官 1915 年 6 月 13 日发给彼得堡的公
务局（Департамент общих дел）的电报中提供的数字组合而成。数字表明，1910 年后在俄华工数
量大幅减少，原因是由于 1910 年 6 月 21 日沙皇政府颁布的限制外国人在俄就业法令。而在阿穆尔
省情况有所不同，因矿山需求劳动力，1911 年上述法令被废止，于是从 1912 年华工人数大幅回
升，滨海省的华工也自然转移到了阿穆尔省。

二 从"负面"到"正面":十月革命前后华工形象与中国形象的转变

　　尽管俄国曾经历蒙古鞑靼人两个多世纪的征服历史,但是在相当长的时间里它对遥远东方国家的了解仍然停留在道听途说的阶段。俄国长期把中国视为西伯利亚以西的一个蒙古汗国,称中国皇帝称为大博格德汗。①18 世纪下半期,"中国形象"作为欧洲启蒙思想的重要组成部分进入俄国,启蒙了俄国社会大众,也教化了沙皇与统治阶层。然而,俄国此时所接受的"中国形象"完全是从法国、德国、意大利和荷兰文献中"转译"过来的形象。如闻名 18 世纪的中国戏剧《赵氏孤儿》,则是俄国作家苏马罗科夫从德文本《中国悲剧——赵氏孤儿》转译而来,更名为《中国孤儿》(Китайская сирота)。

　　这些并非原汁原味的"中国形象"的功能是双重的,一方面使俄国上流社会津津乐道,一方面使年轻的俄国知识阶层为之警号,这直接反映在"西欧派"与"斯拉夫派"长达一个世纪的争论之中。

　　在文化寻根和历史反思过程中,俄国知识阶层对东方文化基本上采取了彻底否定的态度。在 19 世纪乃至 20 世纪初的俄国思想文化界中,"东方罪恶意识"和"反东方情绪"较为流行。

　　俄国思想家将政治上的专制独裁,经济上的不发达和工业落后,社会生活上的不活跃和死水一潭,思想文化上的不繁荣和多元划一,甚至包括军事上的不强大和积贫积弱,归于蒙古鞑靼的长期统治和东方文化影响,归结为"畏惧的、无力的、使人屈辱的亚洲的思想(这种思想是东方创立的,并在它的存在的可悲的环境中奴役它,而且现在正在俘虏欧洲的资本政权)中获取的毒素"的影响。② "西方派"代表人物、哲学家恰达耶夫

---

　　① 同样,在清代早期官方的文书档案中,也长期把俄国视为原金帐汗国治下的一个小藩国,因此称俄国沙皇为察罕汗,或者将"察罕汗"与"俄罗斯国君""俄罗斯大皇帝"等名称混用,1727 年的《恰克图条约》签订后,才统称为"俄罗斯国君"。在清代早期的文书和档案中,对俄罗斯的国名也无统一的译法,有"罗刹""罗禅""俄罗斯""斡罗斯""鄂罗斯""察罕汗国"等称呼,17 世纪 30 年代后的外交档案中才较多地称"俄罗斯"。

　　② 余一中编选:《高尔基集》,上海远东出版社 1997 年版,第 295 页。

在《哲学书简》中明显地把西方与东方列为互相对立和命运天殊的两条道路。他断言："东方拥有有益的思想,这一思想曾为理性巨大的发展创造了条件,曾以惊人的力量完成了其使命,但是,这一思想已注定不可能再次登上世界舞台了。"① 与其论战的斯拉夫派代表人物伊凡·基列耶夫斯基在分析俄国社会的落后原因时,仍然不忘记将其与中国文化联系起来,认为"迄今为止,我们的民族性还是缺乏教养的,是一种粗鲁的、中国式静止的民族性"②。

即使在被誉为"19世纪下半叶俄国革命派的理想化祖先"(柏林语)的别林斯基那里同样把"东方的""鞑靼生活方式"看成是落后的、黑暗的和愚昧的象征。他断言:"中国是可厌的国家……"③ 伟大作家契诃夫在1890年7月来到远东的萨哈林岛进行考察,完全是一副来自欧洲人和白种人居高临下的倨傲目光,在他眼里萨哈林岛完全是蛮荒之地,东方人(华工和日本人)完全是蛮夷之群。他们是"以手指代替钳子拔牙的日本人"和"无妨在森林里像杀狗一样"随着开枪杀死的"中国流浪人","我始终觉得,对于土生土长的阿穆尔人,我们俄罗斯的生活方式也是格格不入的,普希金和果戈理在这里没人理解因而也没人需要,俄国历史他们觉得没意思,我们这些来自俄罗斯的人显得像是外国人。"④

甚至在伟大作家、"俄国革命的海燕"(列宁语)高尔基在第一次世界大战期间写的《两种灵魂》中的"中国形象"仍然是"……黑暗而混乱,可以用个性受压抑、个性的恐惧及共对理智与意志力量的不信任来解释"。"而我们的贵族所明显具有的对奴仆的残酷及在主子面前的奴颜婢膝——这同对我国人民的所有的阶段都很典型的'奥勃洛莫夫性格'一起,都是来自东方的。"⑤

可以说在十月革命前,尽管有比丘林、瓦西里耶夫、格奥尔基耶夫斯基这样的汉学家致力于对中国的不懈译介,有普希金、列夫·托尔斯泰这

---

① 〔俄〕恰达耶夫:《哲学书简》,刘文飞译,作家出版社1998年版,第204—205页。

② И. В. Киреевский, Полное собрание сочинений. Т. 2. Москва, 1991. С. 60 - 61。

③ 〔英〕以赛亚·伯林:《俄国思想家》,彭淮栋译,译林出版社2001年版,第202页。

④ 〔俄〕契诃夫:《莫斯科的伪善者们》,田大畏译,辽宁教育出版社1997年版,第43—44、121页。

⑤ 余一中编选:《高尔基集》,上海远东出版社1997年版,第289—290、299页。

样的文豪对中国文化的极度倾慕，但是俄国社会中主流的"中国形象"仍然停留在"落后""愚昧""停滞"和"黄祸"等名词之上，停留在历史—文化形象之上。

俄国社会对于中国人和华工形象的认识，除了承认"中国人不仅能干中国人所熟练的细木工、砖瓦工和铁工等工作，而且不久就学会了粗木工、屋顶工、炉灶工、油漆工等手艺"①，以及中国人勤劳、节俭和安分之外，余下的几乎就是粗俗、胆小、病态以及长辫子、小脚女人的负面认识了。

"华工形象"和"中国形象"在俄国的真正转变始于十月革命中数万华工的表现，始于列宁和布尔什维克在无产阶级国际主义和世界革命背景下对中国人命运和使命的理解。

早在1912年7月15日，列宁在读了孙中山的《论中国革命的社会意义》之后，就写了《中国的民主主义与民粹主义》。列宁认为："孙中山的纲领的字里行间都充满了战斗的、真诚的民主主义。"②列宁在同年11月8日发表于《真理报》上的《新生的中国》中再次强调："先进文明的欧洲对中国的新生不感兴趣。4亿落后的亚洲人争得了自由，开始积极参加政治生活了。地球上四分之一的人口可以说已经从沉睡中醒来，走向光明，投身运动，奋起斗争了。"③

近半个多世纪以来，在俄各地的华工因受法律、语言、经济以及组织能力的限制，不得不忍受沙皇政府的压迫和资本家的剥削。华俄工人同工但不同酬，俄国工人工资普遍高于华工。据沙皇政府特派远东考察垦殖团报告提供的资料，在1911年的滨海省，俄国工人日平均工资为2.43卢布，月平均工资为58.27卢布，而华工工资仅分别为1.59卢布和38.08卢布。阿穆尔省的华工工资略高，日平均工资为2.15卢布，月平均工资为50.17卢布，然而仍远低于俄国工人的2.89卢布（日均）和68.45卢布

---

① ［俄］П. Ф. 翁特尔别格：《滨海省（1856—1898）》，黑龙江大学俄语系译，商务印书馆1980年版，第221页。

② 《列宁全集》，第21卷，人民出版社1990年版，第430页。这是《列宁全集》中以中国为题的第一篇文章。于1905年收入《列宁全集》第8卷的《旅顺口的陷落》虽早，但该文为抨击沙皇政府失败的外交政策而述，内容并未真正涉及中国。

③ Материалы по изучению рабочего вопроса в Приамурье. Вып. 2. 1. Рабочий рынок Приамурья в 1911г. Амурская область. СПб. , 1912. С. 208。

（月均）。①　旅俄侨领刘泽荣②在写给北洋政府的报告中申明："俄人不遵合同，种种虐待；而包工头复种种剥削，苛细倍至，甚至私有募巡警，擅立刊讯，毒打工众，工人因此毙命者，所有皆有；因受潮湿，形成残废者，亦指不胜屈。"③

　　正因为如此，绝大多数华工欢迎革命，期待借此改变自己的生活和生存状况。在十月革命精神的推动和苏维埃政权的帮助下，旅俄中国人和华工也组织起来，维护自己的权利，改变了几个世纪以来在俄国社会中形成的中国人一盘散沙的形象。

　　旅俄侨领刘泽荣联合其他华人、华商于 1917 年 4 月 18 日在彼得格勒成立俄国第一个华人团体——中华旅俄联合会（Союз китайских граждан в России），刘泽荣任会长，联合会"以辅助旅俄学商工三界为宗旨，无论何界发生何种事故，概由本会竭力设法保护办理"。④ 联合会与临时政府内务部、彼得格勒自治会、工兵代表苏维埃等机关洽谈，取消华工与俄工之间的不平等待遇，设立华工收容所，仅 2 个月就收留华人 1 千余人，并提供免费医疗，经费由彼得格勒市自治会拨付 7 万卢布，由联合会自拨 1 万卢布。联合会为华工介绍适当工作，运送病残及失业华工回国，1918 年 5 月已运送华工 3 万人回国。

　　1918 年 12 月 24 日，在苏维埃政权支持下，中国旅俄联合会改名"旅俄华工联合会"（Союз китайских рабочих в России）。会长刘泽荣宣布联合会脱离职业联合会的圈子，拥护布尔什维克的领导，以维护华人华工的

①　Материалы по изучению рабочего вопроса в Приамурье. Вып. 2. 1. Рабочий рынок Приамурья в 1911г. Амурская область. СПб. , 1912. C. 58。

②　刘泽荣（1892—1970），著名语言学家，外交家和社会活动家，广东高要人。又名绍周，5 岁随父赴俄国办茶厂，毕业于彼得堡大学。1917 年 4 月在彼得格勒发起成立"中华旅俄联合会"（1918 年 12 月更名"旅俄华工联合会"），任会长。曾参加共产国际第一、二次代表大会，并多次受到列宁接见。1920 年底回国后，初任中东铁路理事会理事，后任东北大学、北京大学、西南联合大学教授。1940 年后任国民政府驻苏大使馆参赞。1944 年任国民政府外交部驻新疆特派员。新中国成立后，历任新疆临时外交办事处处长、外交部条约委员会委员、外交部顾问。是第二至四届全国政协委员。1956 年加入中国共产党。曾任商务印书馆副总编辑，著有《俄文文法》并主编国内首部《俄汉大辞典》。

③　台湾"中央研究院"近代史所编：《中俄关系史料：俄政变与一般交涉（1917—1919）》，"中央研究院"近代史所 1960 年版，第 164 页。

④　刘泽荣：《十月革命前后我在苏联的一段经历》载《文史资料选辑》，合订本第 60 辑，中国文史出版社 1989 年版，第 201 页。

合法权益为宗旨。同年 12 月 30 日，在莫斯科召开第一次群众大会，通过了该会章程，选举新的执委会和出席莫斯科苏维埃的代表，出版不定期的刊物《旅俄华工大同报》（Великое равенство），以宣传共产主义思想为宗旨。联合会在萨马拉、萨拉托夫、叶卡捷林堡、上乌丁斯克、彼得格勒、乌克兰、中央亚细亚等地设有分会。

当北洋政府拒绝苏维埃政权并召回驻俄外交人员时，苏维埃政权"旅俄华工联合会"是中国公民在苏俄利益的唯一代表，并且将中国驻彼得格勒公使馆交给联合会使用。列宁曾在 1918 年提出建议，"在那些移居俄国的华工中，是否可以挑出革命人士去同孙中山接触"。①

1919 年 3 月刘泽荣以"中国社会主义劳动党"代表的名义参加了共产国际第一次代表大会，受到了列宁的接见，列宁鼓励他："年轻没有失败。希望您继续艰苦拼搏，为广大华工创造更多业绩。"列宁在刘泽荣的身份证上亲笔写下特殊批示："要求所有苏维埃政府机关及主管人员对该同志予以一切照顾、关怀。"②

1919 年初，一批华工代表受联合会委派从远东秘密回到我国东北宣传革命。有资料记载："近日由俄国返国的华工开始在中国居民甚至在军队中进行布尔什维克主义的宣传。"③ 1920 年 6 月 15 日，开滦煤矿代总矿师戴莫报告称："我们也可以说从法国、俄国回来大批苦工，带来很激进思想，极近乎布尔什维主义，把这种思想大大散布在矿上的一些坏人中。"④ 联合会受苏维埃政权委派也曾派人赴广东，试图与孙中山和南方革命政权联系。

1920 年 6 月 25 日，联合会举行第 3 次代表大会，宣布致力于促进旅俄华工进一步革命化。在这次大会上，成立了"俄国共产华员局"，并于

　　① 1925 年季诺维也夫在代表共产国际为孙中山去世所致的唁电中提道："1916 年的一天，当时第一次世界大战方酣，一些布尔什维克在伯尔尼集会讨论民族自决问题。列宁在会上突然建议，布尔什维克将来应和中国革命联合起来。这一提议当时似乎是一种梦想。……在 1918 年中国和俄国还被捷克人、社会革命党人和高尔察克分割开来的时候，列宁有一次问到在那些移居俄国的华工中，是否可以挑出革命人士去同孙中山接触。"（Правда. Москва，1925 – 3 – 14.）

　　② 刘泽荣：《十月革命前后我在苏联的一段经历》载《文史资料选辑》，合订本第 60 辑，中国文史出版社 1989 年版，第 202 页。

　　③ Китайские добровольцы в боях за советскую власть（1918 – 1922）. Москва，1961. С. 42。

　　④ Там же. 。

7月1日得到俄共中央委员会的承认。联合会会员最多时为10万人，① 对维护苏俄华工合法权益，促进华工团结起了重要作用，同时也对直接提高华工形象、间接提升中国形象发挥了不可缺少的作用。

十月革命爆发后，旅居俄国各地的6万名华工就积极地参加了布尔什维克领导的革命运动②，并为此抛撒鲜血乃至献出生命。"从彼得格勒到我国北部的科拉半岛，到我国南部的乌克兰以及高加索地区，到我国西部的战争前沿地带，到我国东部的乌拉尔以及西伯利亚，在所有苏维埃政权受到外国干涉者和国内反革命力量威胁的地方，华工都武装起来，勇敢地参加到十月革命保护者的行列之中了。"③《乌拉尔工人报》（1918年9月1日）写道："在我们战线上作战的中国团，以其坚强和极端坚忍不拔的品质而著称，中国团是我们战线上最好的红军部队。"

数万华工以自己的牺牲赢得了布尔什维克、苏维埃政权和全体俄国（苏联）人民的尊敬，也促进了俄国（苏联）社会重新认识中国文化和中国人，在俄国（苏联）人中形成全新的"中国形象"。④

《共产主义者报》（1918年10月4日）载文："中国团队是我们战线上最顽强的部队。中国团之所以有这样顽强的战斗力，在于他们对共产主义事业的无限忠贞，在于官兵间有着血肉相连生死与共的阶级感情。"

1918年11月23日，著名的中国团团长任辅臣在战斗中英勇牺牲，终年34岁，后被安葬在乌拉尔维亚车站附近。《公社社员报》（1918年12月28日）写道："中国团团长任辅臣同志壮烈牺牲了。任辅臣同志在中国侨民中享有很高威信，他把在中国人中间的影响和威信全部献给了苏维埃

---

① Китайские добровольцы в боях за советскую власть（1918 – 1922）. Москва，1961. С. 42。

② 《申报》（1921年9月26日）："约计华侨曾入红军者五万余人，军官亦不下千人。"

③ Н. А. Попов，Они с нами сражались за власть Совета. Москва，1948. С. 23 – 25。

④ 在十月革命以及国内战争和反对帝国主义武装干涉苏维埃政权时期，在红军中活跃着由6万华工组成的孙福元中国营，任辅臣中国团，张福荣中国营，伏龙芝中国独立团，包其三中国营，桑富阳中国营，韩喜顺中国支队，敖德萨中国独立支队，比里佳诺夫中国支队和别尔米中国支队，他们为保卫苏维埃政权英勇战斗，得到了列宁和俄共（布）、苏维埃政权的嘉奖。中苏学者对此均有深入研究。俄文代表著作见：波波夫：《他们与我们并肩为苏维埃政权而战》（Попов Н. А. Они с нами сражались за власть Совета. М.，1948.）、《为苏维埃政权而战的中国志愿军》（Китайские добровольцы в боях за советскую власть（1918 – 1922）. Москва，1961.）。中文代表作见李永昌：《旅俄华工与十月革命》，河北教育出版社1988年版；薛衔天、黄纪莲：《中国人民对十月革命的支援》，《世界历史》1987年第5期。

俄国。由他领导的中国团部队是我们战线上最坚强的最可信赖的部队。革命战士们将永远记着为全世界被压迫者的事业而献出了生命的中国人民的儿子——任辅臣同志。"1921年，苏俄人民委员会主席列宁在克里姆林宫会见了任辅臣的遗孀张含光及子女，盛赞任辅臣是杰出的指挥员和真正的布尔什维克。①

1919年9月15日《武装的人民》发表"我们的黄种兄弟"，文章表示："所有帝国主义者都对中国咬牙切齿，他们想让我们相信，中国人是低等种族，中国人生来就是为让美国、英国、日本、俄国和其他任何一个国家的资本家用他们的鲜血养肥自己……我们不应该驱赶自己的黄色兄弟，而应该启发和组织他们，要知道，俄国的中国工人阶级正在拿起武器，建立自己队伍，为苏维埃政权、社会主义而英勇牺牲。要知道，在黄皮肤下面流淌着红色的无产阶级的鲜血；在黄色的胸腔里，英勇的心脏与世界无产阶级的心脏合着一个节拍跳动；黄色的双手高举着国际的红色的旗帜。"②

三 结束语

华工是19世纪末20世纪初跨国界的历史—文化现象，而旅俄华工就其历史起源、人口数量、生存际遇和活动区域都堪称鲜见。这一特殊群体以及生存和活动方式，不仅促进了中俄两大民族的相互认识、两大文化的碰撞交流，而且促进了现代中国形象在俄国（苏联）的形成，即超越了俄国（苏联）人乃至欧洲人传统的历史—文化视野之下的负面中国形象，初步形成了现代中国的正面的政治—革命形象。而这个问题则要留待笔者下一篇文章解析。

本文原载于《学习与探索》2009年第1期

---

① 1989年11月2日苏联特命全权大使特罗扬诺夫斯基代表苏联政府向任辅臣追授苏联最高战斗勋章——"红旗勋章"时强调："这是为了表彰任辅臣同志在苏联国内战争期间的特殊功勋，表彰他在乌拉尔粉碎高尔察克白匪军战斗中英勇无畏和自我牺牲精神，表彰他为铸造苏中两国人民的战斗友谊所做出的巨大贡献。"

② Н. А. Попов, Они с нами сражались за власть Советов. Москва, 1948. С. 179。

关于旅俄华工联合会机关报
《旅俄华工大同报》

薛衔天[*]

　　笔者近年来在阅读俄文文献时，发现不少关于《旅俄华工大同报》的资料，根据这些资料判定，《旅俄华工大同报》是中国人在国外创办的宣传马列主义和十月革命的最早报纸之一。

　　十月革命前，有近 100 万华工到达俄国。其中先进分子同俄国工人一起参加了一系列的罢工，有了一定的革命觉悟。十月革命爆发后，大批华工参加了赤卫队和红军，成为保护苏维埃政权的一支重要力量。旅俄华工联合会就是在这一背景下成立的。

　　旅俄华工联合会的前身是中华旅俄联合会，1917 年 4 月成立于彼得格勒，领导人是刘泽荣。该会以"辅助旅俄学、商、工三界"为宗旨，还不是纯粹的华工组织。在十月革命爆发初期的日子里，"中国工农的先进部分就积极参加政治生活，与俄国共产党组织建立密切联系，在莫斯科、彼得格勒、叶卡捷琳堡、哈尔科夫、佩尔姆和苏俄的其他一些城市建立了自己的社会团体"。① 在华工组织大批出现的情况下，中华旅俄联合会的组织已不能适应形势的需要，于是刘泽荣等人根据实际情况，决定将中华旅俄联合会改名为旅俄华工联合会。该联合会于 1918 年 12 月 15 日在彼得格勒成立，其成员、性质和任务都发生了根本变革。会员有 4 万—6 万人，主要是工人。成立大会决定"只有从事社会生产劳动的工人才可成为会员"②。"联合会是无产阶级组织"，它"越出工会的范围"，"具有进行广泛宣传的革命组织的性质"③。其任务是"组织华人劳动者与俄国工人阶级

---

　　* 作者简介：薛衔天：中国社会科学院近代史研究所研究员，中国中俄关系史研究会副会长。
　　① 《中苏友好文件》，苏联《近代史》杂志 1959 年第 5 期。
　　② 同上。
　　③ 同上。

共同进行反对外国干涉者的革命斗争",进行文化教育和政治工作,促进华工共产主义世界观的形成①。为完成这些重大任务,旅俄华工联合会急需创办自己的机关报以作为联系广大华工的纽带,否则无法沟通联合会与广大华工的思想政治联系。另外,苏俄军事当局为加强对华工志愿部队的思想教育工作,也迫切需要有中文报刊。这样,旅俄华工联合会就将创办机关报的问题提上了日程。

早在1918年10月,旅俄中国华北工人苏维埃执委会已创办了中文周刊《华工报》。该报"以在旅俄中国人中间传播共产主义思想为宗旨"②,在旅俄华工特别是在华工志愿部队中产生了广泛的影响。旅俄华工联合会便吸收《华工报》的办报经验,于1918年底创刊《旅俄华工大同报》作为自己的机关报,在全俄发行。

《旅俄华工大同报》坚持《华工报》的宗旨,编者是刘泽荣、张玉春和孙言川。

该报初为不定期出版物,每月至少出版两次,版面为两开报纸的两面,材料多取自苏俄报刊的消息和重要文章。材料汇集好之后,由刘泽荣口译为中文,孙言川记录,然后再由孙言川抄好,送石印厂石印。每期出两三千份,几乎全部转送到苏俄的军事部门③。据《真理报》统计,在1919年1月,在苏俄国内战争的前线和沿前线地区,共发行了2700份④。由此看来,在前线以外的地区,很难得到这一宝贵的印刷品。

苏维埃政府对出版《旅俄华工大同报》给予了大力支持,派出波里瓦诺夫⑤参加编辑工作,责成彼得格勒兹洛特尼可夫石印厂⑥承印,所需纸张由苏俄外交人民委员部转请苏俄国家出版局调拨。当时,苏俄物资紧缺,纸张尤为珍贵。由于苏维埃政府的全力支持,《旅俄华工大同报》在物质条件方面得到了可靠保证。

《旅俄华工大同报》在编辑过程中遇到的最大问题是俄文专门名词的

---

① 《真理报》,1918年12月15日。

② 《消息报》,1918年10月17日。

③ 刘泽荣:《十月革命前后我在苏联的一段经历》,《文史资料选辑》,第60辑,第217页。

④ 《真理报》,1919年2月28日。

⑤ 苏俄著名的语言学家和汉学家,曾任苏联科学院语文研究所学委会委员和语言学部主任,研究日文、中文、朝鲜文和土耳其文等东方文字,著作有90余种。

⑥ 坐落于彼得格勒瓦西里耶夫岛第9条街第18号。

译汉问题。例如，将"'Совет'一词译汉时，波里瓦诺夫和康德拉院士查了各种词典，翻了许多中国古典巨著，译了再改，改了再译，结果还是束手无策。没有一个中文词能够表达俄国人所创造和理解的'Совет'。"①最后，波里瓦诺夫决定采用中国红军战士的理解，将俄国创造的这一新词当作中国词来用，写作"苏维埃"，于是"苏维埃"一词最早出现在《旅俄华工大同报》上。

从1918年底到1920年秋，《旅俄华工大同报》共出版了四五十期，它记录了中国优秀儿女参加十月革命、保卫苏维埃政权的战斗历程，登载了大量中苏两国人民、两国革命领袖友好往来的珍贵文献。1920年4月22日列宁诞辰，刘泽荣代表旅俄全体华工写了一首敬献列宁的祝寿词，首先登在《旅俄华工大同报》上。祝寿词是：

> 寰球劳动　创达共产
> 今日起义　悠久和平
> 贫民弱国　万国农工
> 转建新世　景仰列宁②

祝寿词表达了中国人民对十月革命的向往和对列宁的由衷爱戴。

孙中山十分关心十月革命后苏俄所取得的每一个胜利和遇到的困难。在1918年帝国主义武装干涉苏俄最严重的日子里，孙中山致信俄国工农政府，表示中国和俄国的革命目的是一致的，两国都要争取民族解放和世界大同。1919年3月，苏俄外交人民委员契切林复函孙中山，信中说："我们的胜利就是你们的胜利，我们的失败也是你们的失败。我们大家要紧密地团结起来，站在一个行列里，光荣地为世界无产阶级的共同事业而斗争。"对于这封重要信件《旅俄华工大同报》发表了多次。

1919年夏，苏俄红军向东方挺进，7月25日，苏俄政府发表了第一次对华宣言，这是列宁制定的第一个对华政策的纲领性文件。它在公开发表之前，首先在旅俄华工中公布。《旅俄华工大同报》首先译载了全文。

---

① ［苏］诺沃格鲁茨基等：《中国战士同志》，解放军文艺出版社1961年版，第67页。

② 这首祝寿词收入1966年莫斯科《思想》出版社出版的《国外寄给列宁的信件》一书，署的时间是1920年4月23日。

广大旅俄华工很快通过《旅俄华工大同报》等各种途径得知了宣言的内容，从内心迸发出对苏俄政府的感激之情，从 1919 年夏至 1920 年春又掀起了一次参加红军的高潮。1920 年 4 月 1 日 NO. 27（3）号（原文如此）《旅俄华工大同报》发表的简讯，生动地报道了红军解放伊尔库斯克以及红军同中国侨民友好往来的情况。它与有关档案资料相互补充，再现了中国人民在苏维埃国家的土地上为人类正义事业而英勇奋斗的光荣历史。

由于《旅俄华工大同报》在苏维埃国家的中国侨民中产生了巨大影响，报纸的编者引起反革命分子的刻骨仇恨。1919 年 1 月 19 日，中苏人民的共同敌人在《旅俄华工大同报》馆卑鄙地暗杀了该报编辑、旅俄华工联合会的重要领导人张玉春。兹洛特尼可夫石印厂是世界上第一个中国工人代表苏维埃——中国华北工人代表苏维埃执委会的办公处，俄国赤卫军第一批中国志愿部队就是在这里组建的。《旅俄华工大同报》创刊后，这里又是编辑部和印刷厂。因此瓦西里耶夫岛 9 街 18 号成了华工进行革命组织和宣传活动的中心。张玉春每天在这里召集大大小小的会议，进行演说。反革命分子为破坏这个华工革命中心，就在这里杀害了这位华工领导人。苏维埃政府对这起事件极为关注，下令缉捕凶手，《消息报》还以《政治性的暗杀》为题报道了事件的经过①。

1920 年 6 月华工第三次全俄代表大会闭幕后，建立了旅俄华工党组织的中央领导机构——共产华员局，将分散在俄国各地的华工共产党的基层组织联合成为一个整体。为了进一步加强对华工的组织教育和宣传工作，共产华员局决定出版两种中文报纸。其一是《震东报》，由"莫斯科共产党总筹办处"于 1920 年 8 月出版②。另一种是《共产主义之星报》，在华工集中的阿穆尔地区出版。该报于 1920 年 5 月创刊，为旬刊，每期印行5000 份③。这两种报纸出版后，《旅俄华工大同报》便完成了历史使命。1920 年底刘泽荣回国，《旅俄华工大同报》于是停刊。

本文原载于《近代史研究》1991 年第 3 期

---

① 《消息报》，1919 年 1 月 21 日。

② 《苏中友好文件》，苏联《近现代史》杂志，1959 年第 5 期。

③ 苏联马列主义学院中央觉务档案馆，全宗 17，目录 2，卷宗 179，第 70 张，引自《为保卫苏维埃政权而战斗的中国志愿者》，第 44 页。

觉醒前的狂热

——论"公理战胜"和"劳工神圣"两个口号

李永昌[*]

1919 年爆发的五四运动标志着中国人民的最终觉醒,从此中国历史翻开了新的一页,因而这个运动以其划时代的意义载入史册。但是就在这个民族大觉醒的前夜,中国人民曾经经历了一个极短暂的历史狂热时期。这段时期大约从 1918 年初美国总统威尔逊关于处理战后问题的十四点建议传来逐渐开始,11 月停战协定签字协约国取得战争胜利达到高潮,直到 1919 年初巴黎和会中国外交失败的消息传来为止。可以说,这段时期是在两个口号的标志下度过的,这就是"公理战胜"和"劳工神圣"。

本文试图对这两个口号的提出和口号本身进行分析。错误之处敬请指正。

一 中国参战和劳工赴欧

"公理战胜"和"劳工神圣"口号是和中国参加第一次世界大战以及中国劳工赴欧洲大战前线供役这两件事分不开的,这里只作简要介绍。

1917 年 8 月 14 日中国政府宣布放弃战争开始时的"中立"政策并加入协约国方面对德国作战。中国国内关于是否参战问题的争论由来已久,当时不仅舆论界,就是在国会内也是一片反对参战之声。当然最终决定参战的原因是多方面的。主战派,特别是一些亲英美的外交界人士认为,1917 年 2 月美国参战以后协约国取得大战的胜利已成定局。中国应该追随

---

* 作者简介:李永昌:辽宁大学教授。

美国一起行动，作为协约国一员对德奥宣战，以便在战后提高中国的国际地位，同时期望山东问题得到妥善解决①。以国务总理段祺瑞为首的主战派企图在日本的支持下以"参战"为名，在"经济开发"和"参加欧战"的口号下向日本大肆借款，同时编练"参战军"，扩充一己势力，以期消灭异己，实现"武力统一中国"。在同反战派的斗争中段祺瑞得到冯国璋的支持，并最终利用张勋复辟的机会打垮黎元洪，驱散反对参战的国会，最后于8月14日宣布加入协约国方面对德作战。

当然，中国政府的参战还得到各协约国政府的怂恿和支持。他们很清楚，中国军阀政府并无对外作战能力，其目的不外是想利用中国对德宣战加强协约国方面的势力，削弱德国在远东的力量，更主要的是可以利用中国丰富的资源和人力加强自身的实力。实际上，无论是同盟国还是协约国，他们从来就无视中国的国家利益，只要他们认为有必要，随时可以拿中国的主权作交易。为了争取日本加入协约国作战，英、法、美各国政府都或以种种私下的"许诺"和"保证"，或以公开的条约及秘密协定承认日本在中国拥有所谓"特殊利益"。另一方面，各协约国政府又曾多方诱使中国加入协约国，他们许诺，如果中国参战他们将保证中国取得大国的地位，并为此"使尽了浑身的解数"②。实际上，早在中国参战前，日本政府就以对德宣战为名，无视中国的"中立"政策，派军队从山东的龙口登陆强占胶济铁路和青岛港，并宣布继承德国在山东的权益，而这一切又都是在英、美等各协约国的支持和默许下干的。日本在山东的侵略行动即使在中国参战后也在继续和扩大，这一切居然得到段祺瑞卖国政府的"欣然同意"③。

但无论如何，中国作为协约国的一员宣布对德作战，在战后取得战胜国的资格是理所当然的。可悲的是中国人民对于取得这种资格所要付出的代价，以及战后国人对自己作为战胜国所应有的国际地位的期望值，是非常不清醒的。

接下来再说中国劳工赴欧问题。段祺瑞政府无力对外作战，这是国际公认的，实际上在宣战以后他是"宣而不战"，竭尽全力扩充皖系军阀势

① 《顾维钧回忆录》（一），中华书局1983年版，第152页。
② 同上书，第155页。
③ 王芸生编著：《六十年来中国与日本》（七），生活·读书·新知三联书店1981年版，第189页。

力，编练"参战军"，但却未向欧大战前线派去一兵一卒。整个大战期间，与欧战发生某种直接或间接关系的就只有当时在欧战前线的中国苦力。

　　大战期间欧洲各国劳动力极为缺乏，特别是英、法、俄各国，他们利用战争的机会大肆在华招工。再加上当时中国国内人民失业，破产流离，饥民遍野，为了生存许多人前往应招。政府不但不加禁止，反而暗中支持。当时协约国在华招工之事曾经引起德国政府的抗议①。中国政府则以"不涉战事"为由答复。同时还曾引用海牙《战时中立国及人民权利义务条约》说明中立国人民独自出境前往交战国地区供役，政府不负责任。到1917 年 8 月中国宣布参战后，在劳工出洋问题上已无滋人口实之嫌。次年4 月，中国政府正式颁布了《华工出洋条例》。至此，侨工出洋完全合法而且人数急剧增加。据不完全统计，整个大战期间，英国在华招工约 5 万人，法国招工约 20 万人②。

　　战争期间，这些中国苦力在西欧各国从事最低级、最繁重的体力工作，其中有许多人被送到前线挖战壕或运送军需物资，伤亡或被俘事件不断发生。据档案记载，应招赴俄国的劳工"其数已逾十万，及到工作地点，被俄人虐待，侪同牛马，等如奴隶，甚至引进前敌，逼勒刨挖战壕，种种残酷情形，不忍言道"。还说"自欧战开幕以来，即俄国由各处招去之华人，赴前敌工作者，计共 30 余次，约不下 8 万余名"。③另据战时中国特设侨工事务局《战时侨工损害第一次调查报告书》的不完全统计，大战期间中国劳工生命损失 752 人。其中被害 543 人，副司机及水手被害209 人。④

二　举国庆祝"公理战胜"

　　1917 年底，虽然协约国和同盟国双方都已经精疲力竭，战争依然呈现僵持状态，但是德奥方面的败势已经越来越明显。1918 年 1 月，美国总统威尔逊向国会提出了处理战后问题的十四点建议。其中除了一些国家和地

　　① 台湾近代史所编：《中俄关系史料·俄政变与一般交涉》（一），民国 6 年至 8 年，第 13 页。

　　② 李长缚：《中国殖民史》，第 286 页。

　　③ 台湾近代史所编：《中俄关系史料·俄政变与一般交涉》（一），民国 6 年至 8 年，第 191、204 页。

　　④ 同上书，第 209 页。

区的具体建议外，主要内容是反对秘密外交、公海航行自由、反对经济壁垒、缩减军备、绝对公道地处理殖民地问题，以及成立国际组织、保障各国人民政治自由、国无大小一律享有平等权力等项原则。这就是一度令中国民众为之倾倒，以为从此将给战后世界带来平等和正义的"公理原则"，即威尔逊总统的"十四点"。

1918年下半年协约国取得凡尔登战役和以后连续几次重大攻势的胜利，11月11日双方签订了停战协定，战争以协约国的最后胜利而告结束。从1918年11月到1919年初这段时间是自近代史以来中国人最兴奋激动的时刻。路转峰回，柳暗花明。半个多世纪以来饱尝西方列强侵略，受尽屈辱和奴役的中国国民被压抑而扭曲的民族意识一下子得到了伸张，仿佛中国成了战胜国就可以一下子洗刷掉多年来所蒙受的全部耻辱，从此摆脱半殖民地位，重新收回失去的土地和权利，成为一个像昔日一样的"天朝大国"似的，那种喜悦之情简直达到了难以用语言表达的程度。当时的情景真是如醉如痴，如癫如狂。

这种狂热之情充分表现在从1918年下半年逐渐开始，到11月达到高潮的举国上下庆祝"公理战胜"的活动中。这里仅举几例以见一斑：

据报载，11月中旬，连日东交民巷大庆祝，各国在京人士亦举行提灯会。教育部下令各省学校升旗、放假以示庆祝。北京大学学生15日前往东交民巷举行庆祝活动，北京的学生以及各界商民群众成群结队涌向美国公使馆，高呼"威尔逊总统万岁！"上海各教堂钟声齐鸣，救火车也开到街上拉响汽笛。各华人商号国旗高悬，总商会通告升旗三日。各学校也一律升国旗，有些放假三天，市民在街面上烧了德皇的模拟像，还有许多地方放了爆竹。①

北京内务部通知各省大吏休假，人们"笑逐颜开，鼓掌欢舞，遂纷纷交揭国旗，张灯结彩，五光十色，辉煌耀目，全城街市顿呈一种兴高采烈之景况"。北京前门外的繁华闹市区更是一片热闹景象。各学校几乎都举行了庆祝会，全市各处都举行了提灯会。上海驻军还举行了阅兵式并放假一日。②北京中央公园从11月14日到16日开放三天以示庆祝。14日在天安门召开庆祝大会，规定从14日到16日，28日到30日为举行庆祝活动

---

① 1918年11月13日、14日上海《民国日报》。

② 1918年11月16日上海《民国日报》。

日。届时天安门前人山人海，中华门前搭起了高高的彩牌楼，天安门、正阳门上也装饰了彩灯。外交部还将宴请各国驻北京的外交使团，军警界也举行游行。商学各界举行会议，议决拆除东单牌楼北面街心的克林德碑，当时万人空巷前往围观，人们高呼"万岁"三声。①

上海的庆祝活动别具特色：全市发广告传单，还特制了"战胜"二字的电灯广告。3 日内全市升旗、张灯。黄浦滩一带灯火彻夜通明，南京路、黄浦滩和跑马厅门口也都搭起了凯旋牌楼。还有人发起组织儿童游行，并以影戏招待，备以各式糖果点心，"务使其感受永久之印象"。②

11 月底，全国庆祝活动走向高潮。北京政府决定 28 日在太和殿举行中外军队阅兵式，同时在殿内宴请各国驻京公使、两院议长、各部总长以及京内外新闻记者。29 日又宴请总统、各国公使及各界领袖。30 日，太和殿开放一天，任商民前往参观。③

所有这些庆祝活动都是中国近代史以来不曾有过的，人们的喜悦之情达到了狂热的地步。这期间人们谈论最多、欢呼最响亮的就是"公理战胜强权"，正如陈独秀所说，这句话已经成了人们的口头禅。

总之，当时举国上下，不分民族、党派、阶层、团体，都空前一致地欢呼"公理战胜"，欢呼协约国胜利，欢呼中国作为参战国的"胜利"。国内各家报纸也连篇累牍地载文欢呼胜利，一向冷静并对北京政府持批评态度的上海《民国日报》也多次撰文介绍中国对大战的"贡献"④。

1919 年初，中国政府甚至开始调查中国在大战中的损失并准备在即将举行的巴黎和会上提出赔偿要求。据当时报载，中国外交部曾电告和会中国参战损失如下：自宣战以来总计损失约为 550 余兆，此外还有侨民在协约国各地损失及华工损失总计约 290 余万元，还有在日本轮船水手、司机及雇工等参战伤亡，留学生、商人因战事伤害者尚不在内。以上总计约 600 兆上下。据初步统计，凡在欧战中伤亡的中国人，每人要求赔偿恤金 1000 银元。⑤ 另有报道，1919 年 4 月 1 日北京战时会计处统计战时损失的工作结束，提出一份 30 页的报告，共有 400 余项，分为绝交和宣战两部

---

① 1918 年 11 月 17 日上海《民国日报》。
② 1918 年 11 月 18 日上海《民国日报》。
③ 1918 年 11 月 24 日上海《民国日报》。
④ 如《中国参战义务公论》，刊该报 1919 年 2 月 14 日；《吾国参战出力一斑》，刊该报 1919 年 2 月 17 日；（驹身欧战之我国英雄），刊该报 1919 年 4 月 10 日。
⑤ 1919 年 3 月 30 日上海《民国日报》。

分。其中包括预防敌侨费、各省管理敌侨事务费、国防军出防费、绝交后宣战费、调查战时损失费、国防临时费、战时损失包括交涉费、华工死亡赔偿费、留学生生命财产损失等多项。电告中国出席和会的代表准备在会上提出。① 时中国驻美国公使顾维钧也曾在公使馆成立了一个由他领导的专门小组，研究与中国有特殊利益的诸如不平等条约、割地赔款以及领事裁判权各种问题。这位公使认为"现在正是时机，中国应该在即将召开的和会上向各国鸣不平，以争回某些失去的权利"。②

三　思想界的狂热和"劳工神圣"口号的提出

1918 年底，就连中国思想界一些最为引人注目、最具影响的人物也陷于狂热之中，他们对所谓的"公理战胜"以及威尔逊的"十四点"充满了莫名其妙的幻想。1918 年 12 月，陈独秀在《每周评论》发刊词中说："美国大总统威尔逊屡次的演说，都是光明正大，可算得现在世界上第一个好人。"至于去东交民巷庆祝，向美国使馆高呼"威尔逊大总统万岁！"的天真烂漫的学生就更不可胜计了。

当时在国内舆论界有极大影响的上海《民国日报》创办人之一总编辑叶楚伧多次在该报撰写"社论"，欢呼"公理战胜"。他认为从此世界人民可以得到"真和平"，人类可以得到"真幸福"，"有志气、有希望、青年之中国"必然会从即将召开的和平会议得到好处。③ 拥有巨大影响的《民国日报》另一位发起人邵力子也在该报上连续发表"时评"欢呼胜利。他认为，"足以使吾人欢欣鼓舞者，非仅日欧战停战，世界和平指日恢复也，乃以扰乱世界和平之恶魔完全屈伏，公理竟战胜强权也。故此次世界大战所得之结果，为真正之和平，且为永久之和平，决非苟且迁就而得之者"。"吾人于此当竭诚庆祝，以贺我友邦之大成功及公理人道之终不磨灭。"④ 他还说，"公理战胜了强权，其伟效为历史以来所未有；中外同伸庆祝，其盛况亦为上海前此所绝无……吾人抱有伟大目的，不折不挠，

---

① 见 1919 年 4 月 4 日上海《民国日报》。中国与会代表电告政府说将不提出赔偿要求，理由是：1. 中国参战经费最少，2. 美国决不在会上提出赔偿要求，"我国拟与美取一致之行动，故对于此节，纯采取宽大主义云"。见 1919 年 4 月 9 日上海《民国日报》。

② 《顾维钧回忆录》（一），中华书局 1983 年版，第 162 页。

③ 1918 年 11 月 14、15 日上海《民国日报》。

④ 1918 年 11 月 13 日上海《民国日报》。

则正义与自由，必不独令我向隅"。"威尔逊总统之主义，为人道，为公理，为正义，为民治。今将续守其主义于和平会议之中。则我国民欲得此机会，亦唯以威总统之主义为主义，而有为此主义之障碍者，则努力拔除之而已。"①

足见当时的国民已经狂热到不能进行正常思考的程度了。

其实在参战前国会辩论是否参战问题时就有人指出，即使中国参战，德国战败，"中国也不能分享任何利益"。"国际资格，贵有实力，不能以空言争。"当时也有更多的人指出，正是作为协约国一员的日本利用对德宣战的名义强占山东并继续扩大对华侵略。他们亦曾驳斥主战派们所幻想的"欧战议和可以列席发言"并收回权利的说法，指出"盖积弱之国，与其自生关系而与议，无宁无影响而不列席之为愈，此弱国介乎强国间外交上之定则也"。出席会议与国家实力是两回事，"无实力无以贯彻自己之主张。若图一方战国之助，预为加入，希冀均沾议和利益，窃恐战胜之利，未必归我"。"我若空言加入协约，无械无饷，不能作战"，则协约国必然会根据同盟关系在军事、财政、外交和内政各方面加强对中国的控制。因此，"协约而胜，我无直接战功，自无利益之分"②。一向抨击北洋军阀政府的上海《民国日报》竟然忘记了当初揭露段祺瑞政府"内战内行，外战外行"，抨击他"以参战名义借款，而耗损于内斗"，"假宣战以媚邻"。③当时的《晨钟报》也曾经指出日本政府"岂不知段氏绝无对外战斗能力，而必声明与中国共同参战者，亦不过利用段氏求援于己，乘欧战方烈，不暇东顾之隙，诱令段氏盗卖中国而已……段氏宣战系对内而非对外，今日本之援段参战实属对中国而非对德人"。④可是，所有这些在人们还能冷静地思考问题时提出的卓越见解和忠告，此时全都被忘记了，这个具有5000年文明历史、思想博大精深、极富理性的古老民族及其思想家们在这一历史瞬间竟然显得如此幼稚和天真，就好像哲学家狄德罗所形容的那架忘了世界上其他任何事物的发了疯的钢琴。邵力子在给《民国日报》写的一个"时评"中也曾指出国人在大战中应有的"觉悟"，但他

---

① 1918 年 11 月 21 日，28 日上海《民国日报》。

② 中国社会科学院近代史研究所、中国第二历史档案馆史料编辑部编：《五四爱国运动档案资料》，中国社会科学出版社 1980 年版，第 118—119 页。

③ 1918 年 3 月 1 日上海《民国日报》。

④ 1918 年 4 月 14 日《晨钟报》。

所说的"觉悟"也不过是对未来世界将是"公理战胜强权"确信无疑。正是基于这种"公理",他预言中国的"武人政治"也终将归于消灭,实现"南北统一",这就是他认为的"欧战所赐之教训",是"大庆祝中所亟当觉悟者也"①②。邵力子尚且如此,也就无怪乎成千上万市民和学生涌到"再造民国"的功臣、现在又是力主参战的英雄段祺瑞的宅邸和东交民巷欢呼祝贺了。

这种举国狂热的局面几乎无人能使之降温,也无人能制止。野心勃勃的日本政府早就以"参战不力"为由,在西方列强的支持下阴谋使它从德国手中抢夺的山东权益得到和会的承认并使之合法化。12月3日,西方驻京五国公使也与日本相呼应,宣称"中国因内争故参战不出力,影响及于各国商务甚大"。③ 这些似乎也无人理会。

北京大学校长蔡元培也加入了庆祝者和讲演者的行列,并曾连续在天安门前的群众集会上发表演说。11月15日,他发表了题为"黑暗与光明的消长"的演说,欢呼这次协约国的胜利"定要把国际间一切不平等的黑暗主义都消灭了,别用光明主义来代他"。今后的世界将是"黑暗的强权论消灭,光明的互助论发展""阴谋派消灭,正义派发展""武断主义消灭,平民主义发展""黑暗的种族偏见消灭、大同主义发展"④。次日,他又到天安门前群众大会上讲演,首次提出"劳工神圣"的口号。他指出,"此次世界大战争协约国竟得最后胜利,可以消灭种种黑暗的主义,发展种种光明的主义。我昨天曾说过,可见此次战争的价值了。但是我们四万万同胞,直接加入的,除了在法国的十五万华工,还有什么人!这不算怪事!此后的世界,全是劳工的世界啊……我们要自己认识劳工的价值。劳工神圣"。⑤ 还有一位北大学生也盛赞这些华工说:"十五万之华工,当彼等在本土之时,丝毫无足轻重,且常为旧官僚派所贱视,乃赴欧也,竟致协约国获最后之胜利,于以知华工虽少,其功实不在协约国以下。"⑥ 当时的《东方杂志》等也多次刊载文章赞扬这些导致中国"战胜"的华工。一

① 1918年11月24日上海《民国日报》。
② 1918年12月4日上海《民国日报》。
③ 《蔡元培全集》第3卷,中华书局1984年版,第216—218页。
④ 同上书,第219页。
⑤ 1918年12月13日《北京大学日刊》。
⑥ 见该刊1918年15卷6号《华工赴欧之实况),同时刊出6辐照片;该刊同卷8号上还刊登了在法华工的照片,1919年2月24日上海《民国日报》载文介绍"华工在法之战绩"等。

时间，"劳工神圣"的口号传遍了全中国。

总之，"劳工神圣"的口号是在举国上下一片狂热，甚至不能进行正常思考的情况下提出来的。当时无数国民对未来充满了美妙的梦想，而且似乎这一切已经成为现实一样，他们甚至开始着手规划自己光辉的未来。只是在极度兴奋之余，他们还没有忘记那些曾经在欧战前线供人役使的苦力，正是他们为多灾多难的国家争来了这一切。

蔡元培提出的"劳工神圣"口号在五四前夕曾一度非常轰动、流传很广，几乎人人皆知。新中国成立以后我国史学界也给予很高的评价，把它作为十月革命对中国发生极大影响的证明而载入史册。一种史学界几乎从未有人提出异议的看法就是："劳工神圣"的口号是当时进步的思想界受了俄国十月革命的影响和鼓舞才提出来的。还有人不加分析地认为这个口号的提出说明他已经认识到十月革命的伟大历史意义，认识到五四时期开始登上中国历史舞台的中国工人阶级的伟大历史作用。这类看法广为流传，一些最权威的中国现代史，特别是中国革命史和中共党史方面的著作几乎都持此说，这里恕不一一列举。

平心而论，每当我读到这些有关对"劳工神圣"口号的评价时，非但没有对这个口号的提出感到欣慰而产生某种认同感，只要联想到彼时彼地的历史状况反而不免有一种难言的哀伤和不尽的苦涩。因为尽管蔡元培本人作为北京大学的校长而且处于思想界的中心地位，纵观他当时的言论不难看出这位智者也同许多人一样陶醉在"公理战胜"的幻想之中。当时他对工人阶级的认识是不科学的，对十月革命和列宁及其学说的认识也是十分模糊和混乱的。"光明代替黑暗"是指用克鲁泡特金的"互助论"代替"强权论"，他把列宁领导的苏俄政府的和平外交政策同托尔斯泰的和平主义混为一谈，而宣传一种虚幻的正义和大同主义。因此他谈不上在多大程度上受到了十月革命的鼓舞和影响，更谈不到对工人阶级历史使命有什么科学认识。总之，我们分析"劳工神圣"口号主要不在于劳工是否"神圣"，而在于劳工何以"神圣"。不科学的口号往往是认识模糊和思想混乱的表现，这是理论不成熟的结果。蔡元培五四前后的著作和讲话都可以说明，硬把"劳工神圣"口号和十月革命扯在一起未免过于牵强。

四　幻梦的破灭和国人的觉醒

五四前夜，无数国民基于对"公理战胜"的确信无疑而充满了美妙的幻想，正如鲁迅所说不过它是自己手制的偶像。11 月 28 日，蔡元培在对北大学生和群众的讲演中向他们描绘了他认为即将成为现实的美好蓝图。他认为由于在巴黎和会上法国的"人权宣言"、美国总统的"十四点"都将会得到实现，"我国将会有一线生机"，未来的世界将会是一片光明。"以我国人工之众，物产之饶，实业必且大兴。不惟国民均受其福，而教育界之发展，宁可限量。诸生苟果有世界眼光，有国家观念，对于此次协约国之胜利，宜如何欢欣鼓舞。即使仅仅为本校前途，个人学业起见，亦应报如何乐观耶！"①

五四前夕，一般国民在渴望实现民族独立的同时又对西方的民主自由充满了幻想，对自身解放事业和革命胜利的艰苦性却认识不足。他们认为只要巴黎和会召开，威尔逊的"十四点"就会立即变成现实，世界上永恒公理与正义的王国就会立即降临，摆在世界各国人民面前的将是自由平等的康庄大道。当时就连中国思想界一些最优秀的人物也都冲动得头脑发了昏，叶楚伧在《民国日报》上发表社论"祝公理之大战胜，世界太平之先机"，宣布"公理之战胜，即由此数千年直线以进行。其中亦有偶遇陂陀，而跋涉过之者，终亦必归纳于公理战胜之轨"。② 该报还载文欢呼这次胜利，认为中国这次可以"挽百十年国际上之失败"，今后也可以进入世界强国之列而"与英法美并驾齐驱"③。这些素为公众瞩目的人士竟然忘了半个多世纪以来西方列强的奴役、欺凌和对自己祖国的宰割，甚至梦想一夜之间就成为他们当中的一员，加入列强分赃的座席，并从他们手中分享一杯羹，这真是当时国民意识的悲哀。

马克思曾经说过，似乎历史为了让这个拥有四亿人口的大国国民觉醒首先必须用鸦片把他麻醉一样，这确实是一出世界历史性的悲剧。1918 年底举国近乎疯狂的"公理战胜"庆祝活动就好像有意渲染一番，以便使稍

---

① 《蔡元培全集》第 3 卷，第 223—224 页。
② 1918 年 11 月 13 日上海《民国日报》。
③ 1919 年 1 月 5 日上海《民国日报》。

后即将开场的悲剧更具有悲剧气氛，似乎只有这样捉弄一下这个昔日"天朝"大国的国民，才能最终使他振作起来，清醒并冷静地思考问题似的。狂热源于愚昧，狂热本身就是一种愚昧。只有超越狂热才能走向清醒，走向觉悟，而只有清醒和觉悟才能思想。五四前夕中国国民充满梦想、狂热和激情，而巴黎和会中国外交失败的消息传来后又骤然间转入震惊和悲愤，正是西方列强肆意践踏、蹂躏下的殖民地半殖民地国家人民那种畸形国民心态的生动写照。

1919 年初，巴黎和会的不幸消息陆续传来，中国民众的心理从极度的狂喜刹那间转入极度的悲哀，这个文明古国四亿人的民族感情再一次受到了无情的嘲弄。从此中国人对世界的认识，对西方式的公理和民主自由的理解经历了"一天等于二十年"的时代。北大学生称威尔逊为"威大炮"，称他的"十四点等于零"就是证明。在不久爆发的五四运动中，中国人民最后抛掉了幻想，以彻底的、不妥协的姿态，以从未有过的历史主动性揭开了中国历史崭新的一页。

五四以后瞿秋白发表了《大战庆祝和中国人的觉悟》一文，指出："论理中国这一次在和会上所受的教训，不能算不深，应该有几分觉悟。"他抨击一些人把中国的失败归咎于西方列强，认为他们如何专横，只帮助日本而不为中国出力，要么就埋怨官僚政客们政策误国等种种不正确的观点。指出认识到这些还不算觉悟，中国人必须着眼于自身，必须"有坚毅的志向，明敏的智能，打起精神，往前干去，方才有万一成功的希望"。"这一次中国的失败，失败在哪里？就是失败在中国人没有坚毅的志向和明敏的智能，不能组织一良好的社会去适应世界的潮流，建设一巩固的国家，去迎合世界的现势。中国人要是不想生存在世界上也就罢了，要是想生存在世界上，那就不能不赶快觉悟——真正的觉悟——去改造现在的社会，重建现在的国家。断乎不可再自因循，一味听之任之了。"他指出，什么国联，什么"十四点"都帮不了我们。我们"受了这种教训，所以思想格外变得快，潮流格外涌得厉害"。在这方面中国人的体会"比别国要深切一点，所以中国人尤其应该觉悟得快一点"。① 显然瞿秋白认为必须抛弃对"公理战胜"和西方列强的幻想，必须依靠自己改造我们的国家与社

---

① 原载《新社会》第 1 号，1919 年 11 月 1 日，引自《中国现代史资料简编》第 1 卷，浙江人民出版社 1982 年版。

会，革命二字已经呼之欲出了。

五四前夕真正对世界局势有清醒认识并冷静观察问题的只有李大钊。1918 年 7 月，他在《法俄革命之比较观》一文中就已经明确认识到十月革命的世界历史性意义，预见到它必然将对整个人类社会的未来产生极大的影响。就在举国上下狂热欢呼"公理战胜强权"的时候，他又撰文指出在这次大战中胜利的不是哪一国的资本家，而是劳工主义，是庶民。他真正科学地从经济发展以及无产阶级与资产阶级进行阶级斗争的高度，从利用战争去争取社会主义革命胜利的高度去认识和分析这次世界大战。1918 年 11 月 15 日他又发表了《布尔什维主义的胜利》，旗帜鲜明地抨击举国庆祝的所谓"公理战胜"。他写道："'胜利了！胜利了！联军胜利了！降服了！降服了！德国降服了！'家家门上插的国旗，人人口里喊的万岁，似乎都有这几句话在那颜色上音调里隐隐约约地透出来。联合国的士女，都在街上跑来跑去地庆祝胜利。联合国的军人，都在市内大吹大擂的高唱凯歌。忽而有打碎德人商店窗子上玻璃的声音，忽而有拆毁'克林德碑'砖瓦的声音，和那些祝贺欢欣的声音遥相应对。在留我国的联合国军人那一种高兴，自不消说。我们这些和世界变局没有很大关系似的国民，也得强颜取媚：拿人家的欢笑当自己的欢笑；把人家的光荣做自己的光荣。学界举行提灯。政界举行祝典。参战年余未出一兵的将军，也去阅兵，威风凛凛的耀武。著《欧洲战役史论》主张德国必胜后来又主张对德宣战的政客，也来登报，替自己做政治活动的广告；一面归咎于人，一面自己掠功。像我们这种世界上的小百姓，也只得跟着人家凑一凑热闹，祝一祝胜利，喊一喊万岁。这就是几日来北京城内庆祝联军胜利的光景。但是我辈立在世界人类中一员的地位，仔细想想：这回胜利，究竟是谁胜利？这回降服，究竟是哪个降服？想到这些问题，不但我们不出兵的将军、不要脸的政客，耀武夸功，没有一点趣味，就是联合国人论这次战争终结是联合国的武力把德国武力打倒的，发狂祝贺，也是全没意义。不但他们的庆祝夸耀，是全无意味，就是他们的政治运命，也怕不久和德国的军国主义同归消亡！"显然他正是从无产阶级战胜资产阶级、社会主义革命必然胜利的角度去认识当时的世界形势的。所以他欢呼这次胜利是社会主义的胜利，是布尔什维克主义的胜利，是赤旗的胜利，是世界劳工阶级的胜利，是 20 世纪新潮流的胜利。他指出，我们"不该为那一国那些国里一部分人庆祝，应该为世界人类全体的新曙光庆祝"。① 五四运动之后，当人们从"公理战胜"的幻想破灭中感到极度震惊、悲愤莫名和迷惘的时候，李大钊又指出："这回欧战完了，我们可曾做梦，说什么人道、和平得了胜利，以后的世界或者不是强盗世界了，或者有点人的世界的采邑了。谁知道这些名辞，都只是强盗政府的假招牌。我们且看巴黎会议所议决的事，哪一件不是拿着弱小民族的自由、权利，作几大强盗国家的牺牲！"②

　　足见李大钊的思想认识在当时是最先进的，最具远见的，这正是在俄国革命鼓舞和影响下，联系到中国实际并从中国自身的痛苦经历中重新认识自身和世界而得出的科学结论。他对十月革命和无产阶级的认识远远超过蔡元培等人"劳工神圣"口号所表达的思想，他们之间的差距是整整一个时代，因此这两者是不能同日而语的。

　　　　　　　　　　　　　　本文原载于《近代史研究》1996 年第 7 期

---

① 《中国现代史资料选编》（1），黑龙江人民出版社 1981 年版，第 25—26 页。
② 《秘密外交与强盗世界》（1919 年 5 月 18 日）。见《中国现代史资料选编》（1）。

评《中国人在俄罗斯》 兼论其他[*]

李随安^{**}

【摘　要】俄罗斯学者阿·格·拉林在《中国移民在俄罗斯：历史与现实》中运用档案文献与实际调查相结合的研究方法，对 150 年来俄罗斯的中国人群体进行比较系统的考察，同时也引发了我们的一些思考和疑虑。

【关键词】关键词：俄罗斯；拉林；华侨华人；移民

一

我国的华人华侨问题研究很有成就，但是有一个明显的不平衡，那就是偏重于研究东南亚、欧美国家的华人华侨，而对俄罗斯的华人华侨关注较少。到目前为止，国内尚无大部头的关于俄罗斯华侨华人的专著。

倒是俄罗斯学者在这个领域推出了有分量的研究成果。在这些学者中，俄罗斯科学院远东研究所台湾研究中心主任、高级研究员阿·格·拉林（А. Г. Ларин）是引人注目的一位。他 20 世纪 50 年代曾在北京留学，后来成为知名的中国问题专家；他的研究方向是中国的台湾问题，与此同时又研究俄罗斯的华侨华人。2009 年，这位七十多岁的俄罗斯学者出版了一部新的著作《中国移民在俄罗斯：历史与现实》。^① 这部著作会聚了拉林先生多年的心血，厚达 512 页。全书共分三章，主要内容如下：

第一章谈中国移民史：沙皇俄国时期的中国移民；十月革命时期的中

---

　　* 《中国人在俄罗斯》为该书的中文书名，其俄文书名为《中国移民在俄罗斯：历史与现实》。——编者注

　　** 作者简介：李随安：黑龙江省社会科学院研究员，主要从事中俄文化关系研究。

　　① А. Г. Ларин. Китайские мигранты в России. История и современность. Москва：Восточная книга，2009，–521 с。

国移民；苏联时期的中国移民。

第二章谈苏联解体后中国移民在俄罗斯的情况：数量和从事的行业；商人；劳务工人；留学生；旅游者；非法移民；移民和法律；俄罗斯人对中国移民的评价；中国移民对俄罗斯、俄罗斯人的评价。

第三章谈中国在移民领域的潜力和中国政府在移民方面的相关政策：中国移民数量的波动；移民的职业和生活水准；中国政府的立场和政策；劳动力输出；对非法移民的打击；人才流到海外及其回归；全世界的华侨华人；华人族群与当地居民的关系；中国移民和"中国威胁论"。

拉林先生在考察了俄罗斯境内漫长的中国移民史之后，得出下列结论：十月革命前的中国移民与十月革命后的中国移民存在不同之处，也存在相同之处。不同之处是：十月革命前的中国移民中大多为干粗活的力工，而现在，商贩占了中国移民的多数；十月革命前，中国人移居俄罗斯的主要原因是失业，而现在，这样的中国移民不到一半；十月革命前，中国移民活跃在许多行业——建筑业、工业、商业、农业、近海航运，现在，他们主要从事商业。相同之处是：过去和现在的中国移民都热爱劳动、善于干活、生活简朴；现在的中国商人像他们的前辈一样组织得比俄罗斯商人严密，经商的能力超过俄罗斯商人；现在的中国移民和过去的中国移民一样惯于破坏俄罗斯的护照签证制度，这主要是俄罗斯远东地区经济、政治、军事的虚弱无力造成的。

拉林先生认为：前往俄罗斯的中国移民数量将会不可避免地增长，并将在俄罗斯的社会生活中发挥越来越大的作用。俄罗斯政府应该严肃地对待中国移民问题，最好能友善地、坚定地把中国移民的活动纳入国家的轨道之中。

拉林先生特别考察了中华人民共和国的侨务政策，他向俄罗斯读者详细地阐述了中国政府对海外华人华侨实施的各种政策（如禁止"双重国籍"），以及海外华人华侨对中国的现代化所起的作用。拉林先生之所以关注中国的侨务政策，一方面是因为想把中国的经验介绍到俄罗斯，另一方面是为俄罗斯与中国交涉中国移民问题提供决策依据。

拉林先生采用文献资料和社会调查相结合的研究方法。为写作这部著作，他去图书馆、档案馆收集了大量原始资料，其中一则关涉中国改革开放的总设计师邓小平。1926年，邓小平从法国巴黎来到莫斯科，在东方大学、中山大学学习了近一年，年底回国。在莫斯科期间，他有了俄语名字——"多佐罗夫"。拉林先生在这部著作里提供了一份珍贵的档案，这是中山大学联共（布）支部书记 Ш. 阿戈尔给邓小平写的鉴定：

> 一个非常积极、精力充沛的党员和共青团员，联共（布）的预备
> 人选。中山大学共青团支部的最优秀的组织工作者之一。在与别人的
> 关系上，是同志。在学习上，名列前茅。在党员素养方面，他是出色
> 的（他是进行单独工作的人——对国民党党员进行个别说服——这项
> 工作总是委派最训练有素的党员去做）。此人可以委以组织工作。他
> 具有在法国无产阶级组织的工作经验。中山大学联共（布）支部书记
> （Ш. 阿戈尔）①

目前国内关于邓小平在苏联的情况只是较多地使用他在中山大学写的
"自传"，特别是其中的最后一部分"来俄的志愿"，以及中山大学"党员
批评计划案"中关于他的内容。这份"阿戈尔鉴定"是一份弥足珍贵的档
案材料，对我们了解青年时期的邓小平有重要的价值。

拉林先生不只是依据档案文献阐述问题，他还非常重视实际调查。他
设计调查问卷，深入到俄罗斯境内的中国人之中，发放问卷，与个别进行
交谈，然后对获得的信息加以分析、得出结论。这种将档案文献与实际调
查相结合的研究方法可以避免学术研究中的片面性，保证论证的全面性和
可靠性。这是俄罗斯学术界的光荣传统，值得中国同行借鉴。拉林先生把
这些问卷调查的结果收进这部著作的附录中，这是难得的第一手资料，包
含了丰富的信息。如果我们从"中国视角"对之加以解读，可以避免俄罗
斯学者的盲点，获得新的发现。如果我们从"中国视角"对之加以解读，
可以避免俄罗斯学者的盲点，获得新的发现。

总之，《中国移民在俄罗斯：历史与现实》内容丰富、论述严密，是
近年来海外出版的关于华人华侨历史和现状的优秀著作之一。

二

拉林先生这部著作在相当大程度上满足了我们对俄罗斯华人华侨历史

---

① А. Г. Ларин. Китайские мигранты в России. История и современность. Моска：Восточная
книга，2009，–521 с。

和现状的了解，同时也引发了我们的一些思考和疑虑。由于立场、出发点、亲身体验、看问题的角度存在差异，所以我们和拉林先生的一些观点不可能一致。

第一，俄罗斯学者对"移民""侨民"的定义与我们有很大的差距。

中国与俄罗斯对"移民"的理解大不相同。在中国人的概念里，只有加入另一国国籍的人，才算是"移民"；只有长期生活于另一国同时保持原先国籍的人，才被称为"侨民"。可是俄罗斯方面把到俄罗斯的中国商贩、劳务工人甚至留学生、旅游者也看作移民，邓小平在莫斯科待了不到一年，也被拉林先生列入"中国移民"的行列。俄罗斯的"移民"概念令中国人感到吃惊和困惑。概念的差异导致中俄双方在某些问题上存在极大分歧。例如，俄罗斯华侨的数量，俄罗斯方面认定的人数比中国认定的多得多，这是因为他们把留学生、旅游者、劳务工人都视为移民。

这本著作的封面上除了俄文书名《中国移民在俄罗斯：历史与现实》，还有中文书名——《中国人在俄罗斯》。在我们看来，中文书名远比俄文书名恰当、正确，因为"中国人"既包括真正的移民、侨民，还包括商人、劳务工人、留学生、旅游者。

第二，俄罗斯的排华史同样血腥、黑暗。

"排华"现象在许多国家都发生过，俄罗斯也同样存在，甚至更加强烈、持久。中国人最难忘的是，曾经被当作神灵供奉的"伟大的马克思主义者""无产阶级革命导师"斯大林也残酷地驱逐、清除甚至杀戮华人。20世纪30年代，由于无端担心中国人在未来的苏日战争中充当"第五纵队"，苏联军警用突然袭击的方式将中国人清除出户，将他们驱赶到中亚国家或寒冷的北部。几乎一夜之间，远东地区的中国人消失得干干净净。

与那些被诬蔑为"日本间谍"而遭枪决的中国人相比，被驱逐和流放应该算是幸运的了。不过，许多人在路上死去。到了流放地，能够幸存下来的人也不多。黄佳说，他在苏联解体后去过外兴安岭，在那里遇到了3个中国老人。其中一位已八十岁，叫张德魁，他"见到我们两位中国人，哇哇大哭，可见到祖国亲人了！他已经有半个世纪没看到从中国来的人"。张德魁等中国人是1938年从海参崴被驱逐出来的。"家口"（老婆孩子）给轰到哪里去了，是死是活，他们都不知道。他们8名中国男人被发配到这高寒地带，存活下来的只有3人。"我向他们说，中苏关系改善了，中国已经改革开放，你应当回老家看看。张说：'老家不可能有人了哇……'"①

遭到苏联流放的不仅有普通的中国人，还包括中国的抗日战士。中共早期党员马员生曾在莫斯科东方大学学习，在苏联的"大清洗"中受到牵连，被流放到远东。他在回忆录中写道："一九三九年夏，一批中国人约有一百多，坐船路过农场到沃尔索特去，也因水浅，停在岸边，他们的未来得和我一样。谈话中知道他们大部分是从海参崴来的。据说，日本占领武汉后，苏联开始对在海参崴附近一带的中国人进行大规模拘捕，许多人被判刑八年、十年……过了不久，又发来一小批女犯人，有人告诉我，中间有两个中国女人。我很奇怪，便怀着好奇心去找她们……据她们说，一个中国人叫黄南波，一个朝鲜族中国人姓朴，曾在东北抗日联军中和日本人打过仗。"②

即使在 20 世纪 50 年代的中苏蜜月时期，在苏联的中国侨民也仍然生活艰难。RZ 先生 50 年代曾在赤塔的中国领事馆工作过，他回忆说，他曾接待过一些遭受过苦难的华侨，听过他们的含泪诉说。与那些被枪毙和被驱赶到偏远地区的中国人相比，这一部分华人属于"幸运"的一类——超强度的劳动，没有人身自由。他们之所以得到苏联当局的"关照"，是因为他们有一门技术或专长。他们被打发到集体农庄后，不知怎么的就欠了这个农庄一大笔钱。他们一年到头地干着没完没了的活儿，但就是还不清这笔债；还不清债，就休想离开这个农庄。集体农庄的头头们把他们盯得死死的，想跑也很难。再说，在苏维埃的统治下，所有的农庄都一样，跑到另一个农庄也不可能改变自己的境遇。在某种意义上说，这些"幸运"的华人华侨被苏联当局变成了现代的农奴。虽然俄罗斯的农奴制早在 1860 年就被沙皇废除了，但是在 20 世纪的 30 年代，苏联当局又将这一罪恶的制度复活了。RZ 先生遗憾地说："为了当时中苏友好的大局，他作为中国外交人员无法救助他们。"③

由于众所周知的原因，中国和苏联在很长时期内都竭力避免谈及斯大林时代的苏联当局对中国人犯下的令人发指的罪行。从 20 世纪 80 年代开始，坚冰慢慢消融。1989 年 11 月，苏联最高苏维埃通过一项声明，承认

---

① 认为中国会灭亡，斯大林清洗 30 万远东中国人［EBOL］. (2008 – 12 – 16)［2010 – 02 – 24］http：//www. hsw. cn/news /2008-12/16/content10473739. htm.

② 马员生：《旅苏记事》，群众出版社 1987 年版，第 157 页。

③ RZ 先生的口述，他要求不得透露其姓名。

对一些在斯大林时期遭受强迁的民族的镇压行动是非法的、犯罪的。苏联解体以后，一些俄罗斯学者开始涉足这一长期被封禁的领域，他们发掘了一些档案材料，访问了一些健在的受害者，写成了有限但很有价值的文章。

拉林先生的这部著作对中国人在俄罗斯的苦难史着墨不多，而更多地注意俄罗斯人的感受。或许，他对中文文献把握得不够丰富。

第三，俄罗斯民族有强烈的排异性。

从世界华人华侨史的背景来解读拉林先生这部著作，让我们感到：俄罗斯民族的包容性很弱，排异性很强。众所周知，历史上，直至当今，许多国家都有唐人街，有的国家为了吸引华人华侨投资，或者为了增加文化的丰富性，有意识地建设唐人街。但是，俄罗斯人却对唐人街作出神经质的反应，出台专门的法规禁止中国人聚居区的形成，这与世界上很多国家的做法截然不同。中国为了发展中俄经贸，决定投巨资在彼得堡郊区建筑"波罗的海明珠"，俄罗斯人竟然强烈反对！——彼得堡出现过多次集会抗议活动，一些市议员甚至宣讲"中国人要通过人口夺取世界"，有两个组织曾经发起倡议，要求对是否修建"中国城"的方案进行全民公决。

中国学者于国政评论道："俄罗斯民族是一个排他性很强、兼容性比较差的民族。正是由于这一民族特性，'唐人街'在世界很多国家的城市都可以存在并能与当地居民相安无事，而惟独在俄罗斯被视作洪水猛兽，甚至一块'中国村'的牌子也使他们疑云四起。旅美华人有几百万，仅旧金山一市就有43万人，而暂居全俄罗斯的中国人实际尚不超过50万人，远东地区只有五六万人，就使他们惊恐万分，掀起轩然大波。如果说美国是一个'碾碎民族差别的大磨坊'或一座'民族熔炉'的话，那么俄罗斯就是一座'把守严密的大城堡'或一个'蜇赶异蜂的大蜂巢'。"①

俄联邦移民局局长罗曼达诺夫斯基曾在2006年年底表示，俄坚决禁止在其境内出现"中国城"那样的外国移民聚居区，俄移民局副局长帕斯塔夫宁也曾表示："根据一些学术调查研究结果，如果外国移民在俄罗斯任何一个地区的数量超过当地居民人数的20%，特别是当这些外国移民拥有完全不同的民族文化背景和宗教信仰时，将会造成族群紧张，让俄罗斯

---

① 于国政：《俄罗斯远东地区与中国关系的制约因素分析》，《东欧中亚研究》2002年第4期。

当地居民感到非常不舒服。"①

2009 年 11 月 13 日《俄罗斯报》上发表的文章《逐渐到来，逐渐留下……》援引了俄罗斯科学院《侨民在俄罗斯：社会测试》项目的调查数据，该项目综合了 2008 年调查的 422 份问卷样本以及 2009 年的 606 份样本，揭示了俄罗斯民众的排外性格：他们普遍对外来人持厌恶态度，在回答"自己所居住的地区是否愿意接受'外来人'"这一问题时，54% 的受访者表示拒绝接受，48% 受访者更进一步表示，哪怕"外来人"仅仅是临时居住，也不会被接纳。纵然中俄官方交往密切，但是接受访问的俄罗斯人中，有半数表示不愿与中国人为邻②。

然而，对中国方面关于俄罗斯"排异性"的认知，拉林先生根本不能接受③。

第四，"中国人口扩张"是没有根据的妄想症，"中国威胁论"在俄罗斯有广阔的市场，即使在两国相继举办"俄罗斯年""中国年""俄语年""汉语年"的情势下，其声音仍然时常出现。俄罗斯人觉得中国对俄罗斯的威胁是多方面的，庞大的人口是其中之一，"人口扩张""黄色浪潮"是他们制造出来吓唬自己的梦魇。

俄罗斯人害怕中国人跑到他们的土地上去，其实，中国人对移居俄罗斯没有兴趣。近年来中国进行的民意调查显示：中国人希望移居的国家是美国、加拿大、澳大利亚、新西兰、西欧诸国、日本、韩国、新加坡等。这些国家虽然属于挤压中国的阵营，但是发达、先进、富庶、社会环境优越、发展机会多。俄罗斯，尽管它与中国结成了相互依靠的战略协作伙伴关系，在应对美国、北约的战略挤压时处于同一战线，但是中国人认为这个国家寒冷、落后、混乱、危险、光头党杀人、机遇少、不容易获得财富，总之，缺乏魅力，不是一个适合移居的国家。④

---

① 俄罗斯为什么不喜欢"中国城"？［EB/OL］．（2009 – 08 – 06）［2010 – 03 – 27］http：//www. zabao. com/ we ncui /2009/08/hong kong090806b. shtml。

② 调查显示：半数俄罗斯人不愿与中国人为邻 ［EB/OL］．（2009 – 11 – 18）［2010 – 03 – 25］http：//world. people . com. cn /GB/10402041. html。

③ А. Г. Ларин. Китайские мигранты в России. История и современность. Моска：Восточная кника，2009，– 521с.

④ 这里依据的是 2 次民意调查：2006 年 12 月 8—14 日，"慧聪国际资讯媒体研究中心"进行的名为"中国城市居民对世界认知"的民意调查；2009 年底，《环球时报》进行的名为"中国人看世界"的民意调查。

据 2009 年 2 月公布的中国新闻社课题组的《2008 年世界华商发展报告》显示，目前全世界华人华侨的总数为 4800 万。1978—2008 年，改革开放 30 年，从中国大陆移居国外的中国人超过 600 万人。美洲是新华侨华人增长最多的地区，欧洲的新华侨华人在 20 世纪 90 年代之后有了显著增加，大洋洲也是一个新华侨华人聚集较多的地区。

美国容纳的中国移民人数达 300 万，加拿大为 130 万，澳大利亚为 70 万，新西兰为 14.757 万，英国为 24.7 万，巴西为 36 万。这些国家都没有喊叫"中国人口扩张"。而对中国移民忧心忡忡的俄罗斯，根据笔者的判断，真正加入其国籍的中国移民仅仅有两三万人。

澳大利亚不只是华侨华人比俄罗斯多许多，在那里求学的中国学生数量比俄罗斯更是多出好几倍，多达 13 万！俄罗斯的中国留学生只有 2 万多名①。与俄罗斯相比，澳大利亚的人口数量和综合国力要小得多，但是它面对大量的中国侨民和中国学生并没有担惊受怕，更没有叫喊"中国人口扩张"。所以，俄罗斯担忧"中国进行人口扩张"是没有根据的。

俄罗斯人对安全的认知与世界上的大多数国家是不一样的。可能是 800 年前蒙古人的征服和随后两个世纪的殖民统治给俄罗斯民族留下了痛苦的集体记忆，这一记忆渐渐演化成俄罗斯人对异族人的强烈怀疑和对"安全"的特殊理解。另一方面，国土的极其辽阔和人口数量的有限形成的矛盾持续地困扰俄罗斯人，他们好多年来一直背负着难以解决的人口难题，在可以预见的将来这一难题也不大可能得到解决。在这样的形势下，当面对中国的庞大人口时，俄罗斯人表现出焦虑情绪，并且这一情绪随着近些年来两国经济增长率的不平衡而被放大，其释放渠道就是无休止地叫喊"中国对俄罗斯进行人口扩张""黄种人威胁"。

在"人口威胁论"这个问题上，拉林先生比他的许多俄罗斯同胞要理性一些。人人皆知，美国出于其全球战略，总是设法离间中俄关系，方式之一是经常以"中国威胁""中国扩张"来刺激俄罗斯的敏感神经。2010 年春天，美国一个谋士罗伯特·卡普兰提出一个构想：与俄罗斯建立战略联盟，共同对付中国。

拉林先生在接受俄罗斯《独立报》记者采访时表示：中美两国的角力

---

① "人民网·强国论坛"，再进俄罗斯　俄罗斯副总理茹科夫对话中国网友［EB/OL］.（2007 - 02 -02）［2010 -03 -23］http：//www. people . com. cn /GB/32306/143124/147553/149234/ind。

能够增强两国对俄罗斯的需求，对俄罗斯来说，最聪明的办法是在中美之间保持平衡，同两国都保持良好关系。美国政治家说中国人将来要占领俄罗斯远东地区，并企图以此说服莫斯科一起遏制中国。拉林认为，要想使人口稀少、资源丰富的西伯利亚处于安全状态，俄罗斯应尽快解决经济落后问题，并增加对远东地区的投入①。这一观点与俄罗斯另一位著名中国问题专家、俄中友好协会主席季塔年科的观点是一致的。季塔年科曾针对俄罗斯媒体上关于中国对西伯利亚、远东的威胁论调，说过这样的话：最大的威胁是俄罗斯自己在这个地区开发方面的无所作为。

第五，中国人在俄罗斯艰辛奋斗，彰显出中华民族优秀品质，对俄罗斯做出巨大贡献。

对打拼于各国的中国人来说，俄罗斯也许是最不容易立足的国家。他们面对两种势力的折磨：一是强力部门的敲诈勒索，二是"光头党"的袭击。俄罗斯警察惯于敲诈中国人以捞取钱财。中国商贩的摊位在他们眼里就是肥肉，平时，他们借故进行各种检查，肆意罚款。不只是中国商贩，中国留学生、旅游者都是他们的敲诈目标。俄罗斯警察没钱的时候，就会想起中国人。中国人还是极端民族主义者"光头党"的袭击目标。在俄罗斯，中国商人是顶着危险赚钱。一个中国商人说："如果没有胆量，就不能在莫斯科待着。在莫斯科的中国人，什么危险没见过！"中国商人被敲诈、被抢、被打、打杀的事件很多，中国旅游者、中国学者、中国学生也时常遭到"光头党"的袭击②。2009 年春天，在莫斯科大学、普希金语言学院这两所著名的大学，4 个中国男女学生被"光头党"刺成重伤③。

在如此恶劣的环境里，中国人仍然艰辛地经商、求学，表现出不平凡的勇气和毅力，对促进俄罗斯发展做出巨大贡献。在俄罗斯远东地区，俄罗斯居民的衣服、日用品、蔬菜、水果基本上由中国商人提供。2007 年 1 月④，

---

① [俄]弗拉季米尔·斯科瑟列夫：《美政治家鼓吹联手俄罗斯阻中国成东半球霸主》，玉鹏．[EB/OL]．(2010-04-23)[2010-06-08] http：//military. people. com. cn /GB/42969/58519/11435617. html。

② 高远、赵全敏：《莫斯科华商顶着危险赚钱》，[EB/OL]．(2006-08-25)[2010-04-03] http：//gb. cri. cn/12764/2006/08/25/1865@11900632. htm。

③ 《人身安全无保障 留学勿选俄罗斯》，[EB/OL]．http：//www. ping lao shi. om/digg/news /detai l. jsp? uniqueid=90fd082f-39f c-45a 3-a 587-21c 4c 997。

④ 孙忠安：《俄罗斯颁布禁令的原因分析及对中俄贸易的影响》，《知识经济》2008 年第1 期。

俄罗斯出台全面禁止外国人（实际上主要是针对中国人）从事商品零售的法令，中国商人被迫撤回国内，远东俄罗斯人的生活顿时陷入困境。在俄罗斯居民的要求下，俄罗斯当地政府不得不放松了对这一法令的执行力度。在与远东相距万里的首都莫斯科情况也相似。2006 年的信息表明：当时中国商人至少让 60%以上的莫斯科人穿上了印着中国商标的男女皮鞋、牛仔服及各式棉麻内衣①。

本文原载于《华侨大学学报》（哲学社会科学版）2010 年第 12 期

---

① B. 汪嘉波、赵全敏：《中国商贩层次差别巨大》，http：//gb. cri. cn/12764/2006/08/25/1865@11900632. htm。

试述 1918—1921 年北洋政府
在西伯利亚的护侨活动

曲晓范[*]

1917 年俄国十月革命发生后，西伯利亚地区的政治、军事形势急剧演变。在以后的三年时间里，这一地区始终是革命与反革命争夺的焦点，以致新旧政权几度更替，布尔什维克与沙俄复辟势力、红军与外国武装干涉军，以及高尔察克和谢苗诺夫叛乱集团之间的军事斗争交错展现。严酷的战争状态和社会变动，不仅使俄国人民蒙受了巨大损失，也使长期侨居于这里的一百多万华侨华人饱尝了战争的苦难。为了救助和保护广大旅俄华侨，北洋政府曾派出军队、派遣领事团和民间机构深入西伯利亚开展护侨活动。这是近代中国侨务史上极为光彩的一页，为此，本文拟就这一活动始末作一考述。

一

北洋政府此次护侨活动的第一项行动是应广大旅俄华侨和驻俄领事的要求派遣海、陆军队进驻西伯利亚和中俄边境地带，从事军事护侨。

最先提出调派军队来保护俄罗斯境内华侨这一动议的是中国驻海参崴总领事陆是元。1917 年 12 月，红军与资产阶级旧政权军队在海参崴近郊展开激战，海参崴城内的各国侨民四处逃散。日本和美国等国家以保护侨民的名义分别派遣海、陆军进驻海参崴。面对这一情况，承担着西伯利亚远东地区几十万华侨保护任务的海参崴总领事馆于 12 月 5 日以总领事陆是元的名义致电北洋政府外交部，请求政府仿照日、美等国的做法派军舰

---

* 作者简介：曲晓范：东北师范大学历史系教授。

来海参崴保护华侨。① 海参崴总领事陆是元的提议得到了北洋政府外交部的认可，是月18日，外交部致函海军部，希望海军部采纳这一建议派舰赴崴。但遭到海军部的拒绝，使之出兵护侨建议一时不能实现。

北洋政府拒绝派兵保侨，使旅俄华侨十分恐慌。为稳定侨心，海参崴中华总商会、伯力中华商会等华侨社团相继组织侨商到中国驻海参崴总领事馆请愿，请求尽早派兵。在侨界的压力下，1918年1月8日，陆是元总领事再次致电外交部，要求北洋政府顺应华侨意愿，果断调舰保侨，"以慰华侨之恐慌"，"以壮华侨之胆"。并进一步提出由政府"派得力陆军驻扎东宁、虎林、图们江、绥芬河四处"，以开辟华侨归国之通道，保卫中国边境之安全。② 1月19日，外交部将陆是元的电报送交国务院审议。是日，国务院会议决定，由奉天、吉林两省抽调陆军进驻图们江保边护侨。而对出兵境外暂时不予答复。1918年2月16日，外交部又根据国务院的批示，咨请吉林督军调兵绥远保护伯力华侨。中国军队相继出兵图们江和绥远两地，标志着此间中国北洋政府军事护侨活动的序幕已经拉开。

北洋政府正式批准军队前往境外西伯利亚地区护侨是在1918年3月13日。当年2月，中国驻海参崴总领事换届，邵恒睿接替陆是元担任了驻崴总领事。他上任后，连续多次致电外交部吁请出兵境外，"以伸国权"。3月11日，外交部再将邵恒睿电报呈送国务院。北洋政府权衡利弊得失，决定完全接受华侨和驻外领事请求，3月13日宣布派军舰前往海参崴和庙街（尼古拉耶夫斯克）驻扎，其具体行动由国务院委托外交部、参谋部、海军部、陆军部协同布置实施。

然而这一计划传到海外后，却遭到了来自日本方面的反对。正在海参崴驻扎的日本军舰司令大谷向中国领事馆提出：中国不必派军舰来海参崴，当地"华民生命财产由日舰保护"等。显然，中国出兵西伯利亚根本不涉及日本的主权范围，日本方面之所以反对中国出兵护侨，其目的是想独占西伯利亚。北洋政府完全清楚日本的这一阴谋，但为尽早实现海外派兵行动，减少国际矛盾，北洋政府在外交上对日本还是做了一定程度的妥协，指示驻日公使章宗祥耐心向日本解释，告之日方，中国派兵一是应华侨请求，二是同协约国保持一致（中国当时已加入由英、美、日等国发起

---

① 《中俄关系史料·出兵西伯利亚》台湾"中央研究院"近代史研究所1960年本，第679页。
② 同上。

的对德作战的协约国组织），不会对日本的行动构成不利影响。① 这样，逐渐地取得了日本方面的"谅解"。

排除了日本方面的干扰后，1918 年 4 月 9 日，刚刚下水的新舰"海容"号在舰长林建章的指挥下，缓缓驶出上海吴淞口，奔向海参崴。"海容"号作为近代中国海外护侨第一舰由此载入史册。

鉴于"海容"号系战舰，船上客舱十分有限，无力承担大规模的疏散、接运难侨任务，北洋政府外交部又克服重重困难，通过交通部高价租赁了上海轮船招商局的"飞鲸"号客轮，以配合"海容"舰向国内运送难侨，充分发挥海外派兵护侨的作用。

"飞鲸"号是 4 月 10 日出发的，因其航速较快，于 4 月 16 日首先到达，并在 18 日满载了首批 1165 名难侨由海参崴返航。4 月 19 日，"海容"号亦安抵海参崴。② "飞鲸""海容"两船先后来此运侨、护侨，使当地华侨深受鼓舞，侨界一片欢腾。

如果从 1918 年 4 月 19 日"海容"号抵达海参崴之日算起，到 1921年初中国最后一艘换防舰"永健"号离开海参崴为止，包括海、陆两军兵种的中国军队总共在西伯利亚驻扎了近三年时间，我们按其驻军规模，担负的具体任务可将这一时期的中国军队境外护侨活动分为三个阶段：

第一阶段：1918 年 4 月 19 日—1918 年 8 月 3 日。此间中国驻军只有"海容"一舰官兵，唯一任务是以海参崴为基地保护当地华侨。主要活动有：（1）协助中国领事馆登记、抚恤、疏散难侨；（2）帮助华商会为富裕侨商向国内转移黄金等贵重财产，鼓励和保护暂时不能离开俄罗斯的侨商继续在此生活；（3）组成巡逻队深入华侨商业区巡查，打击违法犯罪，维持华侨社会秩序。中国军队的上述活动稳定了侨心，维护了侨商利益，提高了中国侨民在当地的声望。

第二阶段：1918 年 8 月 3 日—1920 年 10 月 25 日。与前一阶段相比，这一阶段中国在西伯利亚的驻军不仅兵种增加（已由单一海军扩大到海、陆两兵种）、规模扩大（其中海军方面增加了一个小型舰队），而且驻扎和设防地点也由原来海参崴一地发展到海参崴、双城子、庙街三地。之所以

---

① 《中俄关系史料·出兵西伯利亚》（一般交涉卷）台湾"中央研究院"近代史研究所 1960年本，第 60 页。

② 同上书，第 63 页。

出现这种情况是与当时西伯利亚地区政治、军事形势的演变联系在一起的，是年 6 月，以日本、美国、英国为首的部分协约国打着"防止俄国新政府单独同德国媾和"的幌子，公然以先期抵达海参崴的海军为核心，全面出兵西伯利亚。日本等国的出兵目标是想通过援助沙皇复辟势力干预并阻止俄国革命在远东的发展，最终肢解西伯利亚，这就势必对与西伯利亚有漫长边界的中国东北以及自《瑷珲条约》签订以来中国一直享有的黑龙江航行权构成严重威胁。为了保卫黑龙江航行权，扩大中国在国际上的影响，北洋政府于 1918 年 8 月 3 日由徐世昌大总统对内发布命令：中国向西伯利亚地区增派海、陆军，以"配合协约国集体行动"；在海参崴设立中国军事代将处，由"海容"舰长林建章以代将衔统一负责驻西伯利亚中国军队的调遣及作战事宜。① 由此，中国赴西伯利亚派遣军在一段时间内就由单纯保侨转为肩负保侨和参与协约国作战、保卫黑龙江航行权两种使命。

增调西伯利亚的陆军是来自于中国陆军第九师的两个团。8 月 22 日先遣队由北京、长春两地同时出发，至 9 月下旬，先后 6 批 4000 名陆军进入俄境双城子（乌苏里斯克）驻扎，团长为宋焕章。这支部队在护侨方面的作用主要有：（1）保护了海参崴—双城子—绥芬河中国侨民过境通道；（2）1919 年末在协助联军进攻车里亚宾斯克时，救助了一批中国难侨。

此间调派的增援海军来自于武汉的长江江防舰队，由"江亨""利川""利绥""利捷"四小舰组成。1919 年 8 月初四舰到达海参崴。同年 11 月，在开辟伯力—庙街航路时，受到日本军舰和俄谢苗诺夫匪徒袭击，四舰被迫泊于庙街过冬。这时，日本军队正围困该城，包括华侨在内的城内各国侨民处境十分艰难，四舰官员在力所能及的情况下对华侨及各国侨民予以人力、物力援助，使其渡过难关，脱离险境，从而受到华侨和外国侨民的齐声赞颂。②

第三阶段：1920 年 10 月 26 日—1921 年春。1920 年 4 月，新生的苏俄政权在消灭了盘踞在鄂木斯克的高尔察克集团后，在乌兰乌德成立了一个包括整个西伯利亚的缓冲性（介于社会主义与资本主义之间）的国家政

---

① 《中俄关系史料·出兵西伯利亚》（一般交涉卷）台湾"中央研究院"近代史研究所 1960 年本，第 238 页。

② 陈拔、方沅：《庙街事件回忆》，《中华民国海军史料》（上册），海洋出版社 1987 年版，第 894—896 页。

权——远东共和国,从此,西伯利亚的政治形势逐渐缓和下来。日本见肢解西伯利亚的企图已经落空,亦无继续留在西伯利亚的必要,7 月,日本宣布从西伯利亚撤军。随后,各协约国部队陆续从海参崴撤出。为同协约国保持一致,1920 年 10 月 25 日,北洋政府正式撤销海参崴军事代将处,除代将林建章继续以"海容"号舰长身份随舰一同在海参崴驻防保侨外,其余陆海军部队一律撤回国内(实际上,中国陆军第九师已于 1920 年 8 月 12 日先行返国,海军的四艘小舰已划归哈尔滨吉、黑江防司令部)。海参崴代将处的撤销,标志着中国在西伯利亚的驻军已由先前的两种使命重新转变为单一保侨。

考虑到"海容"号驻崴已二年,"舰底冻搁受损,舰长、兵士备受辛苦"[1],1920 年 11 月,北洋政府派"永健"舰前往换防。11 月 20 日,"海容""永健"举行了交接仪式,当晚,"海容"舰离海参崴回国。由此,中国军队在西伯利亚最后一段时间的护侨全部是由"永健"舰承担的。

"永健"舰的主要保侨活动是以继续疏散庙街、库页岛难侨及运送华侨资产为中心的,在"永健"号的积极抢运下,许多侨商的财产顺利地转移回国内,大大减少了旅居庙街华侨的损失。在圆满完成这项任务以后,1921 年春,"永健"舰离开海参崴归国。为期三年的中国在西伯利亚的军事护侨行动至此终结。

二

与军事护侨行动互为表里,北洋政府在派兵境外保侨的同时,还积极开展领事外交护侨工作,即向俄国首都莫斯科和所有华侨人口较多的西伯利亚中心城市派驻领事,通过领事馆与所在国和当地政治势力之间的交涉与协调,来维护华侨的政治、经济利益。

早在 19 世纪初,各国间相互派遣领事、设立领事馆就已成为外交惯例,它是一个国家保护本国侨民的一种主要手段。但因清政府及随后的民初北洋政府对此认识较晚,加之沙俄政府意在阻挠、不予响应,因此直到 1917 年,在整个俄罗斯境内中国只设立了伊尔库茨克、海参崴两个领事

---

[1] 《申报》1920 年 12 月 7 日。

馆。因领事馆少，而中国侨民在俄居住和活动区域又相对广阔，致使广大华侨在人身和财产受到俄方侵扰时，常常是千里跋涉寻找领事馆，甚至不惜冒生命危险，越境回国控诉。这一方面给广大华侨生活带来严重不便，同时由于信息不灵，中国政府交涉滞后，国家根本无力担负起护侨重任，大大影响了中国的国际声望。为了改变中国在俄缺少领事馆的状况，提高中国外交护侨功能，1917年12月，卢照耀、达顺明等一批旅居莫斯科的华侨商人致函北洋政府，呈请增加在俄领事馆的设置。因北洋政府此时尚在观察俄国政治走向，并且在以后的一段时间内又忙于军事护侨，所以对于增设领事馆的请求迟迟不予答复。在这种情况下，1918年11月30日，莫斯科的华侨联合推举华侨总会副会长刘雯（吉林人）作为莫斯科、彼得堡两地的华侨代表前往北京，到外交部面递请愿书，敦促北洋政府接受华侨意见，尽快在莫斯科设置领事馆。同时表示旅俄侨商愿意承担领事馆的开办费及两年的常年经费。华侨的殷殷期待感动了北洋政府，1918年12月4日，北洋外交部宣布在莫斯科设立总领事馆，并在同年12月10日委派原驻俄大使馆三等秘书陈平担任总领事前去莫斯科开馆。

中国在莫斯科设领的消息传到西伯利亚后，当地的许多华侨亦仿效莫斯科华侨致函中国驻海参崴总领事馆，请求扩大设领城市。1919年2月16日，驻海参崴总领事邵恒睿在综合了华侨的意见后致电北洋政府外交部，提出在黑河（布拉戈维申斯克）、伯力、鄂木斯克增设领事馆；在庙街、双城子、赤塔增设副领事职务。随后，资深外交家、前驻俄公使时任驻海参崴中国军事交涉员刘镜人也致信外交部，刘镜人在信中指出：国家在内开展实业有拓殖部，在外拓展实业即为设领事，"籍华侨之力以维国权"。而今在俄"华侨生命处在风雨飘摇之中，求庇不得，欲呼无门"，其原因非为"领事坐视不管，实属领事馆少，领事遥顾为难，鞭长莫及"。①因此，必须尽早扩大在西伯利亚地区的领事馆设置，以保侨护商。接着，外交部前驻哈尔滨交涉员李家鳌也向北洋政府提出了同样的建议。

1919年3月1日，北洋政府外交部同意在西伯利亚地区先行增设鄂木斯克、赤塔两处领事馆（国务院3月7日批准）。出于慎重原因，外交部

---

① 《中俄关系史料·出兵西伯利亚》（一般交涉卷）台湾"中央研究院"近代史研究所1960年本，第34页。

于 3 月派人到西伯利亚展开调查，进一步征询华侨及伊尔库茨克领事馆的意见。在确认增设领事馆系广大华侨的一致呼声后，1919 年 4 月 17 日，北洋政府批准在黑河（布拉戈维申斯克）增设总领事馆；在伯力、庙街、双城子设置副领事。不久，一批熟悉俄国事务的外交人员陆续离开北京，前往上述城市就职、开馆（4 月 22 日，驻鄂木斯克总领事范其光到任；7 月 14 日，驻伯力副领事权世恩到任；9 月 4 日，驻黑河总领事稽镜到任）。西伯利亚 6 座城市中国领事馆的增设使中国近代对俄领事护侨工作进入了辉煌时期。

概括地说，驻西伯利亚各领事馆的护侨工作主要涉及以下几方面：

第一，积极保护广大华侨的财产权、生存权。本来，1917 年十月革命之初，因新政府实行废除旧币、限制兑换新币政策已经使华侨数十年积蓄大部分变成废纸，蒙受了巨大损失，而 1918 年苏俄政府在经济上全面推行"官产主义政策"后，又将华侨大商人的所有动产、不动产一律视为地主财产，没收充公，如阿穆尔州将华商德发和等 18 家商号的 5000 普特面粉，1.5 万普特小麦充公；对被允许营业的华侨小商贩新政府又实行歧视性高税限制，其税额"高达革命前数百倍"。如"稍有不满或抵制者，一律逮捕判刑"。以致华侨无法继续在此居住生活。对此，邵恒睿、稽镜等领事积极同当地政府进行交涉，代表中国政府反复申明华侨资产不能视为地主财产，它是华侨含辛茹苦、个人奋斗的果实，华侨的活动是中俄两国人民友谊的体现，逐渐地使俄国新政府对华侨、侨资、侨产有了一定的理解，不久就部分地放弃了排斥华侨政策，陆续发还侨产，释放被捕华侨，允许华侨在一定范围内从事工商业活动。

1918 年后，对旅俄华侨生命财产构成的最大威胁，分别来自于土匪袭击和日本军队骚扰。如 1921 年初，双城子华侨被土匪靠山一次绑票 40 余人；1919 年 8 月 1 日，谢苗诺夫匪帮在大乌里车站劫侨商 73 人；1919 年日本军队袭击庙街，华侨被杀 70 余人。考虑到中国驻兵多集中于海参崴附近，无法也不可能分散到各城保侨，华侨的保护更多地要依赖于其自身的力量，各地领事遂借鉴国内商会设立商团的做法，协助华侨联合会成立准军事性武装团体——商团来保商护侨。在成立商团过程中，个别领事还专程回国为其购置枪支弹药，这种华侨商团在西伯利亚一直存在到 1923 年。

第二，护送华侨回国。在 1918—1921 年的西伯利亚战争中，军事冲突持续时间最长，战斗最为激烈的地区是伊尔库茨克—鄂木斯克一线。持续不断的战争使生活在这里的 30 万华侨在 1918 年初缺衣短粮，难以生存，大多数人要求回国。当时，鄂木斯克和伊尔库茨克两城通往外地的火车已经停运。为使华侨早日脱离险境，伊尔库茨克总领事馆人员分别冒险前往莫斯科和哈尔滨，联系调运火车。当联系到的车皮到达伊尔库茨克后，领事馆为保证火车能顺利到达满洲里，遂派专人全程护送、押运。据不完全统计，仅在 1918—1919 年间就有 3 万名鄂木斯克、伊尔库茨克华侨乘领事调运列车返回国内。

第三，协调华侨内部纠纷，促进华侨群体的团结。虽就总体来说，俄罗斯西伯利亚地区的华侨主要来自于山东半岛，但有 10% 左右的俄罗斯华侨是由河北、东三省、广东、江苏移民构成的；就是纯粹来自于山东半岛的华侨也还有府籍、县籍的区别，即荣成籍、黄县籍、蓬莱籍、掖县籍等。这些来自于不同地方的侨民因语言和生活习惯的差异在同一侨居地往往不能和谐相处，经常因居住区域、市场占领等原因产生矛盾，严重者甚至发生群体械斗。这种情况不仅干扰了华侨社会的正常生活，也损害了中国人在当地的声誉。为了克服这些现象，增进华侨之间的团结，各地领事通过组织华侨联合会、华工协会等社团形式，将来自不同地方的华侨领袖人物集结在一起，让他们在共同的工作和社会活动中增进友谊，消除狭隘的地域观念，形成大华侨概念。从此，在西伯利亚华侨社会中原有的以出生地为集合体的地缘帮派系统逐渐被打破，形成了一个以业缘为纽带的横向交叉的开放性社会。

<h2 style="text-align:center">三</h2>

北洋政府在西伯利亚护侨活动的第三个方面是动员、鼓励民间机构深入西伯利亚配合政府接济、运送难侨。具体的典型事例有以下两个：

第一，戊通公司两次赴庙街接运难侨。1919 年以后，位于黑龙江入海口附近的庙街（尼古拉耶夫斯克）曾两度成为苏俄红军与日军争夺的要点。为救护处于战火中的庙街华侨，北洋政府除派遣小型舰队来此外，另请求民营戊通公司派船协助。戊通公司是当时东北最大的一家民营航运公司，承担着松花江、嫩江、乌苏里江、黑龙江四个航运线的运输，业务十分繁忙。但戊通公司能舍弃暂时的经济效益，以国家和民族利益为重，不仅欣然同意调船去庙街，而且决定调公司最先进的进口轮船"南翔"号前往，以确保按期到达和返航。1919 年 9 月 9 日，"南翔"号离开哈尔滨，船上载满了吉林人民捐赠给侨胞的面粉，戊通公司总理谢霖亲自同船护送押运。9 月 30 日抵达庙街。在装载了 2000 多名华侨后，"南翔"轮与所带的两只拖船于 10 月 9 日返航，10 月 29 日抵达伯力。[①] 船上侨民转乘其他船只沿松花江回到哈尔滨。"南翔"轮由伯力上溯，准备去黑河接运难侨，为谢苗诺夫白军阻止。11 月 9 日，"南翔"轮在白军炮击下，受重伤失去航运能力。戊通公司为此损失巨大。

1920 年 3 月，日军袭击庙街，华侨死伤惨重，商会会长亦中弹身亡。为转移难侨，中国驻海参崴总领事馆出面雇小帆船将 5000 名华侨运至庙街附近的麻盖村临时避难。戊通公司得知这一消息后，于 1920 年 7 月再派"绍兴""海城"两轮船前往接运。当船行至伯力时，被俄国官员阻止。无奈，两船只好在此等待。由中国领事馆雇俄国船将愿到哈尔滨的 2000 名难侨运至伯力。8 月 8 日，2000 名难侨由伯力登"绍兴""海城"轮进入松花江。8 月 18 日，两船同时返回哈尔滨。

戊通公司两次派船去俄，运回难侨 4500 人。

第二，哈尔滨红十字会接济伊尔库茨克华工、华商。前已述及，为了救护"回国无资、生活无力"的伊尔库茨克、鄂木斯克华侨，伊尔库茨克中国总领事馆曾回国调动车辆，接运华侨，但因战火不断，接运能力毕竟十分有限，大批华侨一时还要继续留在当地。对于这些难侨，中国政府采取粮食救济的方式，由中国红十字会委托吉林分会落实。1920 年 5 月，哈尔滨红十字会请示吉林督军公署，由公署参议陶殿魁上校出面代表哈尔滨红十字会从哈尔滨总商会赊垫面粉十车皮，价值大洋 3.3 万两。6 月，面粉运往西伯利亚。当运至乌兰乌德时，遭土匪抢劫。至伊尔库茨克，再次遭抢，只发放两车皮面粉，共接济伊尔库茨克难侨 4200 人。其余 8 车皮面粉运到莫斯科，救济了一大批莫斯科和彼得堡的难侨。[②]

此外，吉林商人于衡湘在 1920 年初曾代表吉林省红十字会组织旅行救护团赴赤塔和布拉戈维申斯克救助难侨。

综上事实说明，1918—1921 年北洋政府在俄罗斯西伯利亚护侨活动的

① 中国近代史资料室编：《中俄关系史料·东北边防（二）》，第 734 页。
② 《中俄关系史料》（一般交涉卷）台湾"中央研究院"近代史研究所 1960 年本，第 111 页。

内容是十分丰富的，它充分体现了祖国人民对广大海外侨胞的深切关怀，进一步沟通了祖国与俄罗斯华侨之间的血肉联系，为中华民族赢得了国际声望，因此值得我们认真加以总结。

本文原载于《华侨华人历史研究》1998 年第 3 期

第二部分

新中俄关系和"一带一路"
倡议下的华侨华人

移民网络、本土化适应与
俄罗斯华商新移民
——基于莫斯科的实地分析

于　无愧涛*

【摘　要】本文以实地调查资料为主，借鉴移民及海外华人研究中的移民网络和本土化理论视角，分析阐述了俄罗斯华商新移民的形成与概况、华商移民网络及其特征和作用，以及华商的本土化调适与融入。认为华商移民群体不断扩大与发展，首先依靠的是移民网络。这种移民网络不仅构成了一种迁移链，同时也是华商创业重要的社会资本。俄罗斯华商为适应当地的经营环境，在经营模式、经营策略和本土商业销售网络构建三方面采取相应的本土化适应方式。这些本土化适应方式有利于华商在经济层面的融入，但在社会和文化方面则仍然面临着融入的困境。

【关键词】移民网络；本土化；华商；新移民；社会融入；莫斯科

一　研究对象与文献回顾

20 世纪 70 年代末开始的中国改革开放，使得国人逐渐走出国门，并形成了持续的出国热潮。迄今为止，这部分移民已构成了数量可观的海外华人群体，并被学术界称为"中国新移民"。① 同老移民相比，新移民的移

　　* 本文系国家社科基金一般项目"跨国华商与'一带一路'战略下中俄商贸网络构建研究"（16BMZ127）阶段性成果；受哈尔滨工程大学中央高校基本科研业务费专项（HEUCF20161302）资金资助。
　　作者简介：于涛：哈尔滨工程大学人文社会科学学院副教授。
　　① 　关于中国新移民的概念，学术界有不同的看法。厦门大学庄国土教授认为，中国新移民是指 20 世纪 70 年代开始的不仅包括中国大陆也包括海外的华人移民，参见庄国土《论中国人移民东南亚的四次大潮》，《南洋问题研究》2008 年第 1 期；华侨华人历史研究所张秀明则认为，中国新移民是指改革开放后移居国外的中国大陆公民，参见张秀明《国际移民体系中的中国大陆移民——也谈新移民问题》，《华侨华人历史研究》2001 年第 1 期。本文主要研究中国大陆的新移民，因此借用后一种概念。

民形式更加多样化,以探亲、留学、技术、务工、经商等不同形式进入迁移国;分布范围更为广泛,除了传统的华人移民聚集地外,欧洲地区也成为一个新的集中迁移区域,此外,在一些新兴国家和非洲地区也出现大量中国人的身影。本文以俄罗斯华商新移民为研究对象,这一群体是在 20世纪 80 年代末 90 年代初陆续进入俄罗斯境内的,早期被称作"倒爷",他们手拎肩扛中国商品进入俄罗斯进行销售,并经常在两国之间进行往返性活动。后来,随着专业物流公司的出现,很多人就留居当地。由于俄罗斯较为排外的民族特性和移民政策,他们很难取得当地的移民身份,大部分人还以销售中国商品为生,并与国内保持着紧密的经济和社会联系。

目前,学术界较多关注的是传统中国移民聚集地如美国和东南亚地区的华人,对俄罗斯华人的研究则涉及较少[①],更少有对华商新移民群体进行的专门性学术研究。在既有的研究中,较早对从事中国商品贸易的新移民进行探究的是厦门大学的李明欢教授,她通过文献和实地调查详细描述并分析了在苏联(俄)及东欧地区被称作"倒爷"群体的产生、变迁及未来发展,使人们对华商新移民的早期状况有了一个全面细致的了解。[②] 聂保真采取人类学田野方法,对在俄罗斯和匈牙利的华商移民群体的族群经济和跨国实践等问题进行了深入分析,并指出华商新移民实际上是一个跨国的"中间人少数族群"。[③] 此外,还有一些深入"倒爷"群体进行调查访谈的纪实性著作。[④] 总体来说,相关研究更多涉及的是华商的早期历史和状况,并将其置于整个东欧的新移民范围内进行探讨。如今,这一群体已发生了一些变化,他们更倾向于扎根于所在国家和地区,因此也需要在一定国别范围内对华商新移民进行实地考察研究。

笔者于 2012 年 3 月至 11 月和 2014 年 3 月至 4 月两次到俄罗斯首都莫

---

① 《华侨华人历史研究》2005 年第 2 期曾刊发了有关俄罗斯新移民的系列文章,包括:〔俄〕A. 拉林著,阎国栋译:《俄罗斯华侨历史概述》、〔俄〕弗拉基米尔·波尔加可夫著,陈小云译:《俄罗斯中国新移民现状及其课题研究》及邓兰华、张红:《俄罗斯华侨华人与俄联邦的移民政策》,这些论文较为全面地讨论了在俄中国移民的情况。

② 李明欢:《欧洲华侨华人史》,中国华侨出版社 2001 年版,第 542—546 页。

③ Pál Nyíri, Chinese in Eastern Europe and Russia: A Middleman Minority in A Transnational Era, London: Routledge, 2007.

④ 如叶朗的《1992 年秋俄罗斯印象》、徐江善的《寻梦俄罗斯》、张雅文的《玩命俄罗斯》和旅日华人作家莫邦富的《拼着》等纪实文学书籍,对"倒爷"的生存状况有着翔实生动的描述。

斯科，深入到华商的经营场所进行实地调查，进行参与式观察，一般访谈
了上百位华商，深度访谈了十几位华商①。本文主要以实地调查资料为主，
借鉴移民及海外华人研究中的移民网络和本土化理论视角，对这一群体的
生存状态和创业策略加以探究。移民网络是近年来对移民产生及持续发展
动因和机制解释力较强的一种理论，最为适合解释中国人的向外迁移和机
制。而本土化则是探究移民如何调适行为适应新环境，与当地经济社会文
化逐步融合的一种分析视角。两种视角并不矛盾，可以相互补充，用来更
全面地分析海外华人的迁移与生存。通过这种探讨，期望能对中国新移民
在海外的生存适应等问题的探讨有所裨益。

二　华商新移民的形成与概况

中俄虽然互为最大邻国，但由于 20 世纪 60 年代中苏关系紧张，两国
之间中断了人员往来。直至 20 世纪 80 年代初，中苏关系逐渐缓和，两国
边贸重新开始，这时在苏（俄）方的边境城市才陆续出现少量从事商业活
动的中国人。苏联解体、中俄关系逐步正常化后，进入俄罗斯境内做生意
的中国人开始逐步增多。这主要是由于继承苏联主体的俄罗斯联邦实施一
系列"休克式疗法"的改革，造成物价飞快上涨，原本就较为短缺的食
品、服装等物品价格越来越昂贵，而此时的中国正在实施市场经济改革，
很多人看到俄罗斯食品和轻工业品极为缺乏并有赚钱机会，就"下海"从
事商业，寻找各种机会进入到俄罗斯境内。这一时期的绝大部分中国人，
包括留学生甚至那些持有短期旅游护照的游客，都在俄罗斯从事商贸活
动。这些早期在俄罗斯从事商贸的中国商人被称作"倒爷"。随着中俄民
间贸易的不断发展，这种"倒爷"式个体行为的跨境贩运，逐步向组织
化、规模化过渡。开始，这些"倒爷"自己背货乘火车往返于中俄之间，
贸易数额小、信誉差，发展到后来，国内有实力的大企业以相当多的资本
大规模运作，并进行采购、运输、清关和分销等专业化的分工合作。② 在
中俄两国，大量的贸易物流公司相继成立，不仅要组织货物的运输，最重
要的是还要负责通关。适应这一新的变化，很多"倒爷"成了当地的"坐

---

① 文中访谈华商真实姓名用英文字母代替。
② 李明欢：《国际移民政策研究》，厦门大学出版社 2011 年版，第 289 页。

商",他们不再奔波于中俄两地,而是专门在莫斯科负责接收、批发货物。与此同时,相对于原来"倒爷"流动性较大的特点,华商也开始寻找一些固定的经营场所,如在莫斯科形成了若干个华商相对集中的市场。① 笔者的田野调查也是在大市场中进行的。

市场一般是中低档日用消费品的主要批发渠道。在市场中经营的商户不仅有中国人,还有俄罗斯当地人、加盟共和国和原独联体国家的商人,越南人也不在少数。市场实质上是多个族群共同汇聚的场所。中国商品由于质优价廉深受当地人的喜爱,特别得到俄罗斯及其周边国家底层群众的青睐,因此华商在市场中占有重要地位。市场上每天都有大量来自莫斯科周边、俄罗斯其他城市和一些原独联体国家的采购者。莫斯科的商业虽已相当发达,但形式还比较原始,各国商品就是通过这样的场所和渠道,通过这样一个庞大的商业网络销往俄罗斯各地和独联体各国。市场实质上是全球化的场域,进行的是区域化经济贸易,但形成的是没有发达国家而是由发展中国家参与的低端全球化的经济贸易体系。

在大市场中的中国人,主要来自国内几个区域,并以地域为纽带形成几大帮。如早期主要以北方人为主,北京人、东北人和内蒙古人较多,称为"北京帮"和"东北帮"。目前,莫斯科华商"北京帮"的人数虽然有所减少,但河北的华商人数却显著增加,实力不可小觑。因为地缘的原因,"东北帮"人数仍然较多。20 世纪 90 年代中后期,南方商人开始增多,特别是温州商人和福建商人人数增长较快,形成了"温州帮"和"福建帮",四川的商人也形成了一定的规模。中国南部地区经济较为发达,南方人观念新、信息灵通、管理水平高,此外,南方工业发达、生产成本低、产品销量大,在市场上已占有重要地位。

在莫斯科大市场经商的中国人到底有多少,很难进行统计调查,也没有一个准确的官方数字,因为这一群体流动性很大,很不稳定,他们大部分办理的签证都是短期的,每隔一段时间都要返回国内。据笔者在莫斯科

---

① 从 20 世纪 90 年代中期开始,中国人就开始聚集在一个被称为一只蚂蚁（Измайловская）的集装箱市场。"一只蚂蚁"市场是指在莫斯科市区东部的"Измайловская"地铁站附近的一个市场,中国人习惯地铁站的名称来称呼。2009 年,俄罗斯总检察院调查委员会和莫斯科政府以商品不合法、市场卫生条件恶劣为由,关闭了"一只蚂蚁"的集装箱大市场。之后,华商又开辟了一些新的市场,主要有莫斯科东南部留步利诺（Люблино）地铁站附近的莫斯科商贸中心和不远处的萨达沃市场（Садовод）。

市场调查和访谈的一些常年在市场中的商人估计：莫斯科华商最多时有 10万人左右，2009 年"一只蚂蚁"市场关闭后，约三分之二的华商返回国内，虽然新市场开放后又有一些人返回，国内又有一些新华商加入，但也达不到 5 万人。[①] 近两年俄罗斯经济形势较差，华商新移民的数量总体上在不断减少。

在大市场中的华商可被分为从国内获取货源和代卖他人商品的两类商人。围绕着这两类群体又形成了各种服务业：为华商货物运输和存储提供服务的各种物流和储运公司；为华商餐饮和住宿提供服务的各种档次的中餐馆及宾馆也分布在市场周围；为华人办理签证、身份、机票购买和咨询的各种中介服务公司；提供信贷、外汇兑换和向国内汇款等方面金融服务的非正规华人中介公司；还有专门提供通信服务的通信公司；为丰富中国人文化生活而兴起的华文媒体和报纸；等等。总之，中国人的各种需求在这里都会得到满足，除了周围生活的更多是外国人，其余的跟国内没有太大的差别。

三　华商移民网络及其作用

在人口迁移及移民研究的相关理论中，"推拉理论"认为，人口最初的迁徙是由于迁出地的"推力"和迁入地的"拉力"共同作用所致。那么，移民行为产生后，是怎样的力量促使这种行为持续下去？近年来兴起的移民网络理论对这一问题进行了较好的解释。移民网络指先行移民与故乡的后来者所具有的各种纽带关系的组合，这种组合包括亲人、朋友以及基于亲情、友情所建立起来的种种联系。移民网络被认为是一种社会资本，移民信息可以通过移民网络更准确、更广泛地进行传播，这种社会资本能为移民提供各种形式的支持，如助人钱财、代谋差事、提供住宿等，这就降低了移民的成本和风险，从而不断推动跨国移民的产生。[②]

移民网络学说突破了传统移民理论过于看重经济、政治等因素对移民的影响的桎梏，而强调社会关系对移民的作用。中国人最为重视的就是关

---

① 2012 年 5 月 20 日笔者在莫斯科留步利诺市场对老 H 的访谈。
② ［俄］华金·阿朗戈：《移民研究的评析》，黄为葳译，《国际社会科学杂志（中文版）》2001 年第 3 期。

系，因此移民网络理论对华人海外迁移的解释也是较为恰当的。近代华人的移民模式，已被学术界称为是利用家族关系、地缘关系等社会资本移民的"链式移民"。① 中国福建、广东、江浙一带大量侨乡的出现也验证了这一理论。

（一）华商迁移链的形成

莫斯科华商群体的雏形是 20 世纪 80 年代末随着中苏关系正常化早期到来的留学和公务人员。② 他们看到当地极其缺乏食品和一些轻工业品，中国物品出售给俄罗斯人时利润出奇得高，每次回国后都带中国商品卖给当地人。尝到甜头后，他们就把信息传递给国内的亲属、同学、朋友，这种信息在社会网络传播下不断经过渲染放大，产生了一种巨大的吸引力。此时，国内改革正在逐步深入，一些政府机关人员下海经商，国企的一些富余人员和下岗职工也开始要寻找新的生存机会。他们亲耳听到或亲眼看到很多人在俄罗斯赚到了大把钞票，也都跃跃欲试，于是利用各种关系进入俄罗斯，手提肩扛中国商品进行销售，这就是早期的"倒爷"。后来，由于中俄"倒爷"式的民间贸易遇到了一些问题，有的人回国了，有的人去其他国家了，还有很多留下来，开始寻找固定场所长期经营。随着生意的逐步稳定和扩大，他们自己忙不过来时，就把家人亲属等带过来帮忙。同时，在他们的劝说和示范下，很多老乡和朋友也都过来了，这些亲属、老乡、同学又去告诉他们的老乡和朋友，一拨人带动另一拨人。就这样，靠着熟人的介绍和带领，凭借着人际关系链，越来越多的中国人陆续来到俄罗斯经商赚钱，迁移网络得以形成，华商群体不断得到补充和更新，在俄罗斯的中国人规模也不断扩大。

中国人较为重视家族、地缘等初级群体的关系，从自己生活熟悉的地方迁移到一个陌生的地方，特别是去异国他乡经商赚钱这样的大事，一定需要熟人的介绍和帮助，因此，在这种初级关系基础上形成的移民网络，对华商的迁入及最初适应异国环境是极其重要的。如前所述，笔者在莫斯科市场的调查显示，华商根据国内来源地不同形成了几大帮，即根据不同

---

① 张国雄、周敏：《国际移民与侨乡研究》，中国华侨出版社 2012 年版。
② 邓兰华、张红：《俄罗斯华侨华人与俄联邦的移民政策》，《华侨华人历史研究》2005 年第 2 期。

地域形成的迁移网络。大市场中，福建和温州帮商人较为典型，他们基本都是来自温州或福建的一个地区（如福建福清）或者邻近的一些乡村，或远或近都有亲属关系，有的整个村子都是一个姓氏，都属于一个宗族。一个村的某几个人先来到莫斯科，觉得有钱可赚，回去后把消息传遍整个村子，逐渐地，整个村子的人都迁移过来了。来到莫斯科后，他们就以家族和地缘关系为基础形成了一定的社会关系网络，又源源不断地从国内带来新移民。

（二）移民网络对华商的作用

俄罗斯华商移民网络，对华商迁入及初期的生存具有重要作用，具体表现在以下三个方面。

第一，入境签证办理。进入俄罗斯，必须要办理相应的入境签证。俄罗斯对外来移民限制较严，外来人口很难取得当地移民身份，因此大部分华商办理的都是短期签证，如商务、劳务和旅游等类型。而办理签证必须要联系俄罗斯的移民部门，大部分中国人俄语语言能力较差，沟通困难，更不熟悉俄方烦琐的办理程序，因此极少亲自去办理，大都找中国人的签证公司。现在，无论在国内还是在莫斯科，中国人开办的签证公司都较多，他们比较专业，跟俄罗斯移民部门经常打交道，建立了一定关系，比个人成功率高。但华商在寻找签证公司时，也要找自己熟悉和认识的签证公司或个人，这样办下来的成功率较高，也可以减少一些纠纷，如果是亲属、老乡就更好了。如调查对象小 C 就告诉笔者："我每次来莫斯科都在一家签证公司办理，跟他们很熟悉了，办下来的成功率也高，过一段时间我舅舅要过来，我让他也找他们办。"① 正是通过这种移民网络，华商才能顺利办理入境签证，取得入境和在当地居留的合法身份。

第二，寻找住所。来到异国他乡，首先得解决住宿问题。这方面也需要充分利用乡土关系。在莫斯科经商的中国人，很少有定居打算，他们一般都是承租公寓或民宅。因为公寓和民宅都比较贵，较少自己承租，一般都是合租。合租对象也一定要找中国人，不会和当地人共同住，也不会和在市场上做生意的其他国家的人合租。这主要考虑的是安全问题，因为当地的治安状况并不是很好，特别是市场附近，经常会有一些针对中国人的

---

① 2012 年 10 月 20 日笔者在莫斯科萨达沃市场对小 C 的访谈。

抢劫事件。一般来说，华商首先考虑的是自己的亲属、老乡和朋友，认识的人信任度较高。如笔者居住的温州商人阿B那里，他们都是有亲属老乡关系的人共同承租一处住所，一般都是做季节性生意的，生意结束后就要回国。这时，国内就会有做另一季节生意的亲属或老乡过来，他们就住在这里，生意结束后，他们再回国，第二年到季的时候，原来那些人就又回来，又住在这里。他们就是靠着这样的一种亲属老乡网络来共同承租住所。

第三，最初创业资本的形成。移民网络不仅在人口迁入前、迁入过程中起着重要作用，同时还为迁入后移民的生存和发展提供重要的社会资源支持。刚刚来到俄罗斯的华商，他们面临着新环境，特别是处在转型期的俄罗斯各种制度不完善，经济形势也不稳定，经常大起大落。如何适应这种环境，获得创业的第一桶金，还需依靠以乡土关系资源为基础的移民网络，这也是中国人适应新环境最重要的策略和方式。如温州商人阿B家庭的经商最早是由他的父亲和叔叔开始的，后来他的父亲回到国内，他的叔叔留在莫斯科。随着生意的扩大，他的叔叔与他们家分开了。他的姐夫就过来了，并找到了同乡阿H一起合作，阿H在莫斯科待的时间长，俄语好，社会交往能力强。2011年时，阿B大学毕业，国内也没有什么好的工作机会，就来到莫斯科。他的父亲在国内进行产品生产、发货，他和姐夫在莫斯科。因此，阿B家正是靠着亲属同乡的资金基础在莫斯科开始创业的。

华商移民网络具有以上作用的同时，还有自身的特征，主要表现在以下几个方面。

首先，华商的移民网络是一种商业信息网络，首要传递的是商业信息，商业利益因素在其形成过程中起着决定性作用。华商群体的最早形式是中俄"倒爷"，移民网络的主体是商人，迁移的主要目的是实现商业利益，受迁移国经济及其相关政策变化影响较大，迁移人流不稳定，时增时减。本文调查的莫斯科华商群体也经历了俄罗斯几次大的经济危机和政策变动，人员流动较大。最近一次大的变化即发生在2009年"一只蚂蚁"市场关闭后。一些华商回忆："刚搬入新市场时，大量的箱位都是空着，很多华商都返回了国内，但后来随着市场的稳定和经济形势的好转，国内很多人听到消息后又返回来了，箱位又开始紧张了，一些年轻人和第一次来的新商人开始增多。"① 因此，这种移民网络实际上就是一种商业网络，更多传递的是商业利益和机会信息，华商会根据这些信息理性判断局势，做出是否迁移以及回流的决定，相应的迁移网络也会随之扩大或缩小。

其次，这种移民网络是双向的，不仅有利于刚刚到来的新华商尽快适应新环境，同时也为先来一步的老华商提供重要的社会资源支持。移民网络理论更多强调移民的累积性效应，认为先前的移民所具有的资源为后来移民提供一些必要的帮助，如在迁移之前为其提供迁移地信息，在迁移之时为其办理入境手续及提供住宿，在迁移发生之后帮助其获得最初生存资源。但本文对莫斯科华商移民网络的研究发现，实际上这些后来移民也成为先来者重要的社会资源和资本。如以上所列举的温州商人阿 B 在经商过程中碰到的同乡阿 H，比他们先来一步，较为了解市场经营规则，但是他没有资金。通过与阿 B 家共同合作，他也获得分红，先到者阿 H 通过与后来者的同乡阿 B 家合作来达到创业目的。社会关系网络是一种资源和资本，体现着一种信任关系。因此，华商更愿意寻找自己信任的人进行合作。中国人最信任的就是自己的亲属、老乡和朋友，自己过来后，逐渐也把自己的亲属、老乡都带过来作为帮手或者合作伙伴，共同经营应付不稳定的经商环境。这种移民网络也能为先到一步的移民提供社会资源支持。

再次，华商的移民网络与其跨国性特征紧密相关，并有利于实现其跨国化生存。跨国性是指华人在祖籍国与移居国之间形成并维持多重社会关系的过程。② 本文所研究的俄罗斯华商新移民的显著特征即是并不以定居为目的，而是一批跨国创业者，经常往返两国之间，跨国性特征明显。而华商的移民网络把国内与作为创业场的莫斯科市场紧密联系起来，实际上也提供了多种选择机会，华商可以在网络的两端进行自由的迁移，构建自我和家庭的跨国商贸网络，同时根据两国环境的变化进行未来事业的筹划。如华商阿 B 的父亲最早来到莫斯科，后来又将阿 B 和他的姐夫带过来，他回到国内投资建立工厂，年轻人阿 B 就留在莫斯科进行商品销售，阿 B 的父亲在国内管理工厂进行商品生产和运输，形成跨国经商网络。阿 B 也多次表示，如果这边生意不行，国内有更好的机会，他就回去。因

---

① 2012 年 8 月 6 日笔者在莫斯科留步利诺市场对小 D 的访谈。
② 刘宏：《战后新加坡华人社会的嬗变》，厦门大学出版社 2003 年版，第 217、236 页。

此，华商的移民网络也是一种跨国网络，华商在网络中的不同结点间可以实现资源的传输和转换，有利于实现其跨国化生存和跨国生存空间的形成。

四 华商的本土化调适与融入尝试

在海外华人研究领域，本土化更多指向的是文化和族群方面，如提出的"同化""涵化""族群认同"等概念。[①] 华商新移民不仅利用自己在家乡社会所形成的各种关系资源在莫斯科创业，同时还为适应当地的经营环境采取本土化努力。在移民及海外华人研究领域，本土一般指移民所到达的移居地，本土化则指移民因适应移居国社会自身产生的一系列调适与变迁。[②] 本文的本土化适应是指华商为实现创业目的适应俄罗斯经济社会环境和特征而相应采取的一系列经济调适行为策略以及为融入当地社会而进行的一些尝试。通过这些本土化努力，他们在不稳定的俄罗斯经济社会环境下才能更好地生存与发展。

（一）华商的本土化调适

华商为适应当地经商环境，在经济方面采取的本土化措施主要表现在以下三个方面。

第一，经营模式的适应。俄罗斯正处于经济社会转型时期，市场体制不完善，因此必须要依据当地特点选择合适的经营模式。当前，华商仍主要在俄罗斯的"大市场"进行中国商品的批发零售，在其中进行的是一种被称作"跨国直销"的经营方式，实质上是中俄民间贸易的一种形式，即由中国商人或公司通过某种方式进入俄罗斯，从中国发货，由专门的物流公司运输通关，自己在俄接货，在当地寻找销售点自己销售的商业模式。这是一种不通过外国中间商或者注册公司直接在海外市场销售商品，是将进出口业务与海外市场营销融为一体的商贸形式。[③] 这种方式是苏联及东

---

① 陈志明：《迁移、家乡与认同——文化比较视野下的海外华人研究》，段颖、巫达译，商务印书馆 2012 年版，第 24—28 页。

② 任娜、刘宏：《本土化与跨国性——新加坡华人新移民企业家的双重嵌入》，《世界民族》2016 年第 2 期。

③ 宋晓绿：《跨国直销：对俄贸易值得探索的一种形式》，《东欧中亚市场研究》1998 年第 5 期。

欧一些国家特有的一种贸易形式，这些国家在转型过程中还未建立起类似于美国等发达国家的市场经济体制，外国商品可以直接进入其市场，不需要任何中间商。中国商人在俄罗斯的跨国直销经营方式就是应对当地市场的特点而产生的，不仅作为中俄民间贸易的一种方式存在，同时也是华商新移民为适应俄罗斯经济市场体制而采取的一种经营模式。

第二，经营策略的选择。大市场的经营模式在某种程度上是一种非正式的经商贸易方式。苏联解体后，由于市场制度和相应的法律制度不完善，俄罗斯经济社会转型过程中的"影子经济"或"灰色经济"问题较为突出，如大市场商品更多是以灰色清关进入的，没有合法的手续，但华商也无力改变这种状况，只能接受这样的贸易模式。如笔者调查的华商老 T 就表现出了一种无奈："商品虽然都是'灰色清关'进来的，但俄罗斯政府也允许，这种经营方式在这里就是合法的。你走正规清关了，你就吃亏，不但价钱高，而且俄罗斯海关效率非常低，三个月你的货也过不来，过来时你的货也过季了。"① 只要俄罗斯政府允许这种通关方式存在，"灰色清关"就不会绝迹，并且"灰色清关"要比用正常方式进入更有优势，商品进入的成功率也高。正是俄罗斯这样的一种经济和管理体制，使得华商只能采取非正式经营策略适应这种市场环境。

第三，与本土客户商业网络的构建。在莫斯科市场进行商品销售，必须要有稳定的商业客户，形成一定的商品销售渠道和本土商业网络。早期"倒爷"没有注重与本土商业客户的关系维系，销售了大量的假冒伪劣商品，造成了极为恶劣的影响。今天的华商已经吸取了相关经验和教训，开始极为重视与当地客户良好关系的维系以形成本土的商业网络。如在莫斯科经商较为成功的华商老 W 介绍说："我来莫斯科已经 20 多年了，现在已成立了自己的公司，并有了自己的品牌，我的商品已成为俄罗斯的名牌产品，还获得了俄罗斯展览会的一等奖。我跟俄罗斯人交往的经验就是一定要讲信誉，商品质量一定要严格把控。前不久，国内来了一批质量有问题的产品，我就赶紧停止销售并把已销售出的商品追了回来，给客户道歉赔偿。"② 总之，跟俄罗斯客户打交道，质量信誉是第一位的，在交往中不必

① 2012 年 6 月 3 日笔者在莫斯科留步利诺市场广场对老 T 的访谈。
② 2012 年 8 月 28 日笔者在老 W 莫斯科别墅中的访谈。

过多加入中国人的人情因素，要适应当地的交往文化，在双方互利的基础上建立良好关系，从而构建适应当地的商品销售网络。

（二）华商的融入尝试

华商来到莫斯科，主要目的即创业赚钱，他们每天的活动就集中在市场，很少有市场以外的活动。在市场中维护好同客户的关系，同客户有正常的商业往来即可，无需跟当地人进行更多的互动和交往。由于语言和文化的问题，大部分华商也很难走出市场，更不能与当地社会再进一步地进行族际互动，但也有一些早期到来的华商已经走出了市场，开始尝试进入当地社会。

如笔者调查的华商老 L，他的父母是新中国成立后在莫斯科工作的中国外事人员，他本人就出生在莫斯科，后来中苏关系紧张，他们全家都回国了。苏联解体后，两国关系改善，1992 年他又来到莫斯科，早期从事"倒爷"贸易，后来走出市场，在当地开了酒店和宾馆，生意很好。同时，他又通过一些老华侨的关系找到了莫斯科一家对华广播电台的工作，并打算办理正式的移民身份，可以享受到俄罗斯的各种医疗和养老等福利。在当地单位工作，可以很容易解决身份问题，不用害怕警察的盘查，同时也能认识和交往更多的俄罗斯人，拓展自己的经商空间，更好地在莫斯科发展，给自己提供更多的选择机会，有利于融入当地社会。

此外，还有个别华商与当地人结婚，这也是华商进行融入尝试的重要方式。与俄罗斯人结婚，很多人都是基于现实的考虑，即为了获得一个在俄的稳定身份，因为俄罗斯法律规定，与俄罗斯人结婚就可以获得长居权，可以获得正式的移民身份。有了当地移民身份，华商可以更方便地在两国往返从事相关活动，不会再被护照签证问题所困扰。与俄罗斯人结婚生活在一起，可以便利地学习俄语，而且方便了解他们的习俗和文化，更利于与俄罗斯人的交往，对加深两个国家人民深层次了解和互动具有重要意义。

客观地看，华商在融入的过程中面临着极大的困境，这源于俄罗斯民族和社会的排外性。从历史和文化方面看，俄罗斯民族在形成过程中形成了"俄罗斯是俄罗斯族人的俄罗斯"的民族主义观念，国家形成过程中并没有移民的参与，是一个非传统移民国家，对外来移民不欢迎，甚至在俄罗斯政坛有极为排外的政党存在，他们进行大量排外和排华的宣传。① 俄罗斯科学院远东研究所高级研究员拉林教授在俄罗斯人中进行了一次规模较大的对中国移民态度的问卷调查，调查结果显示，俄罗斯人对中国人的进入感觉到较大的威胁和恐慌，特别对从事商业的这部分移民是较为反感的，认为中国商人用便宜的商品妨碍了俄罗斯的经济发展，并逃避税收和关税。②

在此经营的华商对俄罗斯的这种排外性感受较为强烈。他们在这里经商和生活，但却感觉到俄罗斯人并不是十分欢迎他们。俄罗斯人口较少，缺少轻工业品，需要中国的劳动力和商品。但中国人来到之后，他们又感觉到一种威胁，认为中国人抢了他们的饭碗，赚了他们的钱，并夸大中国人在莫斯科的一些负面影响，在语言、行为上明显表现出对中国人的排斥，在遇到一些文化上的不同和冲突时，也不能以宽容的态度来对待，这进一步加剧了中国人只想赚钱不想融入的旅居心理。采取主动融入的华商只能是凤毛麟角。

从实际状况来看，大部分中国人只能在较为封闭的大市场中进行经商活动，而在大市场中虽然形成了一定的中国人社会，但这种社会与中国人在海外特有的"唐人街"集聚区是不同的，也很难通过这种方式融入当地社会。"唐人街"最主要的特征是有自己独有的金融市场、劳务市场和消费市场的保障，特别明确以民族消费市场为目标，是一个"民族经济聚集区"，华人是通过"唐人街"再逐步融入当地社会。③ 但在俄罗斯，政府立法明确禁止中国人聚居形成"唐人街"。虽然在市场上存在一个中国人社会，但这种社会也是较为分散的，并没有形成独立的经济社会体系。在此经营的华商，是和当地人以及其他国家的商人共同生活在一个区域中，商品销售和服务对象还是以当地人为主，而并不像唐人街那样是以华人为主，中国人社会也极不稳定。总体看来，对于第一代华商来说，他们很难真正融入当地社会。当然，有很多在这里出生或者很早就来到莫斯科的年

① А. Л. Ларин，Китайские мигранты в России: История и современность，М: Восток-Запад. 2009г。

② А. Г. Ларин，Китайские мигранты в России: проблемы адаптации и толерантности，Этнографическое обозрение，2011，No 2. C. 116-128。

③ 周敏：《唐人街——深具社会经济潜质的华人社区》，鲍霭斌译，商务印书馆1995年版，第252—253页。

轻一代，他们已经适应了当地的文化和生活，并能和俄罗斯人进行很好的交往，相反却不能适应国内的生活，这些新生代更喜欢在俄罗斯居住，也更能融入当地社会。

总之，华商通过经营模式的适应、经营策略的选择和本土商业网络的构建等本土化调适手段来适应当地的经营环境；同时，还有少数华商尝试融入当地社会来更好地生存和发展。这些本土化适应方式有利于华商在经济层面的融入，但在社会和文化方面则面临着融入困境。

五　结语

俄罗斯华商新移民是在 20 世纪 90 年代初中俄关系逐步改善的条件下进入俄罗斯的，其中大部分人在当地大市场经营中国商品，与国内保持着紧密的经济社会联系，并经常往返于两国之间，跨国性特征较为明显。他们把俄罗斯作为一个创业地，在俄罗斯就是为了创业赚钱，同时也没有放弃国内家乡，家乡作为根据地为其提供经济和社会资源支持。更多的人生意好时就留在俄罗斯，不好时就去寻找其他机会或暂时返回国内，经常性在两国之间进行跨国流动，实质上是一个跨国流动群体。本文主要借鉴移民网络及本土化理论视角对这一群体进行研究，得出以下几点结论。

第一，华商移民群体不断扩大与发展，首先依靠的是移民网络。这种移民网络不仅构成了一种迁移链，同时也是华商创业重要的社会资本。由于俄罗斯不稳定的经济社会环境，个体很难在此生存，使得他们必须加强中国人社会内部联系。华商的跨国直销经营方式，使得他们在两个国家都有自己的社会关系网络，并跨国式地运用这些社会关系资源，构建自己的商业网络和跨国生存空间。华商的移民网络本质上就是一种跨国网络，他们在两个国家的不同节点间实现资源的传输和转换。

第二，华商为适应当地的经营环境，采取了一系列本土化适应方式。主要是在经济方面采取本土化适应方式，为适应俄罗斯经济社会特征进行相应的经营模式、经营策略以及经营观念的调整等，以便能更好地适应俄罗斯经济环境。但在文化层面，华商仍保持着中国文化特征，并没有很好地融合到俄罗斯文化之中。俄罗斯对外来移民的不欢迎和排斥态度，使得华商很难真正融入当地社会，短期内难以完成文化及族群的本土化。

第三，华商移民的跨国性与本土化有机结合在一起。俄罗斯华商新移民的跨国性，更多地表现在社会经济层面。但同时还需看到，这种跨国性与本土化并不矛盾。华商群体正是跨国运用国内各种经济社会资源，以便更好地在当地进行创业活动，因此在经济上的本土化适应有利于个人跨国生存空间的形成。

总之，俄罗斯华商新移民是一个新型的跨国流动群体，其跨国发展空间不仅与中俄关系及双方的经济社会发展紧密相关，也与华商个体的社会关系网络资源和本土化适应能力息息相关，本文从个体微观的角度对这一群体进行探究。作为改革开放中国新移民的一个特殊群体，俄罗斯华商有着自己的特征，但同时也具有中国新移民的普遍特性，是从事中国商品贸易的华商新移民的代表。本文的研究，在中国新移民研究领域是一个有益的探索，将有助于新时期华商在海外生存与发展等问题的深入探讨。

本文原载于《华侨华人历史研究》2016 年第 4 期

当前欧亚国际移民治理
——俄罗斯的经验蓝本

强晓云[*]

【摘　要】近年来，随着"丝绸之路经济带"、欧亚经济联盟、大欧亚伙伴关系的提出与开始落实，欧亚地区内部跨国人口迁移呈现出新的特点。一是跨国人口迁移的方向与中心愈加鲜明。地区内部的跨国人口迁移主要表现为劳动迁移与教育迁移，中国与俄罗斯成为地区国际迁移的两个中心；二是跨国人口迁移与欧亚地区的发展状况同步，地区一体化的加强促进了人口迁移的活跃；三是向俄罗斯的迁移是欧亚地区内部人口迁移最为活跃的部分。因此，俄罗斯社会对于移民的接受度、俄政府对于移民的管理度均会对地区内人口迁移的态势产生不容忽视的影响。

【关键词】跨国人口迁移；欧亚国际移民；移民治理；俄罗斯

在欧亚地区[①]，跨国人口迁移现象一直存在，并非新兴事物。近两年，在欧亚地区发生的一些重大政治事件，赋予了地区内跨国人口迁移新的意义。

2015 年 5 月 8 日，中华人民共和国主席习近平在访问俄罗斯期间，在莫斯科发表了《中华人民共和国与俄罗斯联邦关于丝绸之路经济带建设和欧亚经济联盟建设对接合作的联合声明》。2016 年 6 月 17 日，俄罗斯总统普京在圣彼得堡国际经济论坛上，呼吁建立大欧亚伙伴关系。促进资本、

---

* 作者简介：强晓云：上海国际问题研究院全球治理研究所副研究员，俄罗斯中亚研究中心副主任。

① 关于"欧亚"这一术语的界定，中外学者有着不同的界定。概括而言，广义的"欧亚"等同于地理意义上的欧亚概念，指欧洲和亚洲；狭义的"欧亚"概念等同于"后苏联空间"概念。本文的"欧亚地区"特指除波罗的海国家以外的原苏联各加盟共和国所在的地区。

商品、人员的自由流动无疑应是实现上述倡议的重要内容。"丝绸之路经济带"、欧亚经济联盟、大欧亚伙伴关系的提出、对接与落实，都离不开欧亚地区内部人口的跨界迁移。

一 欧亚国际移民概况

在全球化与地区一体化共存的背景下，跨国人口迁移逐渐成为保障世界范围内劳动力市场正常运转的一个关键要素。很多发达国家的生存与发展都在很大程度上依赖于跨国人口迁移，它促进着劳动力的年轻化与代际更新，补充着一些人口缺乏国家的劳动力，还保持着农业、建筑业、酒店业、旅游及其他服务产业的持久活力。

如果从全球范围内考察跨国人口迁移，可以看出，近年来，人口迁移大多集中在各个经济一体化发展较为活跃的地区。全球移民政策协会的研究表明，依托人口自由流动制度，在欧盟、南方共同体市场、南部非洲发展共同体内，地区内部的人口迁移分别占到了国际迁移的50%—60%。而在本地区，80%的国际迁移发生在俄罗斯与哈萨克斯坦等国家之间。并且，移民占到本地区（不含中国）总人口的10%①。

当前，欧亚及其相邻地区的跨国人口迁移有三个流向：一是从中亚国家向俄罗斯的人口迁移，二是俄罗斯、中亚国家向中国的人口迁移，三是中国向中亚国家、俄罗斯的人口迁移。同时，中国与俄罗斯成为地区国际迁移的两个中心：俄罗斯是来自中国和中亚国家的劳动移民目的国——劳动迁移中心，中国是来自俄罗斯和中亚国家的学生留学目的国——教育迁移中心。

自20世纪90年代以来，很多独联体、中国的公民进入俄罗斯寻找工作机会。整个欧亚地区，大约70%的移民处于劳动年龄范围，劳动移民占在俄移民总数的80%②。2016年，俄罗斯1000多万移民中，来自独联体国家的移民约有870万人，40%为劳动移民③。中国有许多来自欧亚地区

① Патрик Таран, Миграция, глобализация и экономическая жизнеспособность: вызовы и возможности для России и Евразии. http：//russiancouncil. ru/inner/? id_ 4 = 6665#top-content。

② Там же。

③ Глава ФМС: в 2015 году число мигрантов в России стабилизировалось, https：// news. mail. ru/society/24443511/。

的外国留学生。根据中国教育部的数据，到 2014 年止，俄罗斯在华留学生约为 2 万人，为 17202 人，留学生人数紧随韩国、美国、泰国之后①。截至 2016 年 4 月，哈萨克斯坦在华留学生人数为 11764 人，其经费来源既有国家项目资助，也有自费。他们中有 763 人为哈中两国大学间的交换生项目学生，其余为自费留学生以及市政府资助奖学金的获得者②。值得注意的是，不论是来自俄罗斯的留学生，还是哈萨克斯坦等中亚国家的留学生，自费前往中国留学的比例都远高于国家资助。

考察欧亚地区的国际移民数据，不难看出，无论是移民的总数，还是移民的种类，俄罗斯都是地区内人口迁移最活跃的国家，也是中亚国家迁出移民的首要目的国。

俄罗斯内务部的最新数据表明，至 2016 年 7 月为止，在俄居住的外国人为 1000 多万，比去年同期减少了 100 万人③。上半年，有 920 万外国人进入俄境内。2016 年初，俄联邦移民局前局长康斯坦丁·罗曼达诺夫斯基曾向媒体公布了在俄外国人的数量。2015 年，在俄罗斯的外国人减少了 10%，约为 995 万人，其中，约 870 万人来自独联体国家。而在 2014 年，在俄外国人为 1110 万人，来自独联体国家的为 910 万人④。2015 年，俄罗斯的移民增量为 24.5 万人，略低于 2014 年，且增量几乎都来源于苏联国家⑤。

整体而言，2015 年在俄境内的移民人数略少于 2014 年的数量。至少有三个因素导致了在俄移民人数的减少。首先，2015 年，俄罗斯的国内经济形势并不理想。受到欧盟与美国的经济制裁以及国际油价下滑的双重影响，2015 年俄罗斯 GDP 出现了 -3.7% 的负增长，俄罗斯通货膨胀率达到 12.9%，为 2009 年以来最高。2015 年前 11 个月，实际工资同比下降了 9.2%，这是 1999 年以来的首次下降⑥。经济下滑致使俄罗斯国内对于外

① 《2014 年全国来华留学生数据统计》，教育部，http：//www. moe. gov. cn/jyb_ xwfb/gzdt_ gzdt/s5987/201503/t20150318_ 186395. html。

② 萨乌烈·果沙诺娃、博塔果斯·拉基舍娃：《哈中两国战略合作框架下的哈萨克斯坦教育移民研究》（中文版），阿斯塔纳：ProfiMaxDK 出版社 2016 年版，第 6 页。

③ 俄塔斯社。Число иностранцев, находящихся в РФ, сократилось с начала года почти на 1 млн человек，http：//tass. ru/obschestvo/3454845。

④ Глава ФМС: в 2015 году число мигрантов в России стабилизировалось，https：//news. mail. ru/society/24443511/。

⑤ Численность и миграция населения РФ в 2015 году，Росстат，http：//www. gks. ru/bgd/regl/b16_ 107/Main. htm。

⑥ 左凤荣：《2015 年俄罗斯：经济疲软、外交强硬》，《学习时报》2016 年 1 月 11 日。http：//www. studytimes. cn/zydx/DDSJ/HUANQLW/2016-01-11/4402. html。

来移民尤其是劳动移民的需求缩减。

其次，俄罗斯货币卢布贬值使得移民的实际收入下降，移民向俄罗斯迁移的意愿也随之降低。以美元与卢布汇率为例，2013年1月，1美元可兑30.4卢布；到2015年1月30日，1美元可兑换68.8卢布；至2015年12月30日，1美元可兑换73.20卢布。移民通常将劳动所得的卢布兑换成美元，卢布与美元汇率的下跌使得移民的收入锐减，致使他们暂时不愿向俄迁移。

再次，2015年，为打击非法移民与管理移民，俄罗斯政府实行了一系列紧缩性新政，使得一些移民离开了俄罗斯。为严厉打击违反在俄居留制度的外国人，俄政府采取了禁止入境的措施；同时，俄政府开始实行新的工作许可文件制度；外国公民要获得劳动许可证，必须通过相关科目的考试；提高劳动许可证以及特许证的费用标准等。这些措施虽在一定程度上减少了非法移民的数量，但也增加了合法移民向俄罗斯迁移的难度。

在上述因素的共同作用下，2015年上半年，部分外国移民离开了俄罗斯。然而，自2015年下半年起，随着上合组织其他成员国，尤其是中亚国家本国货币的贬值速度超过俄罗斯的卢布，开始出现赴俄移民的回流——2015年底，从中亚国家赴俄的人数又恢复了增长。2015年，中亚一些国家的货币也出现了贬值现象：塔吉克斯坦的货币索摩尼贬值30%，乌兹别克斯坦货币苏姆贬值50%，吉尔吉斯斯坦索姆与美元汇率下跌了30%。本国货币的贬值、中亚各国长期的高失业率以及低工资，再加上对中亚国家劳动移民吸引力较大的中东国家因安全问题难以获得中亚国家民众的青睐，使得俄罗斯依然是中亚国家公民来获取劳动机会的首要选择。

俄罗斯联邦统计局有关出入境的数据清晰地反映出这种变化。2015年，进入俄罗斯国境的外国人共计59.86万人，比2014年多13.5%；出境外国人人数达到35.32万人，也比2014年多13.6%。在所有入境的外国人中，独联体国家公民依然是赴俄外国人的主要组成部分，占入境外国人的89%。2015年，入境的独联体公民为5362万人，出境的为2988万人（详见表1，表2）①。从入境目的看，到2016年4月为止，劳动务工是外国人进入俄罗斯的主要目的之一，占外国人总量的40%，因私入境的占

---

① Численность и миграция населения РФ в 2015 году, Росстат, http：//www.gks.ru/bgd/regl/b16_107/Main.htm。

39%，旅游占7%，留学占3%①。

表1　　　　　独联体国家与俄罗斯的人口迁移（入境俄罗斯）　　（单位：人）

国别	2014 年	2015 年
乌克兰	126819	194180
乌兹别克斯坦	131275	74242
哈萨克斯坦	59142	65750
塔吉克斯坦	54658	47638
亚美尼亚	46568	45670
摩尔多瓦	32107	34026
吉尔吉斯斯坦	28543	26045
阿塞拜疆	26367	24326
白俄罗斯	17931	17741
土库曼斯坦	6038	6539

资料来源：Численность и миграция населения РФ в 2015 году，Росстат，http：//www. gks. ru/bgd/regl/b16_ 107/Main. htm。

表2　　　　独联体国家向俄罗斯的人口迁移（从俄罗斯出境）　　（单位：人）

国别	2014 年	2015 年
乌兹别克斯坦	94179	94910
乌克兰	32449	48049
塔吉克斯坦	35296	36276
哈萨克斯坦	18328	30983
亚美尼亚	22562	25137
摩尔多瓦	14533	16646
吉尔吉斯斯坦	13284	16110
阿塞拜疆	13973	13666
白俄罗斯	11174	12832
土库曼斯坦	3435	4219

资料来源：Численность и миграция населения РФ в 2015 году，Росстат，http：//www. gks. ru/bgd/regl/b16_ 107/Main. htm。

———————

①　Информация Главного управления по вопросам миграции МВД РФ，转引自 Екатерина Быркова，Миграционные итоги 2015 года：кто приезжает и уезжает из России? http：// провэд. рф/analytics/research/34147 -migpatsionnye-itogi-2015-goda-kto-ppiezzhaet-i-uezzhaet-iz-possii. html。

国别上，以乌克兰①公民为最多，全年进入俄罗斯境内的共计约 19.42 万人，与 2014 年比较，增加了 53%；其次是乌兹别克斯坦公民 7.42 万人，哈萨克斯坦公民 6.58 万人，增幅为 11%。哈萨克斯坦公民进入俄罗斯的人数上升，一个主要的促进因素是同属于欧亚经济联盟成员，2015 年俄罗斯开始实行针对欧亚经济联盟成员国简化入境手续的法规。除乌克兰与哈萨克斯坦外，入境移民有所增加的还有来自摩尔多瓦与土库曼斯坦的移民。

与独联体国家不同的是，其他国家公民向俄罗斯的迁移则呈现递减势头。从 2013 年开始，非独联体国家的外国公民进入俄罗斯的人数开始缓慢增长，但年增幅在 3% 以下，且出境人数的增幅超过入境人数。例如，2015 年，约有 6.25 万非独联体国家公民进入俄罗斯，而离开俄罗斯的外国人人数为 5.44 万人，比 2014 年多了 6%（详见表 3）。

表 3　　　　　　　　非独联体国家向俄罗斯的人口迁移　　　　　（单位：人）

年份	入境	出境
2010	19716	12372
2011	46033	14641
2012	53726	27179
2013	59532	38540
2014	61376	51283
2015	62460	54405

资料来源：Численность и миграция населения РФ в 2015 году, Росстат, http://www.gks.ru/bgd/regl/b16_107/Main.htm。

另外，在欧盟地区引发关注的难民问题，在俄罗斯并不突出。或许是基于当前俄罗斯的经济状况，俄罗斯不如欧洲与北美那样具有吸引力，在俄罗斯并没有出现因叙利亚难民而引发的难民危机。俄罗斯境内的难民主要来自于乌克兰。2015 年在俄罗斯联邦移民局各地区分部共计有 14.96 万乌克兰人获得临时避难，2014 年为 25 万人②。

---

①　2014 年 3 月，乌克兰开始启动退出"独立国家联合体"（独联体）的程序。

②　Екатерина Быркова，Миграционные итоги 2015 года：кто приезжает и уезжает из России? http://провэд.рф/analytics/research/34147-migpatsionnye-itogi-2015-goda-kto-ppiezzhaet-i-uezzhaet-iz-possii.html。

二 俄罗斯的移民治理措施

欧亚地区的跨国人口迁移，对移民迁入国与迁出国的社会经济都产生了一定影响，也引发地区内国家对国际移民的治理。由于劳动移民是地区内国际移民的主要类别，因此成为欧亚国际移民治理的重要方向。欧亚国家对劳动移民的治理主要以管控为主，各国都先后实行了劳动许可制度，以规范劳动移民的入境（见表4）。

表4 欧亚国家管理外国劳动力相关政策概况

国别	开始管理的时间	劳动配额制度	劳动许可证制度
哈萨克斯坦	2001 年	有	有
吉尔吉斯斯坦	2006 年	有	有
俄罗斯	1994 年	有	有
塔吉克斯坦	2002 年	有	有
乌兹别克斯坦	1995 年	有	有

由于向俄罗斯的迁移是欧亚地区内部人口迁移最为活跃的部分，下文将以俄罗斯移民政策为案例加以说明。

2015 年是俄罗斯落实《2025 年前俄罗斯联邦国家移民政策构想》的第一阶段。《2025 年前俄罗斯联邦国家移民政策构想》于 2012 年 6 月 13 日由总统普京签署。根据该构想，落实移民政策将经历三个阶段：至 2015 年，2016—2020 年，到 2025 年。

尽管在制定与落实的过程中，不乏一些前后矛盾之处，但不容否认的是，《2025 年前俄罗斯联邦国家移民政策构想》是俄罗斯移民管理政策的纲领性文件。从该构想的内容可以看出，俄罗斯政府开始强调吸引移民和管理移民，其前提是将移民管理提升到了战略的高度。《2025 年前俄罗斯联邦国家移民政策构想》是国家发展大战略的组成部分，与未来的发展息息相关，同时还顾及到未来 20 年俄罗斯国内和周边的发展环境。正如《2025 年前俄罗斯联邦国家移民政策构想》总章中所提到的，构想是在《2025 年前俄罗斯联邦人口构想》《2020 年前俄罗斯联邦社会经济长期发展构想》《2020 年前俄罗斯联邦国家安全战略》等战略规划文件的指导协调下制订的。"《2025 年前俄罗斯联邦国家移民政策构想》的制订考虑到管理移民进程领域的国内和国际经验，并受俄罗斯联邦经济、社会、人口发展、俄联邦外交政策的预期前景，在独联体成员国、海关联盟、统一经济空间境内所进行的一体化进程，以及全球化世界趋势这些与移民政策战略方向相关联因素的制约。"①

与以往俄罗斯政府发布的移民政策比较，《2025 年前俄罗斯联邦国家移民政策构想》具有更强的战略性，体现出俄罗斯政府希冀积极管理移民的清晰思路。第一，《2025 年前俄罗斯联邦国家移民政策构想》首次以官方文件的形式明确界定了不同迁移种类的概念，为今后实行有差别的引进移民政策奠定了基础。按照迁移的期限，《2025 年前俄罗斯联邦国家移民政策构想》将迁移区分为短期迁移（一年以内的迁移）、长期迁移（一年以上）；临时迁移（不改变固定居住地的国内国际迁移）、永久居留迁移（更换永久居留地的国内国际迁移）。根据迁移的目的，《2025 年前俄罗斯联邦国家移民政策构想》将迁移划分为学术流动（学者和教师以从事学术交流、教学活动、研究成果展示以及其他职业目标为目的的国际迁移）、教育（学习）迁移（以获得或继续教育为目的的迁移）、劳动迁移〔以就业并完成工作（提供服务）为目的的临时迁移〕、季节性劳动迁移（工作性质受季节限制只能在一年的某个期间内完成的迁移）。

第二，吸引国外高技术人才、企业家和投资者成为移民政策的优先方向。政府除要制定吸引高级技术专家、俄罗斯市场急需的技术熟练工人的规划外，还应简化带有商务目的的外国公民、参与投资和企业活动的外国公民、外国法人等的入境、出境、在俄罗斯联邦境内逗留的手续。

第三，在迁移吸引力尚未大幅提升的阶段，创造条件积极刺激海外同胞向俄罗斯的回迁、支持教育迁移和学术流动。

第四，完善移民法律制度，保护移民的权利，促进移民融入当地社会是俄政府提升迁移吸引力的主要方式。而在协助移民的适应和融入方面，俄政府应"为移民的适应和融入创造条件，包括通过在来源国和移民流最多的俄联邦地区建立相应的基础设施并积极运用媒体资源以及在移民来源国的文化适应中心进行俄语、法律教育，向其提供有关文化传统和行为规

---

① 《2025 年前俄罗斯联邦国家移民政策构想》，Концепция государственной миграционной политики Российской Федерации на период до 2025 года，载 http：//президент. рф/acts/15635。

范的信息"等①。

依托该构想，2015 年，俄罗斯政府实行了一系列管理移民的新规。主要内容包括以下几个方面②：

首先，对外国人出入境采取区分化管理。自 2015 年 1 月 1 日起，非欧亚经济联盟成员的独联体国家的公民被禁止使用国内护照进入俄罗斯，他们必须使用出国护照。这一法规也适用于非难民身份的乌克兰公民。

其次，对外国人在俄罗斯境内的停留、居留进行细化规定。外国公民每 180 天内在俄累计停留时间不得超过 90 天（90 天可以是连续一次性停留，也可以是间隔累计的，即每累计停留 3 个月须出俄境一次），否则 3 年内不得入境，工作和学习签证除外；在俄超期滞留 180 天以上、270 天以下（含）的外国公民，5 年之内不得入境；在俄超期滞留 270 天以上的外国公民，10 年之内不得入境。外国公民对违反入境规定的处罚有异议，须通过法院上诉，俄罗斯联邦移民署无权更改相关处罚决定；其他法律法规的完善，如延长签证期限等。

再次，实行新的工作许可文件制度。新制度简化了劳动移民的合法化程序，但同时也严格了违法的责任。自 2015 年 1 月 1 日开始，在跨越过境时，潜在的劳动移民必须在移民卡上注明"访问目的——工作"，并在入境 30 天内向相关移民部门提交发放工作许可证的申请书；免签国家的外国公民要获得工作许可，必须证明（考试）本人掌握俄语、俄罗斯历史、法律，没有严重疾病、具备资源医疗保险单，并交纳固定的费用，且俄罗斯法人与个体工商业者在雇佣有许可证移民时不需获得劳动配额；对关于独联体国家公民工作特许证的新规定；简化工作许可证办理手续，为外国高级专家颁发 3 年的长期访俄签证等。

复次，实行考试制度。自 2015 年 1 月 1 日起，拟在俄工作或居住的外国公民须通过俄语、俄法律和历史的考试。目前，俄 5 所院校有权颁发考试合格证书，分别是：国立普希金俄语学院、莫斯科国立大学、人民友谊大学、圣彼得堡国立大学和太平洋国立大学。外国公民可在 450 多个考点参加考试。考试合格证书的有效期为 5 年。

---

① 《2025 年前俄罗斯联邦国家移民政策构想》，Концепция государственной миграционной политики Российской Федерации на период до 2025 года，载 http：//президент. рф/acts/15635。
② 具体可参见俄政府网站，http：//government. ru/govworks/11/main/。

同时，俄罗斯政府还列出免考的条件，属下列情况的外国公民可免于考试：一是拟在俄罗斯办理短期居留或者长期居留身份的外国公民，如属以下情况：1. 无劳动能力者；2. 不满 18 周岁者；3.65 周岁以上的男性；4.60 周岁以上的女性；5. 拥有特殊专业技能者及其亲属；6. 母语为俄语者。二是拟在俄罗斯工作的外国公民，如属以下情况：1. 拥有高级专业技能的专家；2. 外文信息或新闻机构从业者；3. 在俄罗斯高等院校任教者。

这些被外界视为"紧缩"政策的新规，在俄罗斯政府看来，则是对境内移民的有效管理措施。上述新政中的绝大多数都需要额外付费，增加了政府的预算收入。与 2014 年相比，2015 年，办理工作许可证给俄罗斯带来的预算收入提高了 0.8 倍，全年移民管理所获得的预算收入也比 2014 年增加了 28%。同时，实行新规后，俄罗斯的非法移民与移民犯罪率均有所下降。目前俄罗斯有大约 150 万移民非法居留超过半年，其中超过 80 万人非法居留一年以上。仅 2015 年就有近 48.1 万违法的外国人被禁止入境。俄罗斯境内外国人违法案件的数量也在减少，与 2014 年相比，外国人受行政处罚案件减少了近 10 万起[1]。然而，从外国移民的角度来看，新政的费用增加了向俄罗斯迁移的成本，也就削弱了一些想要到俄罗斯打工的外国人的意愿。此外新政执行还加大了雇佣外国劳动力的俄罗斯公司的税收压力，对于跨国人口迁移还是产生了负面影响。

三　移民观与移民治理理念

通过考察俄罗斯的移民政策，不难看出，近两年，俄罗斯移民政策有"紧缩"的趋势。俄罗斯政府收紧移民政策，实行相关新政，与俄罗斯社会对移民现象的态度紧密相关。

苏联解体后，俄罗斯的移民观也经历了自己的发展。自 20 世纪 90 年代以来，尤其是 21 世纪的前十年，随着外来移民人数在俄罗斯的持续增长，俄罗斯社会对移民现象与本国的移民政策取向都曾经展开过广泛的关注与讨论。基于不同的学术背景与政治立场，俄罗斯学术界、民间、政治精英对于移民现象的看法也不尽相同。整体来看，俄罗斯不同阶层、不同

---

① 根据俄罗斯联邦内务部移民事务管理局数据整理，参见 https：//гувм. мвд. рф/document/57512。

学术背景、不同政治立场人士对于国内移民现象的看法有两个鲜明的特点：一是对移民现象本身存在着两元化的态度——接受移民与排斥移民；二是，不论是学术界、民间，还是政治精英，对于移民现象与国际迁移态度的出发点都是以俄罗斯的国家安全为主（详见表5）。

表5 **俄罗斯的移民观①**

	支持引进移民的观点	反对大规模引进移民的观点
俄罗斯究竟需不需要大规模地引进移民	为保障国家的经济安全和应对人口危机，俄罗斯需要引进移民	为维护俄罗斯的经济安全、社会安全、国土安全，俄罗斯不应大规模引进移民
移民迁入后对社会造成哪些后果	移民可以缓解人口危机，促进经济发展，为国家创造财富	移民不能完全解决人口危机，移民带来的政治、社会经济问题会威胁到俄罗斯的国家安全
俄罗斯应当采取何种性质的移民政策	积极宽松的移民政策	强硬限制性的移民政策

乌克兰危机发生以后，西方国家对俄罗斯采取了一系列的制裁，能源以及大宗商品的国际价格下跌，俄罗斯国内经济结构调整缓慢等原因使得俄罗斯经济发展速度趋缓，再加上欧洲难民危机及其引发的一系列社会政治问题，对俄罗斯社会的移民观也产生了一定的冲击，俄罗斯社会对于移民的态度更加趋于保守与强硬。

2016年11月29日，全俄公众舆论调查中心发布了最新的民调数据。结果显示，78%的受访者认为，政府应当限制移民进入俄罗斯境内。一方面，民众肯定，移民的存在对俄罗斯社会带来一定的便利：移民的劳动为当地民众提供了较为低廉的社会服务（占到受访者的57%）；移民从事的是当地人不愿从事的工种（占到受访者的67%）；而另一方面，依然有70%以上的受访者认为，移民对劳动力市场的本国公民造成负面影响：移民会同意以较低薪酬来获得工作，从而会制约加薪的速度与幅度（占到受访者的71%）；与当地人相比，雇主更愿雇用移民工作（占到受访者的

---

① 强晓云：《移民对当代中俄关系的影响：非传统安全视角的分析》，时事出版社2010年版，第97页。

81%）；移民通常从事非法劳务（占到受访者的 74%）等①。

俄罗斯另一家民调机构列瓦达中心长期跟踪进行有关移民的社会调查，数据显示，从 2012 年开始，赞同俄罗斯政府采取限制性移民政策、设置移民壁垒的受访者占比一直在 70% 左右：2012 年占到受访者的 70%，2013 年为78%，2014 年为 76%，2015 年为 68%，2016 年 3 月为 80%，2016 年 8月为 66%②。

俄罗斯政治精英们也主张采取较为紧缩的移民政策。俄罗斯前移民局局长罗曼达诺夫斯基就曾直言，"俄罗斯不是过道"，可以让所有人来去自如，应该严厉打击非法移民、提升移民的准入门槛③。2016 年 4 月，在向国家杜马做政府年度工作报告时，俄罗斯总理梅德韦杰夫指出，俄罗斯必须收紧移民法律。"我们是需要劳动力，但这并不意味着，我们得接收与邀请所有人。俄罗斯从未有过最自由的移民规则，而现在，在欧洲发生了移民危机之后，我们应当更加强硬地对待移民法律。"④

当前俄罗斯社会对移民现象的保守态度不仅仅是欧洲移民危机的外溢影响使然，还源于俄罗斯社会对安全的认知、对安全的重视。安全意识一向在俄罗斯的内外政策中占据特殊重要的地位，在移民管理上，依然如此。俄罗斯政府将人口迁移、国际移民提升到国家安全的高度，保障国家安全历来是俄罗斯移民管理政策最根本的目标和基本原则⑤。

第一，移民与俄罗斯的社会安全相关。大部分俄罗斯的精英和民众认为，外来移民与接收国和地区的犯罪率上升具有直接联系，正是由于移民的增多，造成了当地社会治安状况下降，而跨国犯罪集团的跨国犯罪活动则进一步恶化了接收国和地区的社会治安，给当地的社会安全带来威胁。非法移民问题是另一个一直困扰着俄罗斯政府的老问题。"伊斯兰国"

---

① Пресс-выпуск ВЦИОМ № 3254：Мигранты в России：эффекты присутствия，https：//wci-om. ru/index. php？ id＝236&uid＝115969。

② Левада-Центр：Интолерантность и ксенофобия，http：//www. levada. ru/2016/10/11/intol-erantnost-i-ksenofobiya/。

③ Глава ФМС：в 2015 году число мигрантов в России стабилизировалось，https：//news. mail. ru/society/24443511/。

④ Медведев считает необходимым ужесточить миграционное законодательство в РФ，ht-tp：//tass. ru/politika/3219738。

⑤ 强晓云：《俄罗斯移民政策的调整——〈2025 年前俄罗斯联邦国家移民政策构想〉简评》，《世界民族》2013 年第 5 期。

（ISIS）影响的扩散、阿富汗问题的外溢，使得一些俄罗斯民众以为，少数来自中亚国家的信奉伊斯兰教的移民极有可能是恐怖分子或宗教极端分子。打击非法移民、移民犯罪是俄罗斯政府在移民管理方面的重要措施。在乌克兰危机爆发、欧洲出现叙利亚难民潮后，俄罗斯更是实行新规严控移民的非法滞留、加大处罚力度，加强了对非法移民的打击力度。自2009年开始，所有在俄罗斯的外国人的信息都保存在俄罗斯联邦移民局（现为俄罗斯联邦内务部移民事务管理局）的信息系统里。该系统现存1亿7000万份外国人的资料，如有违法入境，系统会直接关闭。

第二，移民与俄罗斯的经济安全相关。有观点认为，一方面，外国劳动移民分流了俄罗斯本国人的劳动机会，会恶化后者的就业环境；另一方面，移民向迁出国的汇款会造成俄罗斯资本流失，移民参与"影子经济"偷税漏税行为直接影响到俄罗斯的国库收入，不利于国家经济的发展。因而，俄罗斯在管理移民时，一方面对入境的外国劳动力设置配额，实行劳动许可制度；另一方面，对移民进入某些经济领域加以限制，以提供更多的劳动机会给当地居民。

俄罗斯政府每年都要确定在具体行业部门需要吸引的外国劳动力限额。俄罗斯在一些行业减少了对外国劳动力的需求。2016年，俄罗斯政府批准的外国劳动力（对签证国家的外国工人）配额为213929人，相当于俄罗斯经济活跃人口的0.3%[1]，不会引起劳动力市场的波动。与2015年相比，配额减少了22%。如往年一样，俄罗斯政府规定，全面禁止外国移民在零售业、商亭以及商场工作。他们也不能从事药品销售。在啤酒与香烟贸易行业，外国工人的数量不能多于该企业总人数的15%，在体育健身行业不多于25%。2016年，可以在汽车货运行业工作的外国人的份额从原来的50%缩减到35%（占企业总人数的比例），在其他陆上客运行业的份额，则从50%减少到40%。对于减少外国劳动力进入本国特定行业，俄罗斯官员与民众持积极态度。例如，俄罗斯工会主席克拉夫琴科乐见这种变化。他认为，"劳动力市场发生了巨大的变化。由于工资水平以及卢布汇率下降，从俄罗斯离开了大量的移民。然而也有正面的意义，俄罗斯公民取代了这些工作岗位"[2]。

① Постановление РФ от 12 декабря 2015 года №1359，http：//government. ru/docs/21067/。

② Рабочих мест для мигрантов в России станет еще меньше，Российская газета，http：//rg. ru/2015/12/21/migranti. html#。

至于移民汇款及其对俄罗斯经济发展的影响，俄罗斯社会一直存在争论。确实，在俄罗斯的移民每年向母国（迁出国）汇出大量汇款，俄罗斯一直是世界上移民汇出汇款较多的国家之一。在所有向母国汇款中，乌克兰、塔吉克斯坦、乌兹别克斯坦是接受汇款最多的国家。世界银行的数据表明，2015 年，乌克兰共接受移民汇款 60 亿美元，塔吉克斯坦接受 31 亿美元，乌兹别克斯坦接受 26 亿美元，吉尔吉斯斯坦接受 17 亿美元。移民汇款在上述国家 GDP 中的比重也比较高，塔吉克斯坦为 36.6%，吉尔吉斯斯坦为 30.3%，乌兹别克斯坦的指数则下降到 9.3%[1]。依照俄罗斯中央银行的统计数据，2015 年，移民从俄罗斯汇往中亚国家的汇款总计有 50.65 亿美元，比 2014 年减少了 71.12 亿美元，降幅为 60%（2014 年共计 121.77 亿美元）。其中，乌兹别克斯坦接受的由俄罗斯的汇款总数为 23.7 亿美元，塔吉克斯坦为 12.78 亿美元，吉尔吉斯斯坦为 10.83 亿美元[2]。

　　尽管世界银行首席经济学家认为，劳动移民不仅向母国汇出劳动所得，更同时也为迁入国经济做出贡献，且劳动移民对俄罗斯经济的贡献率占俄罗斯 GDP 的 5%—10%。然而，俄罗斯的学者依据俄罗斯国家统计局数据得出的结论比这一数字要低，2008 年达到峰值，占到俄罗斯 GDP 的 3.4%，2013 年为 3.12%[3]。

　　此外，俄罗斯社会还认为，移民与文化、卫生、人口等安全都具有相关性。例如，如果对移民不加控制的话，可能会带来一些流行疾病的爆发，恶化俄罗斯的医疗卫生环境。因此，俄罗斯政府规定，外来移民必须具有健康证书，在一定期限之内要向当地移民机构卫生部门申报健康状况。

　　应该看到，部分俄罗斯民众对于移民的看法存在着一定的片面性。跨国人口迁移确实与国家安全尤其是非传统安全存在着一定程度的互动关

　　[1]　Migration and remittances (Recent development and outlook)，World Bank Group，April 2016，p. 28。

　　[2]　Переводы трудовых мигрантов из России в страны Центральной Азии в 2015 году рухнули на 60 процентов，Международное информационное агентство «Фергана»，19 марта，2016. http：// migrant. ferghana. ru/newslaw/переводы-трудовых-мигрантов-из-росси. html。

　　[3]　Сергей Рязанцев，Роль трудовой миграции в развитии экономики РФ. UN ESCAP，http：// www. unescap. org/resources/role-labour-migration-development-economy-russian-federation-english-russian。

系：一方面，不论是国际移民整体还是具体的某一类别的国际移民，如非法移民、难民本身就是非传统安全的重要组成因素；另一方面，跨国人口迁移进程又与人口安全、经济安全以及社会文化安全等其他一些非传统安全因素紧密相连。跨国人口迁移对国家安全带来的影响具有两面性，包括积极和消极两个方面，如何趋利避害，更好地利用移民为迁出国、接受国社会经济发展带来的积极影响，与迁移两端国家的移民治理政策紧密相关，也是欧亚国家需要思考的问题。

四　结论

综上所述，近年来，欧亚地区内部的跨国人口迁移出现了一些新的特点。

第一，跨国人口迁移的方向与中心愈加鲜明。当前，欧亚及其相邻地区的跨国人口迁移有三个流向：一是从中亚国家向俄罗斯的人口迁移，二是俄罗斯、中亚国家向中国的人口迁移，三是中国向中亚国家、俄罗斯的人口迁移。同时，中国与俄罗斯成为欧亚地区国际迁移的两个中心。俄罗斯是来自中国和中亚国家的劳动移民的目的国——劳动迁移中心，来自俄罗斯和中亚国家的学生到中国留学——教育迁移中心。此外，劳动迁移与教育迁移成为欧亚地区跨国人口迁移的主要表现形式。

第二，跨国人口迁移与地区的发展状况同步。随着"一带一路"倡议的持续落实，欧亚经济联盟的持续推进，以及这两个区域大倡议的对接，近两年，欧亚地区内部的跨国人口迁移随着地区一体化的加深而趋于活跃。这也是全球范围内人口迁移的新特点。

第三，向俄罗斯的迁移是欧亚地区内部人口迁移最为活跃的部分。尽管与上一年度相比，向俄罗斯的人口迁移在数量上有所下降，但从中亚国家向俄罗斯的迁移趋势并未停息，未来还有持续的可能。因此，俄罗斯社会对于移民的接受度、俄罗斯政府对于移民的管理度均会对地区内人口迁移的态势产生不容忽视的影响。

第四，安全意识引导着地区内主要国家的移民政策。这在俄罗斯的移民管理政策上多有体现。正是基于对安全的高度追求，俄罗斯的移民政策始终包含着一定的保守性。在移民管理的每个阶段，几乎每一次积极治理的念头与政策草案，最后都以安全考虑而经历反转，变为紧缩控制。尽管近年来，可以清晰地看出，俄罗斯社会对于外来移民的观念已经发生积极性变化，移民管理的思想也在悄然转变，但是，保障国家安全依然是俄罗斯移民政策最根本的目标和基本原则。从国家安全的角度出发，俄罗斯的移民政策正在努力解决三大问题：为什么引进移民？移民引进的目的是保障国家的人口安全和社会经济发展；如何引进移民？对移民的数量和质量加以控制；引进哪些移民？首选是境外的俄罗斯族人，其次是独联体国家的移民，再次是有利于俄罗斯经济发展的投资者、企业家和技术工人。俄罗斯政府在 2015 年开始实行的新政恰恰成为上述理念与思想的政策反映。

基于相似的政治文化与管理文化，部分中亚国家在管理移民时也多从安全考虑，因此，也采取了较为紧缩的移民政策。移民政策的主题是控制，而非治理。一味地控制移民进入本国，并不利于欧亚地区一体化的发展，也会阻碍欧亚及其相邻地区国家的人民交往与民心相通。包容、开放应当成为欧亚地区的主要移民治理理念，欧亚国家的移民政策也应以有效的国家治理为重。

本文原载于《国际关系研究》2016 年第 6 期

当代俄罗斯华侨华人现状与形象探析

于丹红[*]

【摘　要】在中俄关系全面升温、中俄合作逐步深化和中俄民间交往日益增多的背景下，俄罗斯产生了新一代华侨华人，人数众多，初具规模。本文主要从俄罗斯华侨华人概貌、华侨华人社团与媒体、华侨华人形象三方面进行描述。最后指出俄罗斯华侨华人形象与中国软实力构建的关联性。

【关键词】当代俄罗斯；华侨华人；形象；软实力

苏联解体后，1992 年中俄宣布互视为友好国家，1994 年中俄宣布建立建设性伙伴关系，1996 年中俄宣布发展平等信任的、面向二十一世纪的战略协作伙伴关系，2001 年中俄两国首脑签署《中俄睦邻友好合作条约》。2006—2007 年，中俄互办"国家年"。时任俄罗斯第一副总理的梅德韦杰夫表示，中国"俄罗斯年"和俄罗斯"中国年"的一系列活动推动了中俄双边合作的全面发展，给中俄两国带来了经济效益，使两国和两国人民的距离"更为接近"[①]。2009—2010 年，中俄互办"语言年"。中国前驻俄大使刘古昌认为，中俄互办"语言年"是"文化交流的创举，将为两国的人文交流注入强大动力"[②]。中俄互办"语言年"在中俄两国掀起了

　＊　本文系教育部人文社会科学研究一般项目（14YJCZH190）和中华全国归国华侨联合会课题（15CZQK203）阶段性成果。

　　作者简介：于丹红：厦门大学外文学院助理教授。

　　①　互办"国家年"活动推动俄中友好合作。［EB/OL］.（2007 – 09 – 20）http：//world. people. com. cn。

　　②　中俄互办"语言年"是文化交流的创举。［EB/OL］.（2010 – 11 – 21）http：//news. cntv. cn。

学习俄语和汉语的热潮，推动了孔子学院在俄罗斯的发展以及俄语中心在中国的发展。此后，中俄陆续举办"青年友好交流年""媒体年"等大型活动。

早在20世纪80年代后期，中苏之间已有了小规模劳务合作。俄罗斯独立后，中国人进入俄罗斯的步伐加快，他们纷纷到俄罗斯经商、工作、留学和旅游。在中俄关系不断升温、中俄合作逐步深化和中俄民间交往日益频繁的背景下，俄罗斯华侨华人数量逐渐增加并初具规模，多达50万人。

二十多年来，俄罗斯华侨华人经过时代洗涤，其自身也发生了很大变化。有的中国人从最初摆地摊的"倒爷"变成具有一定社会财富和人脉网络的商人，初步完成了适应俄罗斯的过程。一些华商在俄罗斯购置房产，过上体面生活，甚至有永久定居俄罗斯的打算。一些中国人从中国农村来到俄罗斯远东城市，也产生了长期在俄罗斯生活的愿望。在中俄两国人民接触的过程中，少量中国人与俄罗斯人通婚，得以在俄罗斯长期定居。

随着俄罗斯华侨华人数量的增长，俄罗斯华人社团如雨后春笋般成立，在团结华人、保护华人权益方面起了非常重要的作用。同时，俄罗斯华人媒体相继出现，为俄罗斯华侨华人提供了丰富的信息。与19世纪下半叶至20世纪初的俄罗斯华侨华人相比，当代俄罗斯华侨华人呈现出新面貌。

一 俄罗斯华侨华人概貌

关于当代俄罗斯华侨华人数量，至今仍没有准确的统计数字，因此成为各方争议的话题。

20世纪90年代末，俄罗斯一些媒体经常夸大俄罗斯华侨华人的数量，引起俄罗斯民众对于"中国人口扩张"的担心。联合国教科文组织附属的世界外交学院的经济学博士叶·希尔博认为，俄罗斯有800万华侨华人，2010年将增至2100万，2020年将增至4400万①，这种观点并未得到俄罗斯多数学者的认可。

---

① Гильбо Е, Перспективы Китаизации России: Российская Федерация Сегодня, 2004, (13): 63。

俄罗斯官方统计的华侨华人数量通常偏小。俄罗斯官方通常只统计那些取得俄罗斯国籍或绿卡的华侨华人，在俄罗斯短期停留的华侨华人不在统计之列。自 2011 年起，俄罗斯联邦移民局把签证期限在 9 个月以上的外国人纳入统计范围。据 2010 年全俄人口普查结果，俄罗斯有 28943 名华侨华人。据 2010—2014 年俄罗斯联邦移民局的统计，俄罗斯华侨华人只增加了 13000 多名①（见表 1）。这些数字明显不符合俄罗斯民众对华侨华人数量的直观感受。

表 1　　　　2010—2014 年俄罗斯联邦移民局统计的华侨华人数量　　（单位：人）

年份 人数	2010 年	2011 年	2012 年	2013 年	2014 年
移入	1380	7063	8547	8149	10561
移出	248	507	4358	7527	8606
净增	1132	6556	4189	622	1955

资料来源：俄罗斯联邦移民局官网 http：//www.gks.ru/。

依据俄罗斯联邦国家统计局的统计年报，俄罗斯科学院远东所研究员亚·拉林指出，1999—2008 年间约 20 万中国人在俄罗斯停留（见表 2），关于俄罗斯华侨华人数量，俄罗斯学术界最信服的观点是：20—40 万，不超过 50 万②。我们认为，亚·拉林的观点较为理性、可信。

表 2　　　　　　1999—2008 年出入俄境的中国人数量③　　　（单位：万人）

	1999	2000	2001	2002	2003	2004	2005	2006	2007	2008
入境	44.76	49.38	46.12	72.58	67.96	81.32	79.87	76.53	76.51	81.55
离境	44.08	49.08	45.62	69.86	65.63	78.36	77.10	72.88	75.01	78.30
净增	0.68	0.30	0.50	2.72	2.33	2.96	2.77	3.65	1.50	3.25

俄罗斯华侨华人主要集中在莫斯科、圣彼得堡、新西伯利亚、叶卡捷

---

① Демографический Ежегодник России-2015 г. Федеральная Служба Государственной Статистики ［EB/OL］. http：//www.gks.ru。

② Ларин А. Г.，Китайские Мигранты в России：История и Современность，2009。

③ Ларин А. Г. Китайские мигранты в России：история и современность. М.，2009. C. 148 – 149。

琳堡、伏尔加格勒、喀山、伊尔库茨克、符拉迪沃斯托克等大城市，近年来，一些小城市的华侨华人数量也逐渐增加，达到数百人甚至超过千人。俄罗斯华侨华人的分布呈现出向小城市流动的态势。

据俄罗斯学者亚·拉林2006年面向俄罗斯华侨华人的社会调研结果，从事商业的占59%，从事建筑业的占17%，从事农业的占7.5%，从事森林工业的占6%，从事加工制造业的占2%①。事实上，经过二十多年的发展，俄罗斯华侨华人已经从最初倒卖日常消费品延伸到俄罗斯的各个行业：餐饮、娱乐、宾馆、旅游、报纸、中文教育、美容美发、中医按摩、中介服务、汽车维修、电脑维修、法律服务、租车服务、物流服务、装修装饰、楼盘开发、道路建设、能源开发、电子商务、网络游戏、农业种植、家禽养殖、木材开采与加工、洗衣、修鞋等。与沙俄时期华人做苦工相比，当代俄罗斯华侨华人职业分布更为广泛，且技术含量也有了很大提升。

与沙俄时期相比，当代俄罗斯华侨华人的性别结构有了很大变化。沙俄时期主要以男性青壮年劳动力为主，而如今不少女性也加入了赴俄罗斯的队伍。根据俄罗斯学者维·格尔布拉斯的社会调研结果，当代俄罗斯华侨华人男女性别比例为6∶4；劳动适龄人口占85%以上，其中21—30岁的占50%以上；未婚占51.3%，已婚占45.2%②。当代俄罗斯华侨华人的性别比例较为均衡，这种较为均衡的性别比例为俄罗斯华侨华人繁衍下一代奠定了基础。总的来看，和沙俄时期相同的是，当地俄罗斯华侨华人仍以劳动适龄人口为主；不同的是，当代俄罗斯的未婚华侨华人占一半以上，单身华侨华人占比较大有利于中俄通婚。这些因素有可能共同促使下一代俄罗斯华侨华人通晓俄语和俄罗斯文化，为俄罗斯华侨华人的繁荣积蓄人力资源。

与沙俄时期相比，当代俄罗斯华侨华人的受教育程度和俄语水平都有了很大提升。沙俄时期，俄罗斯华侨华人主要以文盲为主，很多人不识字，更不懂俄语。而如今，中国教育有了很大发展，大学从精英教育转向平民教育，基本消除了文盲。当代俄罗斯的很多华侨华人都接受过高等教育，接受过专业的俄语教育或专门的俄语培训。部分中国留学生在俄罗斯

---

① Ларин А. Г., Китайские Мигранты в России：История и Современность，2009。

② Гельбрас В. Г., Россия в Условиях Глобальной Китайской Миграции，2004。

读完大学或硕士后，选择继续留在俄罗斯工作。根据维·格尔布拉斯 2002 年的社会调研结果，当代俄罗斯 80% 的华侨华人接受了高中以上教育，47.7% 的华侨华人具备基本的俄语水平①。

二　俄罗斯华侨华人社团与媒体

有华人的地方就有华人社团。华人社团是移居海外的华侨华人以一定关系为纽带而建立起来的社会组织，主要分为地缘性社团、业缘性社团、亲缘性社团、善缘性社团、文缘性社团等。20 世纪 90 年代，伴随着中国人赴俄经商大潮的出现，俄罗斯华侨华人社团陆续建立起来。

俄罗斯的华侨华人社团以地缘性和业缘性社团为主，比如，和平统一促进会、地区性商会、同乡会、留学生会、艺术家协会、孔子文化促进会、华人基督教会等。

俄罗斯华侨华人社团在团结华侨华人、维护自身权益、促进中俄贸易发展、推动中俄文化交流、增进中俄人民友谊等方面起了非常重要的作用。比如：积极参加中国驻俄罗斯使领馆组织的各种政治活动和文化外交活动，拥护祖国和平统一大业；接待祖国的各种代表团，积极为中俄地方政府和企业的合作牵线搭桥；举办卡拉 OK 大赛、篮球赛等活动，丰富了华侨华人的业余生活，增强了华侨华人的凝聚力；组织各种公益性慈善活动，为四川地震募捐善款，热心帮助需要帮助的华侨华人；给当地孤儿院赠送生活用品和学习用品，慰问第二次世界大战老兵等。需要特别指出的是，在俄方组织的较大规模的"封库拉货"行动中，俄罗斯华侨华人社团及时与使馆联系，指导华侨华人采取防范措施并通过各种关系为华商挽回损失。

俄罗斯华侨华人社团相对比较年轻，涌现出来的有威望的侨领相对较少。尽管华侨华人社团众多，但其组织能力和组织规模都有待加强。一些华侨华人社团宣告成立后很少组织活动，一些华侨华人社团有自己的网站，但长期不更新网站内容。目前取得俄罗斯绿卡或加入俄罗斯国籍的华人较少，由于这种身份的不确定性，很多华人抱着功利性的目的加入社团，旨在团结互助、维护自身权益。派别林立的俄罗斯华侨华人社团还有待进一步整合，走向成熟的路还比较漫长。

---

① 夏春平：《世界华文传媒年鉴》，世界华文传媒年鉴社 2009 年版，第 534—535 页。

当代俄罗斯华侨华人社会的形成和发展催生了华侨华人媒体的兴起。最早出现的中文报纸是 1993 年创办的《中俄信息报》，后因资金问题于 1998 年停刊，比较有影响力的报纸还有：《俄罗斯商旅生活》《路讯参考》《莫斯科晚报》《莫斯科华人报》《俄罗斯龙报》《华俄时报》《中华消息报》《莫斯科华商报》《伊尔库茨克华人导报》《捷通时讯》《环球日报》《中俄商报》《中国日报》《俄罗斯侨报》等。这些报纸的主要宗旨是为俄罗斯华侨华人提供各类丰富的信息，大多设有新闻、商业、留学、中介等栏目，以中文媒体为主，还包括俄文媒体和中俄双语媒体。媒体形式既包括传统的报纸媒体，也包括新兴的网络媒体。在和网络媒体的激烈竞争中，一些传统报纸媒体纷纷停刊或转型。

需要特别指出的是，不少华人社团和媒体在微信平台上创立公众号，即时发布信息。如：《掌上莫斯科》既有微信公众号，也有手机客户端，它的简介是：一个掌上俄罗斯，精彩 30 万旅俄华人。

三　俄罗斯华侨华人形象

我们通过对俄罗斯主要媒体的跟踪，对大量媒体文本进行梳理分析发现，俄罗斯媒体对华侨华人的报道主要集中在以下几个方面：

勤劳的劳动者。勤劳是中华民族的传统美德，中国人民的勤劳给世界各国人民留下了深刻印象。俄罗斯华侨华人的勤劳让俄罗斯人感到惊叹，甚至感到不可思议。2007 年俄罗斯联邦政府实施"禁售令"后，华商不得不招募俄籍售货员，即使雇主提高工资，应聘者依然寥寥无几。此前，大量中国人承担了在露天市场售货的辛苦工作。一些中国人租下俄罗斯的不毛之地，搭建暖棚，精心培育各种蔬菜，获得丰厚收入。对于俄罗斯华侨华人的勤劳，俄罗斯民众的观点不尽相同。一些俄罗斯人认为，应该学习中国人的勤劳，少喝酒，多工作；一些俄罗斯人认为，如果中国人替我们种地，我们俄罗斯人将会灭绝；还有一些俄罗斯人认为，应该警惕中国的软侵略，驱逐中国人，把工作机会留给俄罗斯人。

强力的竞争者。俄罗斯华侨华人在俄罗斯各行各业都具有更强的竞争力。华商总能及时把握欧洲时尚，善于迎合消费者追求国际品牌的消费心理，向俄罗斯市场供应各种时髦款式，在俄罗斯轻工业市场占据较大份额；华人培育的蔬菜，产量更高，能够更早上市；华人承担的建筑项目总能按期交工。对于华侨华人的强有力竞争，俄罗斯各方争论的实质是各利益方的博弈。普通消费者能够买到物美价廉的商品，得到实实在在的好处，对华侨华人的到来表示欢迎。俄罗斯本地经营者担心受到华侨华人带来的排挤和恶性竞争，发出抗议和反对的声音是可以理解的。这些问题的解决需要俄罗斯政府加强引导和监督，以实现华人经营者、俄方经营者、俄方消费者等多方共赢。

潜在的扩张者。关于"中国扩张"的报道主要集中在"人口扩张""领土扩张""经济扩张"和"文化扩张"四个方面。比如，中俄民间文化交流和俄罗斯孔子学院被人为贴上"文化扩张"的标签。这一形象的产生有现实因素，也与俄罗斯特殊的民族心理相关。

现实因素包含：第一，对俄罗斯华侨华人数量存有争议，俄罗斯媒体、边检机构、移民局无法给出较为准确一致的信息，现代化的统一的信息库仍在筹建之中。缺少公开透明的权威信息，在扑朔迷离的各类信息面前，普通民众容易产生恐慌心理。第二，中俄毗邻的中国东北和俄罗斯远东地区，人口数量与人口密度差异极为悬殊。中国东北面积为124.8万平方公里，人口达1.22亿，人口密度为97.75人/平方公里；俄罗斯远东面积为616.9万平方公里，人口为650万，人口密度为1.05人/平方公里。第三，俄罗斯远东的黑龙江以北、乌苏里江以东地区历史上曾是中国领土，有些俄罗斯人担心中国强大后会收复失地。

再来看俄罗斯特殊的民族心理。俄罗斯民族具有较强的忧患意识，俄罗斯历史上是一个富于领土扩张性的国家。拓展疆域是俄罗斯哥萨克阶层的一个重要职能，一部俄国史就是一部领土扩张史。面对中国的崛起，俄罗斯人潜意识地把"扩张"的想象强加给中国：中国在崛起，中国很可能会扩张，在俄罗斯的华侨华人自然就成了"潜在的扩张者"。这种担心只是主观臆测，缺少根据。

不守法规者。关于"不守法规"的报道主要集中在：证件不合格、"灰色清关"、违规使用农药和各类添加剂、制造仿货等。这些现象的产生有中国人自身的原因，也和俄罗斯特定的社会背景、俄罗斯移民政策及政府机构腐败紧密相连。从中国方面来看，相关机构应加强对赴俄人员进行培训，使其了解俄罗斯的法律法规；俄罗斯华侨华人也应加强自律，自觉维护中国人在俄罗斯的形象。

俄罗斯华侨华人形象与中国形象有密切关联。对于那些从未到过中国的俄罗斯民众来说，他们对中国的认识，可能源自俄罗斯媒体报道，源自与俄罗斯华侨华人的接触，进而会把对俄罗斯华侨华人的形象联想为中国形象。从某种程度上，俄罗斯华侨华人是中国形象的载体，也是中国公共外交的载体。

针对俄罗斯华侨华人的一些负面形象，应以中俄"媒体年"的媒体合作为契机，加强中俄媒体交流，进而消除中俄双方的误解，增进中俄人民的互信和理解。对于一些客观存在的事实，中俄双方需尽快找到解决途径；对于俄罗斯民众的一些担心和误解，或许，俄罗斯汉学家的评论与解释更有信服力。我国在对俄传播的过程中，要加强与俄罗斯受众的互动，考虑俄罗斯受众的接受心理和接受习惯，避免自说自话。

最后，在研究当代俄罗斯华侨华人的基础上，探究俄罗斯华侨华人助推中国软实力的建构路径与对策，具有现实意义。

本文原载于《西伯利亚研究》2016 年第 2 期

新时期俄罗斯远东地区
中国人现状调查与研究

宁艳红[*]

【摘　要】1987—2017 年的三十年间，中俄（苏）关系进入新时期，中俄边境地区的人员往来与经贸交流日益频繁，大批中国人涌入俄罗斯远东地区求学、务工、经商，形成远东历史上又一次华人移民高潮。中国人在俄罗斯远东地区的人口数量、生存状况、业态发展等还存在很多问题，尤其是在社会融入问题上还面临很多困境；但以血缘、亲缘或业缘为主，已形成较大的华侨华人移民网络，在与俄罗斯人交融过程中初步形成相互依赖的消费共同体和利益共同体，一些微型华人社区正悄然形成，他们为俄罗斯远东开发、为中俄经济文化交流与合作做出了应有贡献。我国政府应加强赴俄务工人员法律知识培训，规范办理赴俄务工签证，对旅俄华侨身份进行科学合理认证，对中国人社团组织给予支持和帮助。

【关键词】新时期；俄罗斯远东；中国人现状；研究

俄罗斯远东地广人稀，即使在人口达到高峰的 1991 年，这片六百余万平方千米的土地上人口总量仅达到八百万[①]。苏联解体后，远东经济状况日益恶化，人口更是持续减少，2008 年降至 646 万人，增长率为 −0.4%，有劳动能力年龄的人口为 65 万[②]；2015 年人口已降至 622 万人，

---

* 本文系国家社科基金项目"十九世纪末至二十世纪末黑龙江中上游黑河边境地区旅俄华侨、华裔相关史料研究"（16BMZ099）阶段性成果。

作者简介：宁艳红：黑河学院研究员。

① 1991 年远东人口为 805.66 万。参见《俄罗斯远东人口状况》，《西伯利亚研究》1999 年第 6 期。

② 李传勋：《俄罗斯远东地区人口形势和劳动力供需问题研究》，《俄罗斯学刊》2011 年第 1 期。

较 1991 年人口净减少 23%。人口危机已成为阻碍俄罗斯远东地区发展最为严重的社会问题，劳动力短缺、劳动力市场萧条成为制约俄罗斯远东经济发展的瓶颈问题。与之形成鲜明对比的是，毗邻的中国东北地区在人口、经济、社会生态方面优势凸显，尤其是人口优势。20 世纪末，东北三省人口总量已突破 1 亿，是俄罗斯远东地区人口的 16 倍。为了搭乘中国发展的顺风车，俄罗斯实施新时期远东大开发战略，扩大中俄贸易，以拉动远东经济发展。

1987—2017 年的三十年间，以中国黑河—俄罗斯布拉戈维申斯克（以下简称"布市"）两座城市重启双边贸易为标志，开启了中俄战略伙伴关系的"新时期"。大批中国人再次跨越界河，移居毗邻的阿穆尔州、犹太自治州、哈巴罗夫斯克边疆区、滨海边疆区，并迅速辐射至俄罗斯远东其他地区和城市，参与俄罗斯远东地区开发建设，形成远东地区历史上第二个中国移民高峰期。

关于远东地区中国人问题的研究，代表性论著有强晓云的《移民对当代中俄关系的影响：非传统安全视角的分析》，亚·格·拉林的《中国移民在俄罗斯：历史与现状》，王辉耀、苗绿的《中国的国际移民：现状、对策及社会应对》等。强晓云从非传统安全的角度，对中国移民在中俄关系中的地位和作用进行分析，重点阐述俄罗斯的移民观、移民政策以及中国移民向俄罗斯的人口迁移；亚·格·拉林则对一个半世纪以来中国移民在俄罗斯的历史进行全面梳理，通过调查问卷及比对分析的方式，对中国商人、游客、留学生、务工人员进行调查研究；王辉耀、苗绿着重分析新形势下全球移民趋势和国际人才竞争的现状，阐述中国国际移民在全球化时代的新变化和新趋势。上述学者对俄罗斯远东地区中国人的历史研究较为充分，但从学术视野探究、透视新时期远东地区中国人的研究成果尚不多见，且大多属于平面叙述、单体分析，对远东地区中国人的数量、业态、华人社会以及俄罗斯移民政策对中国移民的影响等尚缺乏全面深入的探究和分析。

近年，笔者多次赴俄罗斯远东地区进行调研，对俄罗斯远东地区中国人的现状展开多维度的走访。2017 年 1 月，笔者再赴布拉戈维申斯克、伊万诺夫卡、别洛戈尔斯克（简称"白山市"）、坦波夫卡、新布列亚市、犹太自治州首府——比罗比詹市这 6 个远东地区城市，深入当地"中国大市场"（Китайский Базар）进行田野调查，调研 100 余人，深度访谈 30 余人。通过对新时期旅居远东地区中国人进行实地深度走访调查并结合俄罗斯官方公布的最新资料研究认识到，中国人在俄罗斯远东地区的人口数量、生存状况、业态发展等还存在很多问题、面临很多困境；但是，他们以血缘、亲缘或业缘为纽带，在俄罗斯顽强地生存着，在与俄罗斯人交融过程中初步形成了相互依赖的消费共同体和利益共同体。一些较大的华侨华人移民网络、微型华人社区正悄然形成。他们为俄罗斯远东地区的开发、为中俄经济文化交流与合作做出了应有的贡献。

一　新时期俄罗斯远东地区中国人口状况及数量分析

新时期（1987—2017）远东地区中国人按其迁入历史和发展特点，可以划分为 20 世纪末、21 世纪初前后两个时期。

（一）20 世纪末俄罗斯远东地区中国人口状况

1987—2000 年十余年间，俄罗斯远东地区中国人口波动很大，又可分为由初始的迅猛增长到大幅回落再到缓慢回升的三个阶段。

1. 1987—1993 年间中国人数量的迅猛增长

1987 年中苏边境旅游贸易开启，远东地区中国人数量迅速攀升。1988 年整个远东地区的中国人总量为 1742 人，两年后（1990 年）达到 1.5 万人，较 1988 年增长 7.61 倍。1992 年 12 月 18 日，中俄政府签订《关于旅游团体互免签证的政府间协定》后，中国东北三省大批富裕劳动力凭借两国经济发展互补性契机，抢先抓早，涌入远东地区经商、建筑、务农、伐木、采矿。1993 年 12 月 16 日，俄罗斯颁布主席团《关于俄罗斯联邦吸收和使用外国劳工的命令》，规定联邦移民局从其他国家吸收劳工的定额。1993 年 12 月 29 日，签署了俄罗斯与中国两国政府间关于公民旅行签证的协议。受这些政策的影响，中国赴俄人数逐年增加。当时的中国人多集中在与中国毗邻的哈巴罗夫斯克边疆区、滨海边疆区和阿穆尔州。对此我们从黑河口岸出境中国人统计数据图即可略见一斑：

图 1 显示，1987 年从黑河海关过境的中国人仅 421 人，第二年就猛增至 5542 人，增长 12.14 倍；1989 年达到 44283 人，是 1987 年的 105.16 倍。1991—1993 年逐年递增，依次为 134804 人、279545 人、360289 人，

分别是 1987 年的 320.19 倍、664 倍、855.79 倍①。

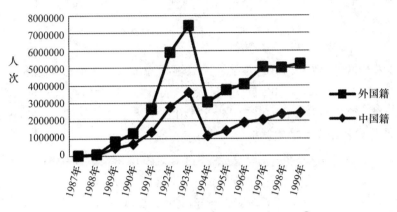

图 1 1987—1999 年黑河口岸出入境人次②

高额利润使当时的中俄贸易异常火爆。如华人商贩在布市出售中国化妆品、服装鞋帽，日利润达几百元人民币，相当于国内一名普通教师的月工资。在布市，露天中国大市场甚至一铺难求。据笔者统计，布市居住的商品批发零售的中国业户有：少先队大街 51 号 2 栋三层小楼房近百名，曙光宾馆 200 余名，体育场公寓 100 多名。另外，在布拉戈维申斯克大金龙、小金龙市场及周边，在劳动大街 47 号，都住满做生意的中国业户③。

总之，受地缘因素、巨大的人口剪刀差、俄罗斯经济转型以及输出国推力和输入国拉力等因素的影响，远东地区的中国人数量与日俱增。截至 1993 年，远东地区的中国移民就业人数不少于 10 万人。在我们调研的百余位商贩业主、企业家中，70% 是这一时期进入俄罗斯远东市场的。

2. 1994 年中国人数量迅速回落

由于大量中国人涌入俄罗斯，其中有的商人受利益驱使，出口假冒伪劣产品，引起俄罗斯消费者的不满，开始抵制中国假冒伪劣商品，加上边境城市面对日益繁荣的边境贸易，还未制定切实可行的招商引资政策和措施，缺少利于外商投资的空间和环境，地方政府在亲商、融商等方面缺少

---

① 黑河口岸出入境客货统计表（1987—2016）。

② 同上。

③ 2015 年 12 月、2017 年 1 月、2017 年 6 月 6 日分别采访曾经在布拉戈维申斯克经商 10 余年的 W 女士、F 女士、G 先生的谈话。

有效措施，无法有效保护投资商的利益，因此中国对俄贸易额及出国人数出现拐点，1993 年远东地区中国人口达到最高点，从 1994 年开始出现回落，降至 115608 人。

3. 逐年回升（1995—2000）

1995—2000 年间，中国人赴俄人数逐年增多，呈不断攀升态势。据黑河海关统计，1995—2000 年过境人数依次为 143367 人、189032 人、204259 人、239028 人、246871 人、332012 人①。这些赴俄远东地区的华商、华工大多持旅游护照，分布广、投资少、利润大，受利益驱使，大批中国人赴俄，形成 20 世纪末新一轮中国人赴俄远东地区高峰期。

（二）21 世纪初期俄罗斯远东地区中国人口状况

进入 21 世纪，俄罗斯远东地区的中国人数量经历了由"持续减少—小反弹—再下滑—逐年回升—小幅下降—逐年攀升—直至历史最高点"的发展历程。

1. 持续减少（2001—2003）

2000 年，远东地区总人口为 720 万，常住的中国人口约为 25 万，占远东地区总人口的 3.3%。2001 年，远东地区的中国常住人口为 23.7 万人。2002 年黑河海关过境人数为 239941 人。2003 年 5 月，俄罗斯以中国非典疫情为由，组织卫生防疫部门突击检查中国人聚居的宿舍楼，以不符合卫生条件为由，查封关闭 19 处中国商人聚居宿舍楼，并限期两天内全部搬走清空②。同一时间俄罗斯临时关闭多个边境口岸，赴俄中国人数量骤减，2003 年黑河海关过境人数为 191092 人。

2. 小反弹（2004）

非典疫情得到有效控制后，俄罗斯陆续开通边境口岸，从 2004 年开始，不少中国人重返俄罗斯，远东地区中国人数开始增多，仅从黑河海关过境人数为 240526 人。

3. 再下滑（2005—2007）

从 2005 年开始，远东地区中国人数再度回落。2006 年，俄罗斯官方数字统计，曾使用中国合法劳务人员 201835 人，其中 20% 在移民局

---

① 黑河口岸出入境客货统计表（1987—2016）。
② 《俄罗斯华侨华人与俄联邦的移民政策》，《华侨华人历史研究》2005 年第 2 期。

合法登记。俄罗斯学者拉林对远东地区中国人进行统计：2006 年为 18168 人①，2007 年较上一年人数下降 15.3%，其中 78% 的中国人住在俄罗斯的城市或小城镇②。

4. 逐年回升（2007—2012）

笔者在远东地区调研得知，2007—2012 年是华商在远东地区创业的黄金期，高额利润驱动中国人赴俄罗斯。2008—2012 年，黑河海关过境人数依次为 266557、274428、275935、298864、335518 人，③ 呈现一个新的逐年上升趋势。

5. 小幅下降（2013—2014）

2014 年俄罗斯经济严重萎靡，秋季人民币与卢布兑换比例为 1∶6.5，年底降到 1∶12。2014 年以前在布市经营水果年净利润 30 万—50 万元人民币（以下均按人民币计算），友谊库一天能批发出价值 20 万元的货物，从黑河市直接过货一车水果利润达 5 万元人民币，如今批发一车水果仅挣 3000 元人民币。因卢布贬值、利润剧减，华商很难获利而纷纷回国，远东地区中国人再度出现短暂下降趋势。

6. 逐年攀升直至历史最高点（2015—2016）

据塔斯社 2017 年 5 月 17 日报道，新西伯利亚地区经济发展部统计的数字显示，2016 年新西伯利亚地区共接待 2 万多名中国游客，这几乎是 2015 年接待游客量的 4 倍，是 2014 年的 10 倍④。

2014—2016 年，从黑河出入境人数重新回升到 30 万人以上的高位，依次为：326518、391619、371427 人⑤。2015 年俄罗斯远东地区经济探底回升以来，中国向远东地区的劳务输出以及商务输出日见起色，远东地区的经济开始回暖升温，移民人数达到历史最高点，说明新一轮赴俄人数的高峰已经来临。

（三）俄罗斯远东地区中国人口波动原因分析

新时期俄罗斯远东地区人口数量的增减，主要由其业态及社会生活状

---

① 引自拉林《俄罗斯人眼中的中国移民》，2008 年。

② 同上。

③ 黑河口岸出入境客货统计表（1987—2016）。

④ http://world.huanqiu.com/exclusive/2017-05/10691766.html。

⑤ 黑河口岸出入境客货统计表（1987—2016）。

况所决定。因俄远东地区对中国商品和劳务依赖度极高，而高额利润对中国劳务输出者和商贩产生极大吸引力，赴俄中国人数不断攀升。一方面是适应俄远东地区开发需求，抓住对俄贸易契机；另一方面受市场经济利益大、效益好及高额利润驱动。以布市为例，2003 年前后人民币和卢布的兑换比率为1∶3.5，经营水果日营业额为 2 万卢布，出售一个冰柜净赚 1000元人民币①。2007 年布市新建 7 层中国大市场巴扎勒，住有千余名中国业户，大约花费 12 万元人民币可以买下摊床的 5 年使用权，如经营化妆品日营业额高达 1 万多元、最低也有几百元人民币。一名普通俄罗斯服务员日销售提成 600—1300 元人民币②。在高额利润的吸引下，中国人纷纷到俄罗斯远东地区创业。

但是，受俄罗斯经济危机影响，以及俄远东地区移民政策的更迭变换，中国出境人数增减趋势出现大起大落。经过调查得知，21 世纪初，尤其是 2013—2014 年，中俄边境出入境中国人数锐减主要是由于乌克兰危机背景下欧美国家纷纷对俄罗斯实施制裁措施，俄罗斯出现经济危机、卢布贬值，导致远东地区经济环境极度恶化、社会购买力大幅下降，中国商贩处于微利甚至亏损边缘，远东地区生存和贸易环境突然恶化引发大批中国人员的归国潮。

（四）俄罗斯远东地区人口需求与中国人口发展趋势分析

俄罗斯学者拉林对 1993—2006 年远东部分地区的中国工人数量进行过统计。（见表 1）

表 1　　　　　　　中国工人在远东地区统计表（人）③

年份 地区	1993	1995	1997	1999	2001	2005	2006
滨海边疆区	7329	8349	6964	6374	9639	15578	10386
阿穆尔州	693	699	663	973	312	3646	4529
哈巴罗夫斯克边疆区	2795	3251	819	973	1254	3612	2483
犹太自治州			327	542	550	684	770

---

① 2017 年 1 月在布拉戈维申斯克中国大市场采访在俄经商 14 年 L 先生的谈话。
② 2015 年 10 月采访曾经在布拉戈维申斯克经商多年的 W 女士母子的谈话。
③ 引自拉林《俄罗斯人眼中的中国移民》，2008 年。

通过表 1 并结合笔者调查可知，21 世纪初，俄罗斯远东地区中国人口的数量有一定的波动，从高到低，探底后缓慢回升，出现不同时期的峰值。其间虽有大幅回落及下滑，小幅短暂下降，但总的趋势是向上、向高、向多发展，呈攀升和增长态势。

1. 俄罗斯远东地区人口需求与中国移动就业人口发挥的效应及影响

20 世纪末以来，俄罗斯制定了新一轮远东大开发战略，有意识地引进中国资金和劳动力资源参与远东地区开发。俄远东地方政府有效地组织、利用外来移民尤其是中国移民参与开发，作为解决劳动力资源严重匮乏的主要手段。正如曾经担任俄总统驻远东地区代表的伊斯哈科夫所言："俄远东地区的发展离不开外国劳动力，否则无法生存。"[①]

中国移动就业人口是远东大开发的重要生力军，对远东地区的经济发展起到了不可或缺的作用。其产生的经济、文化效应主要表现为：（1）活跃地区劳动力市场，增加俄罗斯就业机会。华商解决俄罗斯人就业难问题，提高远东地区就业率。华商大多选择雇用工资低的俄罗斯员工，以减少投资成本、增加利润。从事体力劳动的俄罗斯服务员日工资大多在350—740 卢布，且无需负责食宿，在俄经商 90% 以上的中国人都雇用俄罗斯员工，少则一二人，多则十几人、几十人。（2）促进地区建筑业、第三产业进步。由中国人承建的房屋质量优、工期短，促进了俄罗斯建筑业的繁荣，俄罗斯远东地区 80% 的大型工程由中国人建造。如，建筑商何文安在俄罗斯开发建筑总面积 100 多万平方米，境外资产总额已达 17 亿元人民币，成为布市排名前五位的纳税大户。（3）发展地区经济尤其是市场经济，增加税收。华商是远东地区的主要纳税者，是促进当地经济发展的重要力量。在远东地区的大市场，如比罗比詹市"中央百货商场"等大市场，经济危机后由于华商的有力支撑才没倒闭。华商是当地经济的重要支柱，据统计，在比罗比詹市平均一个华商每月纳税 4000 卢布、每 2 名华商养活 1 名俄罗斯人[②]；2000 年布市每名华商日缴 500 元人民币利税，上缴的税收用于支付远东地区俄罗斯公务员的工资。（4）物资丰富，改善居民生活条件，提高生活质量。华商不仅带去物美价廉的商品，还为俄罗斯人的衣食住行提供保证，琳琅满目的商品、鳞次栉比的中国餐馆、款式新

---

① 宋雅等《环球时报》2006 – 04 – 26 第 01 版。
② 根据 2017 年 1 月在比罗比詹市中央百货商场采访在俄经商 10 余年的同江 F 先生谈话。

颖的中国服装,极大满足了俄罗斯人的物质生活需求。(5)影响地区居民观念及生活方式转变,活跃文化生活。中国人遍布远东地区各个角落,他们在各行各业扮演重要角色,中餐馆、中国商品的繁荣及中国文化的传播,相应改变了部分俄罗斯居民的饮食和生活方式,他们的精神文化生活更加丰富多彩。

2. 远东地区中国人口将呈稳定增长趋势

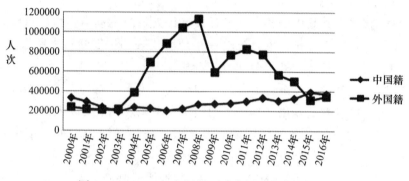

图2　2000—2016年黑河口岸中国人出入境人次

（1）中国与俄罗斯远东地区特殊的地理位置决定远东地区的发展离不开中国人,他们发挥着不可替代的作用。为满足远东大开发的生产劳动及技术智力需求,大量中国劳动力源源不断地投入开发项目工程建设,这是俄罗斯和其他国家都不能替代的。随着远东大开发的不断深入、规模逐渐扩大,预计将有更多的中国生产技术人员进入远东地区劳动力市场。

（2）中俄共同开发远东地区的战略构想需要中国人帮助实施。俄罗斯总统普京制定了《2025年前远东及贝加尔地区社会经济发展战略》,几年来,中国的"一带一路"倡议和俄罗斯欧亚经济联盟战略对接取得可喜成绩。实践证明,中俄作为经济利益共同体,俄罗斯需要更多的中国人参与远东大开发战略的实施。

（3）中方在建桥、修路、修建机场等方面为中国人在远东地区工作创业提供后备条件。黑河作为对俄经济文化交流的桥头堡,积极参与对俄经济建设,黑河·布拉戈维申斯克黑龙江（阿穆尔河）大桥正在建设中,这将成为中俄两国经贸合作的新通道,也将成为中国移动就业人口赴俄主要通道和入口。黑河积极建设黑龙江大桥、瑷珲机场、哈黑公路,为远东地区经济发展创造内通外联的有利环境。

（4）中俄战略伙伴关系的确定为地区相对稳定打下了基础，为在俄中国人口增长趋势提供了保障。中俄本着互惠互利、相互理解的原则，围绕中俄发展战略对接以及"一带一路"建设与欧亚经济联盟对接，为中国人赴俄参与远东地区开发提供基础保障。

二 新时期俄罗斯远东地区中国人业态及社区生活

根据笔者对远东部分城市的调查，远东地区中国移动就业人口大多从事建筑、餐饮、服装鞋帽、日用百货和蔬菜、水果批发与零售、农业种植等行业。围绕以上行业又形成许多配套的服务产业，如租赁土地种粮食、蔬菜，做粉条、豆腐，生豆芽，养蘑菇等副业产品。有学者统计，中国蔬菜和水果在阿穆尔市场所占比例达98%，服装、针织制品、各种纺织品和鞋类分别占80%到95%[①]。此外，他们还经营超市、房地产、中介公司、运输公司、旅游公司等，在远东地区无论是大城市还是小村镇都有华商的身影，他们主要活跃在笔者走访过的布市、白山市、比罗比詹等主要城市，主要从事商业、餐饮、建筑、工业等行业，同时也从事与上述行业相关的附属业。

（一）中国人职业分布及现状

1. 水果批发零售业

在阿穆尔州布市的"扎巴""华府""劳动大街47号""友谊水果批发市场"等大型商场、超市中，有许多华商从事水果批发业，布市友谊水果批发市场有40—50个华商业户、大市场出口处马路边平房有近10个华商摊床；白山市库杰尼信尼科水果批发市场有5个华商摊床；比罗比詹有3家华商经营的蔬菜水果批发店，规模最大的是哈尔滨菜库。调研得知，按人民币计算：一名普通华商每年的房屋租金为12万元（含税），支付雇用乌兹别克人日工资90元，年毛利润约为250万元，扣除房租、工人工

---

① 丁荟语：《实施"两国一城"构想开创兴边富民之路》，《俄罗斯中亚东欧市场》2008年第9期。

资等，年净利润约为 20 万元①。华商在布列亚城经营水果的利润比其他城市要高，年利润达到 30 万—40 万元，生意兴隆时年利润可达 50 万—60 万元。华商在俄罗斯经营水果批发的时间少则五六年，多则十余年、二十年。华商在布列亚、比罗比詹的经营状况及年利润好于布市，这是因为布市中国人数量多、竞争力大，利润较低，赊账、欠账现象严重，一些中国人批发给阿塞拜疆人的货款无法回收，而白山市中国人较少，经营水果利润较大。

2. 服装批发零售业

在布市"三条金鱼"大市场，4 平方米摊床的年租金约为 18 万元，保守年利润最低为 8 万—10 万；在白山市服装批发市场中有 10 多名中国业户，业户的房租每月为 1000 元，支付俄罗斯服务员日工资 350 卢布，利润下滑年份也可收入 20 多万元，生意兴隆时年利润可达 30 万—40 万元。白山市经营服装批发的业户幸福指数较高，经商环境较宽松，由当地市场统一负责雇用员工，签订劳务合同，减化华商办签证的手续。比罗比詹市从事建筑、服装、餐饮的中国业主有 2000—3000 人，在比罗比詹露天大市场有 70—80 个中国摊床，经营服装、鞋帽、汽车配件等。比罗比詹的华商效益较好，淡季每天零售三四件，效益好的时候每天销售二十多件②。中国业户最少拥有一个摊床，经营状况好的拥有三四个摊床，他们大多从哈巴罗夫斯克批发商品。来自辽宁省的 Y 女士在比罗比詹生活了十余年，拥有 3 个室外摊床，每月租金为 6000 元人民币，她出资 50 万元人民币购买了近 100 平方米的门市，支付每名俄籍佣工日工资 60 元人民币③。

通过调研得知，服装批发业户大多来自东北三省下岗工人，文化层次不高，以经营羽绒服、运动服、鞋帽为主，少则在俄罗斯经商五六年，多则十余年，他们仅会使用简单俄语进行贸易，经营时间大多为中国时间早 8 时至下午 17 时。

3. 餐饮业

远东地区有许多中餐馆，不仅为中国人提供餐饮便利条件，还丰富了俄罗斯人的饮食，获得俄罗斯人的青睐。布市有"三亚""海南""五一"

---

① 根据 2017 年 1 月在布拉戈维申斯克中国大市场采访大庆 L 先生谈话。
② 根据 2017 年 1 月在比罗比詹市中央百货商场采访经商 10 余年的 W 先生谈话。
③ 根据 2017 年 1 月在比罗比詹中国露天大市场采访在俄经商 10 余年的辽宁 Y 女士谈话。

"北京""泰山""东方"等中国饭店；白山市有 8 万人口，其中 200 多名华商，有"北京""风车"等四五家华商经营的饭店，规模最大的是"亚洲饭店"；新布列亚镇有 2 万人口，现有 20 多名华商，有"北京饭店"和"哈尔滨饭店"；在比罗比詹有"火烈鸟饭店"等。

通过调研得知，中国人开办的餐饮业中员工的工资分为两类：一类是厨师，月工资为 8000 元人民币；一类从事代管业务，负责采买、收银，管吃管住，月工资为 4000 多元人民币。中国人不再从事又苦又累的工作，诸如洗碗、配菜、搬运、保洁等杂活、重活都由俄罗斯佣工承担，俄罗斯服务员日工资为 800 卢布；处于普通地段的饭店年租金为 1 万元人民币左右，水电费平均每月为 1.6 万卢布，年利润在 20 万—50 万元人民币之间。经营餐饮业中的 30% 中国业主购买了房屋的产权，只有个别人承租，从中可以看出中国人在远东地区的经济实力。中国人在俄罗斯经营的饭店生意很红火，经营时间少则 3—5 年，多则十几年。

4. 农副业

俄罗斯是一个幅员辽阔的农业大国，其农业区气候适宜，阿穆尔州平原多、地势平坦、土质肥沃，非常适合机械化作业。苏联解体至今，其玉米、大豆产量下降，农副产品市场供应不足，劳动力资源短缺，难以满足经济与市场的开发需要，这为华农赴俄提供了发展空间。黑龙江省富余劳动力利用地缘和资源优势，推动对俄农业开发合作，从事开垦荒地、蔬菜种植、畜牧养殖、农产品加工等，他们勤劳务实，采用先进耕种栽培法，提高农产品产量，受到俄罗斯人的赞誉。齐齐哈尔市 L 女士的丈夫在比罗比詹租种 400 垧黄豆，每垧土地租金 1000 元、800 元、500 元人民币不等，效益好时年收益可达 50 万元人民币；来自逊克县 45 岁的 H 先生已在俄罗斯生活 25 年，是阿穆尔州远近闻名的农业大户，在阿穆尔州的"十月区""远东村""布列亚区""罗姆区"租种土地 1 万垧。他摒弃凯斯 210 拖拉机、东方红—300 拖拉机等落后生产工具，购买使用先进的欧美大型机器设备凯斯翰迪尔，日工作 8 小时可开垦 80 垧地，开垦速度快、收益高①。通过调研和查阅资料得知，远东地区有 1000 多万公顷土地，其中 600 多万公顷土地分布在与黑龙江接壤的俄罗斯

---

① 根据 2017 年 3 月在黑河市参访 H 先生的谈话。

远东各州区境内。1990—2006 年，俄罗斯村民纷纷离开远东地区，造成土地闲置，这为黑龙江上中游地区的人们提供了耕种条件。除了种粮食，还大面积种蔬菜，截至 2006 年，中国农民已经掌控远东 90% 的蔬菜市场，[①]一些租地面积少的中国农业户因受俄罗斯经济危机影响纷纷回国，而一些种粮大户，则因购置了大批土地，粮食蔬菜产量高、质地优，大大降低了远东地区蔬菜价格。

5. 建筑业

20 世纪 80 年代后期，一些中国南方建筑商带领工人凭借能吃苦、技术新、质量高等优势，在俄罗斯建筑业占领了一席之地。如，1989 年福建省的何文安带领一支 150 人的建筑装饰队伍跻身阿穆尔州建筑市场，承建了 8.5 万平方米的阿穆尔州医院内部装修工程，从此开始在俄罗斯建筑业中不断发展壮大。1995 年何文安自己成立了华富商业建筑有限公司，20 多年来他承建了布市的旅游宾馆、友谊宾馆、话剧院、阿穆尔州立医院等品牌工程。2011 年，他再次投资 7.3 亿元人民币，全力打造由中俄两国领导人见证签约的项目——俄远东地区最大的建材市场。他承建的工程项目得到阿穆尔州质量监督局和布市市民的好评，如今位于布市亚州宾馆后面质量优、地理位置佳、销路好的 45 区、170 高层住宅、大华富、小华富以及亚洲宾馆旁边的三个商场都由华富集团有限公司承建，曾出现一房难求的现象。2015 年末，华富集团在布市经营 4 个商场、一家五星级宾馆，在俄开发建筑总面积达 100 多万平方米，境外资产总额已达 17 亿元人民币。2016 年他启动"威尼斯项目"，占地 4 公顷，计划 5 年完工，这是俄罗斯联邦第二大工程项目，是俄罗斯的重点项目。通过调研得知，在远东地区从事建筑的中国人大多是体力劳动者，只有百分之一的人成为建筑商，有的在俄罗斯投资高达十几亿元人民币，建筑资金大多为建筑商投资垫付。近年来由于俄罗斯经济低迷，他们很难回笼资金，利润大多用于投资扩大再生产。令人担忧的是俄罗斯经济持续下滑，一旦投资方资金断裂，或俄罗斯政策发生变化，他们的利益无法受到保护，将有倾家荡产的危险。华商在俄罗斯从事建筑业虽然利润比较丰厚，但也是高投资、高风险，这已引起相关业主及专家学者的高度关注。

---

① https：//news. qq. com/a/20060817/002042. htm。

（二）俄罗斯远东地区微型华人社区的初步形成

1. 远东地区中国人经济实力和社会地位的提升

中国经济实力的崛起，加快了中国文化走出去的步伐。中国的文化、语言、饮食备受俄罗斯人推崇，中国人的社会地位、经济地位不断提升，工资有保障，生存环境、工作条件发生了质的变化。他们在远东地区不再从事又苦又累的工作，而是从事俄罗斯人艳羡的职业，出手阔绰，在俄罗斯购房、购车并置业，经常往返于中俄两国边境地区。

许多中国人在俄罗斯收入高，物质生活和精神生活丰富。小 Z 大学毕业后选择在布市攻读硕士、博士学位，利用业余时间从事翻译和化妆品代购，由于适应能力强、地形和业务比较熟悉，经常往返于阿穆尔州、哈巴罗夫斯克、符拉迪沃斯托克等地。2015 年，人民币与卢布汇率在 1∶11 时，他花费 7 万卢布/每平方米在布市购买了一套小户型公寓（合 6363 元人民币/每平方米），并花费 5 万元人民币购买了一辆二手日本车，方便联系业务，两年后更换新车辆①。在俄罗斯闯荡二十余年经营"哈尔滨饭店"的 W 女士，与丈夫在距离布列亚镇 80 公里外的巴拉干购买了一套门市，用于经营饭店②。白山市 W 先生，购买了一套 300 平方米的二层楼用于经营饭店，其在布市还经营 2 家中国饭店，并购买私家车。在比罗比詹的 J 女士已打拼近 20 年，花费 200 多万元人民币购买 770 平方米的二层楼门市房，由于业务量大，雇用许多中俄工人，并购买私家车③。

无论是从事服装批发业，还是从事农副业、餐饮业的华商大多雇用俄罗斯人完成具体工作，而自己只负责联系业务，早已完成由雇工到雇主身份的转变，成为令人艳羡的老板和经理。在俄罗斯经商的中国人大多已达 5 年以上，他们生活富裕、经济实力强，在俄罗斯挣钱，回中国消费。物质生活的富裕使华商的精神生活变得丰富多彩，业余时间与中俄朋友一起滑雪、游泳、旅游、观看演出。如今远东地区一些"80 后""90 后"的中国人已经开始融入俄罗斯社会。

---

① 根据 2017 年 1 月在布拉戈维申斯克采访小 Z 的谈话。
② 根据 2017 年 1 月在阿穆尔州布列亚镇采访经商 10 余年 W 女士的谈话。
③ 根据 2017 年 1 月在比罗比詹市哈尔滨菜库采访经商 20 余年 J 女士的谈话。

2. 微型华人社区的初步形成

通过调研笔者发现，活跃在远东地区各个行业的中国人，已经成为俄罗斯远东社会尤其是经济领域重要的组成部分。笔者深切地感觉到，新时期远东地区中国人的社会地位有明显提升，并且微型华人社区已悄然出现。在远东地区中国人经营的宾馆或者中国社区内，黄皮肤、汉语、汉族服饰是他们的典型特征。虽然中国人在俄罗斯没有形成唐人街、中国城，但是他们以亲属链为基础形成了微型华人社区，传承着中华民族传统文化，并形成坚固的抗拒外来文化的"防波堤"。在远东地区的中国人在饮食、服饰、生活习惯等方面依旧沿袭国内的风俗习惯，他们除工作外，很少与俄罗斯人交流，大多喜欢和本民族人群居。

移民网络指先行移民与故乡的后来者所具有的各种裙带关系的组合，这种组合包括亲人、朋友以及基于亲情、友情所建立起来的种种联系[1]。在俄罗斯打拼的中国人，大多不是独自一人，而是与亲属或者同乡同行，在俄罗斯站稳脚跟、有一定经济基础后，他们便以移民网络为基础把亲属朋友带过来共同创业打拼，互相照应和依靠，他们以家庭为单位，少则两三人，多则十几人、数十人。一些华商举家迁往俄罗斯，子女就地上学，并购买了房屋、汽车。他们大多数人都从摆地摊，批发零售服装、小百货、食品、蔬菜水果等小本生意开始，待积累财富后，一般都会投资扩大产业或转型其他产业。

笔者在采访中发现，远东地区95%以上的华商和亲属朋友共同生活在华人宾馆或者华人大市场，月租金为1500—2000元人民币，他们组成大大小小不同的群体，这些群体不断补充和更新，逐渐扩大规模，他们既是单独的个体，又通过移民就业网络，组成不同的华人群体，形成微型华人社区以应对社会排斥。这些华人社区自成一体，并以此提高自己的适应能力。他们除业务上与俄罗斯人打交道外，其余时间很少和俄罗斯人接触，他们身上仍保留着中国传统文化。华商个体独立处理在异国的法律纠纷、商业事务、与俄罗斯海关等部门的沟通协调，自行解决生活、工作中的难题。

3. 跨民族跨社区的中俄通婚

在远东地区一些家境殷实、勤劳善良、责任感强、不酗酒的中国男人

---

① 于涛：《移民网络、本土化适应与俄罗斯华商新移民—基于莫斯科的实地分析》，《华侨华人历史研究》2016年第4期。

赢得了俄罗斯女人的青睐，双方在工作、学习中互生情愫，结为连理，形成独具特色的中俄通婚家庭。

由于中国人加入俄罗斯国籍的主观愿望不强烈，赚钱回国是绝大多数人的共同愿望，加上俄罗斯社会缺乏安全感、俄方并未采取积极有效措施接纳中国人入籍，所以只有少数华人获得俄罗斯国籍，也是由于中俄通婚。

阿穆尔州婚姻登记情况显示①，1997—1999 年华人婚姻登记总数为 17 对，2000 年为 11 对，2001 年为 7 对，2002 年为 7 对，2003 年为 9 对，2004 年为 12 对，2005 年为 5 对，2006 年为 8 对，2007 年为 5 对，2008 年为 5 对，2009 年为 8 对，2010 年为 7 对，2011 年为 7 对，1997—2011 年，15 年总计 108 对。中俄通婚人数仅是俄罗斯婚姻登记总数的千分之一。黑龙江省逊克县的 H 先生在俄罗斯阿穆尔州生活了 25 年，1992 年到距离阿穆尔州 5000 公里的阿巴干大学学习俄语时与同班同学娜达莎相识并结婚；在布市亚洲宾馆任财务总监的 X 先生，在北京某高校毕业，2008 年到布市学习俄语，后在当地中学教授汉语，结识了比他小 8 岁的俄罗斯少女娜斯佳，两人相恋 5 年后结合②。现年 38 岁的大庆张先生曾于 2000 年在新西伯利亚托木斯克经商，结识了比他小 4 岁学习财务管理的俄罗斯大学生达莎，2011 年，他们一家三口回国在黑河市定居。

这些中国人的俄罗斯妻子大多具有高学历，不仅年轻漂亮，而且还是他们事业上的帮手、助手，利用熟悉俄罗斯法律和国情的有利条件，与俄罗斯政府及其他部门沟通协调，解决丈夫在俄罗斯工作和生活中的难题。大多数中国人在俄罗斯打拼一段时间、积累一定钱财、拓宽生意渠道后，便寻求机遇偕妻带子回到国内发展。

三　中国人在俄罗斯远东地区的社会融入问题

中国人为实现淘金目的主动适应俄罗斯的经济社会环境，采取本土化的调试与融入，尝试进入当地社会。知名学者庄国土认为：华人将作为次

① http://www.amurobl.ru/wps/portal/Main. 2000—2010 年阿穆尔州婚姻登记及离婚情况。阿穆尔州政府官方网站［电子资料］. 登录网址：http://www.amurobl.ru/wps/portal/Main。
② 2017 年 1 月在布拉戈维申斯克采访高级白领 X 先生谈话。

主体而融入当地的主流社会，这种趋同的过程，即表现为同化、认同、整合的过程①。而笔者在远东地区调查尤其是在与俄罗斯远东中国人密切接触访谈的过程中深深地感觉到，新时期的俄罗斯远东地区中国人还普遍面临着难以充分融入当地社会的诸多困境。现实证明，虽然已经形成了微型华人社区，但大多数人仅仅掌握一些日常商业俄语，对生活用语掌握得不全面，无法与俄罗斯人进行深入交流，双方在文化、生活上很难沟通和碰撞；中国人大多文化层次低，不熟悉俄罗斯法律和财税制度，造成在俄经商、务工受阻，给他们的生活带来困难和麻烦。虽然中国人在俄罗斯的地位不断提升，但是他们无法进入俄罗斯的主流社会，没有社会话语权、没有安全感，无法扎根俄罗斯，加之华人社团组织缺少凝聚力，使大批中国人无法融入俄罗斯社会。俄罗斯多变的移民政策、排外的民族特性、诸多不安全因素，使中国人无法在俄罗斯落地生根。同时受落叶归根观念影响，他们积累一定钱财后大多选择归国。笔者以为，俄罗斯远东地区中国人之所以难以充分融入当地社会，既有复杂的的客观因素，也有深层次的主观原因。

（一）中国人难以融入俄罗斯社会的客观因素

1. 俄罗斯移民政策的变更

　　大量中国人的涌入，引起俄罗斯中央、地方政府的注意及部分极端主义者的恐慌。俄罗斯一家咖啡馆提供的咖啡砂糖袋上用俄语写着："这里的一切都是俄罗斯的，这里的一切都属于我们，从莫斯科到俄罗斯的尽头。"这句话实际上是庆祝哈巴罗夫斯克建市150周年的口号②，说明俄罗斯社会对历史上原属于中国的远东地区的归属一直深怀戒备心理。在20世纪90年代初期由政治变迁带来的族群地理重构趋向平静之后，俄罗斯为解决本国劳动力人口短缺问题而出台的移民政策，依然显示出鲜明的族群偏好，对外来移民的选择存在明显的双重标准③。俄罗斯开发远东地区需要大量劳动力、技术和资金时，就制定一系列优惠政策吸引中国人到俄罗斯务工；一旦中国人数增加并在当地产生影响之后，俄罗斯政

---

① 庄国土：《华侨华人与中国的关系》，广东高等教育出版社2001年版，第127页。

② http：//news. qq. com/a/20070831/001940. htm。

③ 李明欢：《国际移民政策研究》厦门大学出版社2011年版，第258页。

府就开始极度恐慌，这种矛盾心理决定了俄罗斯移民政策的不确定性、两面性。

1991—2003 年，关于移民政策，俄罗斯政府已经通过了 37 个联邦法律、10 项总统令、62 个联邦级法规、26 个部级法规以及 9 个国际协议①。俄罗斯联邦于新时期制定并实施的一系列移民政策，明显表现出以同族、同源、同文为选择标准的移民偏好②。

2002 年 2 月 20 日，俄罗斯国家杜马通过了《新的国籍法草案》。新法律规定，获得俄罗斯国籍需具备的首要条件是在俄罗斯境内居住 5 年以上，其中每年出境时间不得超过 3 个月；申请者在申请加入俄罗斯国籍时必须放弃原有国籍；申请加入俄罗斯国籍的外国公民必须掌握俄语。俄罗斯国籍对中国人没有太大的吸引力。资料表明，想在俄罗斯定居的中国人并不多。在沿海边疆区获得永久居留权的中国人仅为 37 人③，1991—1996 年，在阿穆尔州获得永久居留权的中国人为 99 人，获得俄罗斯国籍的中国移民为 15 人。在哈巴罗夫斯克边疆区较多些，获得永久居留权的中国人为 170 人④。2007 年 1 月 15 日通过《俄罗斯联邦外国公民法律地位法》《俄罗斯联邦外国公民和无国籍人士移民登记法》，规范了外国人在俄罗斯的登记、生活和工作程序，完成了许可登记制向通知登记制的改变。从 2001 年开始，俄罗斯对外国移民实行配额制度。几年来，移民配额一直在减少。2014 年，俄罗斯面向外籍和无国籍人员发放暂住许可证配额仅为 9.58 万个，比上年缩减近万个，仅为 2008 年的 2/3。⑤ 2012 年，俄罗斯拟立法强制在俄罗斯临时打工的外来移民和打算在俄罗斯长期定居并获得俄罗斯公民身份的移民学习俄语，并进行语言测试。

2015 年 1 月 1 日起，俄罗斯新移民法生效，对于与俄罗斯实行免签证的国家取消移民配额，代之以个人或者法人工作许可制度。《俄罗斯 2020 年发展战略》明确提出，俄罗斯转向创新发展道路需要高技能的劳动移

---

① 引自拉林《俄罗斯人眼中的中国移民》，2008 年。

② 李明欢：《国际移民政策研究》，厦门大学出版社 2011 年版，第 260 页。

③ С. Витковская，Ж. Зайончиковская，Новая столыпинская поитка на Дальнем Востоке России：надежды и реалии. -Москва：Гендальф，1999，с. 5。

④ В. А. Ларин，Китай и Дальний Восток России в первойполовине 90-х：проблемырегио-нальногозаимодействия. Владивосток：Дальнаука，1998，с. 114。

⑤ http：//www. xinhuanet. com/overseas/2015-01/07/c_ 127364515. htm。

民。这些移民政策的更迭,把从事对俄罗斯商品贸易的中国人拒之门外。

《俄罗斯联邦外国公民和无国籍人士移民登记法》第6条规定,对于违反移民登记规定的外国公民,俄罗斯将依法处以2000—5000卢布的罚款。严重违反规定者将依照法院判决予以遣返,签证过期仍滞留俄罗斯的外国人,将被俄罗斯联邦移民局在护照上加盖黑章,而且在一定年限内不能进入俄罗斯境内①。许多在俄罗斯做生意的中国人由于护照被俄罗斯移民局盖上黑章而无法入境,只好在中俄边境地区中国黑河市的俄罗斯商品一条街经营俄罗斯商品。由于俄罗斯移民政策的调整与民族的排外性,中国人很难取得当地的移民身份,无法融入俄罗斯的主流社会,而是游离于俄罗斯主流社会之外,与国内保持着紧密的经济和社会联系。尤其是俄罗斯移民政策的不断调整,令华商无法久居俄罗斯。近年来,俄罗斯大幅度收紧移民政策。俄罗斯联邦移民局局长罗曼达诺夫斯基曾在2006年底表示,俄罗斯坚决禁止在其境内出现"中国城"那样的外国移民聚居区。俄罗斯联邦移民局副局长帕斯塔夫宁也曾表示:"根据一些学术调查研究结果,如果外国移民在俄罗斯任何一个地区的数量超过当地居民人数的20%,特别是当这些外国移民拥有完全不同的民族文化背景和宗教信仰时,那么,这将会造成族群紧张,让俄罗斯当地居民感到非常不舒服。"②

总之,由于一百多年前远东地区曾经属于中国,受俄罗斯民族的排它性及其经济持续低迷的影响,中国人在远东地区的生存环境并不乐观,俄罗斯远东社会对中国人的接受度有限,持排斥与戒备心理,这种状况一直无法真正改变。虽然中国人对俄罗斯远东地区的社会贡献是明显的,得到俄罗斯人的认可和尊重,但是俄罗斯政府和人民一直采取若即若离的态度,让中国人无法久居和安心创业。

2. 俄罗斯经济危机的深度影响

1998年俄罗斯经济陷入多重危机,1—10月中俄两国贸易额为44.7亿美元,其中俄罗斯从中国的进口额为15.1亿美元,全年两国的贸易额低于同年上半年的61.2亿美元。卢布兑换美元的官方汇率为16.9:1。据俄罗斯报刊社透露,8月17日以后的1个月内,美元对卢布的官方汇率提

---

① 强小云:《移民对当代中俄关系的影响》,时事出版社2010年版,第105页。

② http://news.163.com/09/0806/04/5G0O26UI0001121M.html。

高了 98%，卢布贬值 48%①。据曾在布市做服装批发生意并经历 1998 年经济危机的 F 女士回忆："由于卢布贬值，当年卖货越多，赔钱越多，一夜之间华商到手的货款缩水了很多，有的中国业主赔了千万元。"那场经济危机后，80% 的中国业户归国。经济危机后，华商不再留存卢布，把货款尽快兑换成人民币带回国内，以减少经济损失。

2014—2015 年俄罗斯经济严重萎靡，秋季人民币与卢布兑换比例为 1：6.5，年底降到 1：12，在布市经营水果的 L 先生说，2014 年以前年净利润为 30 万—50 万元人民币，在布市的友谊库一天能批发出去价值 20 万元人民币的货物，雇车从黑河市直接过货一车能挣 5 万元人民币，如今批发一车水果只挣 3000 元人民币。在布市"三条金鱼"大市场，2004—2005 年、2008—2009 年有几千个中国摊床，曾出现一铺难求的现象，现在只剩下几百个摊床，闲置一半。在阿穆尔州白山市服装批发市场，鼎盛时期有 100 多个华侨业户，如今进货价位高，商品卖不上价，只剩下十多个业户。比罗比詹市的工厂效益差，俄罗斯人找不到工作，华侨经营的木材厂、沙发厂、投资的建筑均无利润、风险大。在比罗比詹经营水果的 J 女士，每天的流动资金为 200 万—300 万卢布，当天人民币和卢布的汇率跌幅大，每天换购卢布，心理压力大，一天就赔 70 万—80 万卢布，许多华侨辛苦挣的钱一夜赔光。

二十多年来，俄罗斯经济跌宕起伏，尤其是 2014 年，俄罗斯遭受西方国家的经济制裁，创下卢布汇率 15 年来的最大跌幅，卢布对美元的汇率暴跌 85%。经历了几次较大的经济危机和俄罗斯移民政策的调整，面对俄罗斯苛刻的移民政策及俄罗斯经济萎靡、卢布贬值，大批中国人无法继续留居，放弃在俄罗斯继续发展的机会，归国谋生，远东地区的中国人数量锐减。留下来的中国人大多数在俄罗斯经商时间长，原始积累较丰富，熟悉俄罗斯政策和法律，具有抵抗经济危机等风险的能力，还有一部分人是因没有特长，不具备适应国内市场变换的能力和水平，很难实现经济转型，只好留居俄罗斯。

3. 缺乏安全感的社会治安环境

俄罗斯社会治安相对较差，光头党暴力伤害、抢劫和杀戮华商事件时常发生。1997 年 10 月，在哈巴罗夫斯克中国大市场经商的 W 先生遭到俄

---

① http：//www.sina.com.cn，2008 年 10 月 30 日 22：34，北京中期。

罗斯人入室抢劫,在激烈的反抗中被穷凶极恶的歹徒开枪打中左侧肋骨,子弹从后背穿出,所幸没打中心脏①。1999 年的一个清晨,阿塞拜疆人闯入布市 54 楼华侨居住区,将华商叔侄二人枪杀,并抢劫几十万人民币和卢布②。2004 年 10 月 14 日,在赤塔州,一名中国男子被两名俄罗斯"光头党"醉酒少年用刀刺死。2002 年夏,铁力市的郭先生在阿穆尔州白山市经商,十多个"阿蒙"端着枪直闯进来,进行搜查,第二天心有余悸的郭先生带着妻子回到布市,不敢留在白山市做生意③。青冈县高先生在布市开辟了第一个手机卖场,生意火爆,一年内遭警察盘查勒索 8 次,身心疲惫,无奈在俄罗斯经商 12 年后返回国内④。中国人在异国谋生,撇家舍业、命悬一线,人身安全得不到保障。在俄华商为应对俄罗斯劳动配额政策,为获薄利,大多持旅游照、商务照经商,不符合俄罗斯法律,俄罗斯海关及警察局了解中国人的心理,进行罚款、驱逐。为获得更多在俄经商机会,大多数华商贿赂俄执法人员,不得不"打点",俄罗斯警察也借机勒索华商。俄罗斯海关等部门官僚腐败,黑社会猖獗,国家管理调控社会的能力较弱,行政服务体系较差,卢布汇率跌宕起伏,企业倒闭停产,老百姓购买力低下,俄罗斯贸易、投资环境十分恶劣,许多中国人公司、企业很难同俄罗斯做正规贸易。

(二) 中国人难以融入俄罗斯社会的主观原因

1. 华人社团缺乏凝集力,难以组织中国人有规模的集体融入

远东地区华人大多以亲属链为基础,形成相对独立的小群体,独自解决生活、工作中的各种难题,承担各种风险。由于处于对峙和分裂状态,海外华人缺乏向心力和凝聚力,从而影响了华人社会生存和发展潜力的发挥。笔者调查的布市、白山市、比罗比詹市的中国人,均未参加任何社团组织,只有一些经济实力较强的人组织小范围聚会。如,每年春节在布列亚镇经营饭店的 W 女士和比罗比詹经营饭店的 J 女士,召集同胞到饭店里聚餐、叙旧,算是一次中国人聚会,平时大家各自忙碌,彼此很少联系。比罗比詹市成立了 400 余人的微信群,仅发一些用车、购物、商业信息、

---

① 2015 年在采访 W 先生同学 M 女士的谈话。
② 2015 年 10 月采访 W 女士的谈话。
③ 2017 年 6 月在黑河采访曾经在布拉戈维申斯克经商 14 年的郭先生谈话。
④ 2017 年在黑河采访曾在布拉戈维申斯克经商 12 年的高先生谈话。

广告等，方便华商们沟通联系及满足生活所需。

2. 无序竞争导致内耗，难以形成强有力的经济力量

近年来，俄罗斯经济危机，卢布购买力下降，对俄贸易利润低，许多华商只能从事小规模、低层次经营。由于行业竞争激烈，华商互相提防、打压，形成无序竞争，把价格压到最低点。俄罗斯人熟悉华人经营心理和方式，压低价格，致使一些中国小企业只能获得最低利润，甚至低于成本价格出售商品，造成亏损或倒闭。华人群体之间缺少联系和沟通，缺少凝聚力，加上同行业缺少有序竞争，小企业经营规模无法扩大，难以形成庞大的商业网络，至今大多数华商仍停留在粗放经营阶段。

3. 语言障碍、文化层次较低，中国人游离主流社会之外

经调查，远东地区的中国移民大多是东北地区的下岗工人和珲春、鸡西、海伦、绥化等地的剩余农村劳动力，他们中的90%只有初高中文化，有的甚至只有小学文化。由于他们俄语水平低、沟通能力弱，大都游离于俄罗斯主流文化乃至主流社会之外。为减少与当地政府部门打交道的麻烦，纷纷聘请俄罗斯人做代理，负责生意上的沟通协调工作。如，在布列亚经营饭店的 W 女士雇用有管理经验的俄罗斯老夫妇做代理，每月支付工资 18000 卢布，凡涉及与当地税务等部门打交道的事情均由俄罗斯夫妇出面负责打理；在布市经营房地产开发建设的何先生雇佣俄罗斯人为商业顾问，遇到麻烦由俄罗斯顾问出面沟通协调。

四　对俄罗斯远东地区中国人的基本认知和几点建议

综上所述，我们得出以下三个基本认知：第一，经过三十年发展，俄罗斯远东地区的中国人微型社区已初步形成，但人数并不稳定，波动较大，与俄罗斯人除业务联系外，沟通较少；第二，俄罗斯远东地区中国人多为赴俄务工人员，大多是出于经济目的移入，中短期较多，定居及加入俄罗斯国籍的主观意愿不强；第三，中国人在远东地区开发中将扮演不可替代的角色，发挥着越来越重要的作用；由于一些主客观因素，中国人还很难融入俄罗斯远东社会，社会地位不高，几乎没有话语权。一些务工经商人员由于文化层次较低，俄语沟通能力弱，目前这种现状很难改变。针对于此，笔者提出以下几点建议：

（一）规范赴俄签证手续，减少持旅游签证在俄务工人数

近年来，为了控制和减少在俄罗斯远东地区的中国人数量，俄罗斯逐年减少劳务配额，使中国人很难获取在俄罗斯务工经商的机会。为了获得利益最大化，节省办劳务签证的费用，一些中国人持旅游护照在俄罗斯务工或者经商，这为俄罗斯政府、警察提供了勒索中国人的契机，也有失中国人的形象。各级政府部门应严格规范办理旅游签证手续，建立相关制度，各领事馆严格限定一年内多次申请办理三个月或者半年旅游签证和劳务签证的人数。

（二）加强赴俄务工人员法律知识培训

在俄罗斯的中国人，尤其是远东地区的中国人，大多是东北地区的富余劳动力和下岗工人，从事商品批发和劳务工作。他们文化层次较低，俄语沟通能力较弱，在经商、生产和生活中，由于不熟悉俄罗斯的法律知识，不仅给个人带来损失，也有失中国人在俄罗斯的形象。为了普及俄罗斯法律知识，提高中国人的法律地位，在办理签证前，外事部门要开展必要的俄罗斯法律知识培训，只有获取培训合格证书，方可办理签证，以此提高中国人对俄罗斯法律知识的了解和认知水平，使其知法、懂法、守法。

（三）加强俄罗斯远东地区中国人社团组织建设

随着中俄贸易额的不断加大，赴俄罗斯的中国人不断增多，远东地区的中国人大多以亲属链为基础，形成相对独立的小群体，他们独自解决生活、工作中的各种难题，承担各种风险。由于处于对峙和分裂状态，在俄罗斯的中国人缺乏向心力和凝聚力，从而影响了其生存和发展的空间。由于俄罗斯政府的打击和限制，加上俄罗斯民族的排他性，远东地区很难形成强有力的中国人社团组织，即使个别地方成立了中国人联合会、华商会等社团组织，但其独立性差、封闭性强、精英人物较少，亦有名无实，尚不具备组织、管理功能，主导作用较弱，很难发挥引领示范作用，开展实质性活动，更不能实行维权保护、市场救护、文化普及与传播、搜集商业信息、看病就医、提供就业门路等功能，更无法行使中国人代言人的权利，难以帮助中国人解决法律纠纷、法律诉讼、商品价格调整、担保、证明等实际问题，更无法解决中国人内部之间以及与俄罗斯相关部门的纠

份。因此，加强在俄中国人的社团组织建设是利国惠民的工程，要通过开展各种有益的文化经济活动，提高在俄中国人的凝集力和向心力，提高俄罗斯人对中国社团组织的了解和认知，增强其接受和认可。

（四）做好侨情统计和华侨身份的认证工作

国内确定华侨身份或者亲属办理侨眷证，需由中国驻外使领馆出具其国外亲属在国外长期居留（获得绿卡、入外国籍或连续住满 3 年）证明，他们在俄罗斯生活或者经商少则 3、5 年，多则 10 余年、20 年，很难获得永久居住证或入籍，中国驻俄使领馆一般不出具证明，这就很难认定其华侨身份，其国内亲属无法办理侨眷证。

由于俄罗斯移民政策的不断变更及为外国人发放劳动配额数量逐年减少，出国人员无法获得长期居留证，致使这部分人大多持三个月、半年的旅游签证或者短期的劳务签证、短期商务照赴俄，因而无法确定其华侨身份。据统计，仅在哈巴罗夫斯克、符拉迪沃斯托克就有几万名中国人。由于侨情统计不在册，统计数字不实，难以开展华侨的文化经济活动，给管理部门和引资聚智工作带来困难。各地应认真执行"中国公民虽未取得住在国长期或者永久居留权，但已取得住在国连续 5 年以上（含 5 年）合法居留资格，5 年内在住在国累计居留不少于 30 个月，视为华侨"政策，确定其为旅俄华侨身份。因此，要制定特殊的侨情统计数据库，各地侨务部门与公安局和海关等部门联合起来，以护照出境时间为基，按 5 年内在住在国累计居留不少于 30 个月为准，做好侨情统计和分析工作，这样既可以真实记录旅俄华侨人数，又能为国家侨务部门制定政策做好决策依据。

本文原载于《学术交流》2018 年第 11 期

俄罗斯远东"中国移民问题"论析

于晓丽[*]

【摘　要】 在俄罗斯远东地区乃至全俄罗斯，"中国移民问题"是一个被有关势力上升到政治层面加以夸大、炒作的敏感问题。其主要肇因既有历史基因的复萌，也有现实利益的驱动。在其影响下，中俄两国开展劳务合作的潜力远未得到应有的发挥。近年来，俄罗斯虽有部分学者和政界人士能较为客观地分析中国移民问题，阐述利用中国劳务的必要性，且积极探讨利用中国劳务的有效途径，但俄罗斯社会对中国人持有的戒备和排斥心理仍相当浓厚。对此，我们应多从自身方面找原因，改进做法，积极应对，促使俄罗斯社会改变对中国人的偏见，从而将远东地区变成中俄合作真正的窗口和桥梁。

【关键词】 俄罗斯远东；中国移民问题；历史基因

20 世纪 90 年代以来，随着中俄经贸合作的开展及人员往来的增加，在俄罗斯国内，特别是远东地区，围绕"中国移民问题"而发表的所谓"爬式扩张""经济扩张""人口扩张"等反华言论却不绝于耳，一度形成影响颇大的反华声浪。这些论调对中俄关系及中俄经贸合作在一定程度上产生着负面影响，例如两国在劳务方面开展互利合作的潜力虽大，但远未得到充分发挥。那么，在两国官方关系不断升温的情况下，这一"问题"何以成为敏感问题？其内容与实质又是怎样的？我方应如何加以应对？以下笔者将进行具体分析。

---

[*] 作者简介：于晓丽：黑龙江大学俄罗斯语言文字与文化研究中心、中俄全面战略协作省部共建协同创新中心副研究员。

一 有关概念的界定

对于"移民"这一概念的内涵，每个国家的理解并不相同。根据联合国关于"国际移民"的基本定义，除各国正式派驻他国的外交人员及联合国维和部队官兵等跨国驻扎的军事人员之外，所有在本人出生国以外国家定居一年以上的人口均属"国际移民"。在中国，人们通常把"移民"理解为为了生存与发展的需要而迁移到外地或外国定居的人，在中国学术界，则有"华侨华人"和"新移民"的提法。"华侨"指旅居国外的中国公民，"华人"指祖籍地为中国但已取得其他国家国籍的原华侨或华裔，"新移民"则是指改革开放以来，从中国大陆移居海外的中国公民。而在俄罗斯，凡是置身其境的中国人通常皆被称作"中国移民"，无论其居留时间长短。事实上，俄罗斯不是移民国家，赴俄中国人只有在以下情况下方能获得在俄居留的合法证件：在正式注册的公司和机关工作，受聘俄罗斯资公司或合资公司在俄罗斯临时工作，在俄罗斯留学或进修以及与俄罗斯公民通婚。真正定居于俄罗斯或加入俄罗斯国籍的中国人在身处俄境的中国人当中只占极少数。俄罗斯人所说的"中国移民"，主要包括来自中国的留学生、进修生、合同工、在中资及合资企业工作的中国人以及通过旅游渠道入俄的中国人。

二 所谓"中国移民问题"的主要内容

在通常情况下，移民对所在国的影响，既有积极的方面，也有消极的方面。而移民的存在对所在国的消极影响便可归结为"移民问题"。20世纪90年代以来，在俄罗斯远东地区，乃至全俄罗斯，人们对于中国人在俄罗斯经贸发展中所起的积极作用很少提及，相反，围绕"中国移民问题"而宣扬的反华言论却不绝于耳，一度形成影响颇大的反华声浪。

从1992年中起，俄罗斯报界开始频繁刊登所谓中国向俄远东地区进行"扩张"的文章，并在90年代上半期形成一场影响颇大的反华宣传运动。与此同时，"黄祸"这一19世纪末20世纪初在俄一度流行的反华论调，被再次从故纸堆中翻了出来，并加以大肆宣扬。俄罗斯政界人士在此期间不时发表的关于"中国扩张"言论对报界的反华宣传起了推波助澜作用。公开发表反华言论的政界人士当中既有联邦政府高官、地方政要、政党领袖，也包括内务部、联邦安全局、边防局、移民局等"权威"部门的代表人物。这些人的言论虽夸大不实，但有很强的蛊惑性和煽动性。

各种反华言论阐述的"中国移民问题"的主要内容可概括为以下几个方面：其一，中国正在有计划有目的地对俄罗斯实施人口扩张，中国移民在远东地区大量聚居并以非法方式购买不动产，想以和平方式占领远东地区；其二，俄罗斯境内中国移民的数量已达几百万，中国移民的存在已打破俄罗斯东部地区民族和人口结构的平衡，威胁俄罗斯在上述地区的主权；其三，中国移民挤占了当地人的工作岗位，俄罗斯东部地区的居民因之被排挤出居住地；其四，中国移民从事影子经济活动使俄罗斯遭受巨大损失；其五，中国移民的存在加剧了当地的犯罪形势；其六，中国移民给俄罗斯带来疫病威胁。

三　"中国移民问题"的真实情况

应该说，上述反华言论宣扬的"中国移民问题"，纯属夸大渲染和凭空捏造。对于这一点，俄罗斯部分学者做出了客观阐释。

20世纪90年代中期以来，"中国移民问题"成为俄罗斯相关研究机构关注的焦点。应当指出，俄罗斯不少学者对"中国移民问题"缺乏客观、公正的认识，甚至对中国人怀有偏见，发表了不少不负责任的言论，但也有部分学者的研究成果对媒体和政界人士的夸大不实之词予以了有力批驳，对于中国人在俄罗斯的真正境遇作了客观阐释，并对中国人的存在对俄罗斯社会所起的作用给予了肯定。

对于"中国移民"这一提法，俄罗斯学者指出，俄罗斯人所说的"中国移民"实际上是指"身处俄罗斯的中国人"，而非"移民俄罗斯的中国人"。[1]

对于中国人赴俄的目的，俄罗斯多位学者指出，促使中国人赴俄首要的是客观的经济、社会因素，而不是政治因素，中国人逾期不归，非法滞留俄境也主要是出于经济考虑，而非政治考虑。那种认为中国当局在有计划、有目的地对俄罗斯实施人口扩张的言论得不到研究结果的支持。

---

① В. Гельбрас. Китайская реальность России. Москва. Муравей，2001. с. 22，122。

对于俄罗斯境内中国人的准确数量，俄罗斯多位学者指出，俄罗斯媒体及有关部门的描述和估计是没有现实根据的。1992—2000 年，居俄中国人的数量无论如何不会超过 60 万。绝大多数在俄的中国人属短期居留，并非真正意义上的移民，在俄罗斯获得居留证的中国人属极少数①。此外，那些声称中国人在远东地区大量聚居且买房置地的言论在实地调研中并未得到证实。

对于中国人在俄罗斯东部地区的存在挤占了俄罗斯人的工作岗位，从而将当地居民排挤出居住地的说法，俄罗斯多位学者进行了有力驳斥。他们指出，那些认为中国劳动力给远东地区的劳务市场带来不良影响的言论是没有现实根据的。1992—1998 年，滨海边疆区（该边区的反华氛围最为浓重）每年引进的中国劳动力总数不超过当地劳务人员总数的 0.6%。在远东地区的就业结构中，中国劳动力的份额仅为 0.2%，把非法从事商贸和其他经营活动的旅游者算在内也不超过 0.5%。② 而且，中国人在俄罗斯从事的工作大多艰苦且报酬低廉，是俄罗斯人所不愿从事的，如建筑施工、农业种植、日常服务及在市场上摆摊零售等。事实上，滨海边疆区各城镇的失业水平与外来劳务人员的数量呈逆向关系：失业水平较低的城镇，外来劳务人员数量较多；失业水平较高的城镇，外来劳务人员数量较少。③ 指责中国人将俄罗斯东部地区居民排挤出居住地的说法与实际情况正好相反。中国人的存在给当地居民提供了各种商品和服务，创造了就业岗位，满足了居民的迫切需求，因此，在事实上有助于当地居民留居原地，而不是把他们挤走。当地居民外迁完全是由于其他原因，如经济危机、执政当局不能稳定局势等。

俄罗斯学者指出，中国人的存在给当地造成的病疫威胁主要表现在两方面：一是中国人把传染病、寄生虫病带入俄境，如 1998 年在符拉迪沃斯托克中国人的住处曾发现跳蚤；二是大量不符合卫生要求的食品出现在市场上。前者采取相应措施便可防治，后者的存在显然并不仅仅是中国人

① Г. Витковская，Ж. . Зайончковская Новая столыпинская политика на Дальнем Востоке России：надежды и реалии http：//www. carnegie. ru/ru/pubs/books/volume/48401. htm。

② В. Ларин. Посланцы Поднебесной на Дальнем Востоке：ответ алармистам. // Диаспоры，No2 – 3。

③ В. Гельбрас. Россия в условиях глобальной китайской миграции . -М. ：Муравей，2004. с. 143、144。

的问题①。

　　关于在俄中国人的违法犯罪情况，俄罗斯学者指出，中国人在远东地区的违法行为大部分属于逾期不归、违反居留俄境的规定以及伪造居留俄境必须持有的证件等。部分中国人确实卷入了偷猎、走私等活动，极少数中国人犯有严重罪行：为了谋财而对自己同胞进行敲诈、勒索、抢劫和谋杀等活动。但若从人均次数看，当地居民违法犯罪行为的数量要比中国人多出数倍②。

　　对于那些认为中国人的经营活动对俄罗斯有害无利的说法，俄罗斯学者也予以了澄清。他们指出，中国人的经营活动给俄罗斯带来以下益处：其一，为俄罗斯各级预算增加了税费收入。如办理签证和出入境证件所付费用，为客、货运输服务所付费用，租用场地、摊床及获取各种许可证等所付费用。其二，为俄罗斯居民提供了商品和服务。其三，创造了就业岗位。其四，促进了农产品产量的提高和住房及公用设施的建设。其五，俄罗斯居民和企业因与中国人进行经济协作而增加了收入。此外，俄罗斯学者着重指出，在转轨之初，正是中国人从事的倒包贸易和易货贸易为远东地区在短时间内创造了一个廉价且丰富的消费品市场，从而缓解了该地区居民因生活水平骤降和来自西部的供货剧减而遭受的巨大冲击。对于中国人在俄罗斯从事影子经济的情况，俄罗斯学者中肯地指出，其症结在于俄罗斯有关部门为谋求私利而无心组织建立透明的经济关系。

　　在中俄建交 55 周年之际，俄罗斯总统办公厅主管外事的副主任普里霍季科也强调，"不能说俄中关系中已经不存在移民引发的问题，但也不应当像俄罗斯媒体那样夸大这一问题。据相当可靠的资料，常住俄罗斯的中国公民，总数不会超过 15 万至 20 万。俄罗斯最近一次人口普查的结果更低，仅为 3.5 万。没有根据说中国政府'鼓励'中国公民移居俄罗斯，更不用说非法进入了③"。这番话应当说是对那些"中国人口扩张"论者最好的回答。

---

　　① Г. Витковская. Угрожает ли китайская миграция безопасности России. // Брифинг Московского Центра Карнеги. Том 1，вып. 8，август 1999。

　　② В. Ларин. Китай и Дальний Восток России в первой половине 90-х годов: проблемы регионального взаимодействия. Владивосток，1998 . с. 116。

　　③ Сергей Приходько: Россия не должна бояться Китая. http://www. centrasia. ru/new-sA. php4? st = 1080043020）。

四 "中国移民问题"被夸大的原因

那么，一个本不严重的问题何以被极力夸张渲染并大力加以宣传？纵观远东地区接纳外来人口的历史与现实，我们可对现阶段围绕所谓"中国移民问题"而宣扬的反华、排华论调得以在俄罗斯尤其是远东地区兴起并大肆传播的情况作如下解释。

（一）远东地区具有恐"黄"、排"黄"的历史基因，现阶段的反华、排华论调是这一基因在新的历史条件下的复萌

回顾历史我们不难发现，俄罗斯远东地区一向具有恐"黄"、排"黄"的历史基因。19 世纪中叶，沙皇俄国与中国清朝政府签订《瑷珲条约》（1858 年）、《北京条约》（1860 年），据之，中国黑龙江以北、乌苏里江以东的大片土地并入沙俄版图，成为其远东南部与我国、朝鲜及日本毗邻的地区。随后，俄当局开始对新获得的土地进行开发。参与其中的既有从欧俄地区及西伯利亚迁至远东地区的本国人，也有来自欧美及亚洲邻国的外来人口。欧美人多在远东地区从事商贸活动，对当地商业和贸易的形成起了推动作用；亚洲人包括中国人、朝鲜人和日本人，他们多在远东地区充当干粗活的苦力，满足了当地对廉价劳动力的需求。

19 世纪 60 年代，出于开发远东地区之必需，沙俄政府对外来资本和劳动力基本上持欢迎态度。但随着外来人口的增多，俄当局开始对之产生戒备心理，对于人数众多的朝鲜人和中国人戒心尤重。其主要原因在于，来自朝鲜和中国的劳动力由于人数众多、要价低廉、适应能力强、吃苦耐劳而在劳动力市场上很有竞争力。他们的存在对俄国工人构成很大威胁，使得俄国雇主一方面不愿雇用要价较高的本国工人，另一方面对于向远东地区迁入国内其他地区的劳动力兴趣有限。有鉴于此，俄当局认为，输入"黄种劳工"虽会给远东地区带来巨大的经济效益，但却会因此强化其在远东地区的存在，而俄国人在远东地区的存在则会弱化，进而使俄国在远东地区地位不稳，甚至失去远东地区。于是，俄当局开始着手解决"黄色问题"。

虽然同是"黄种劳工"，但与朝鲜人相比，沙俄当局对中国人的戒备显然更多一些。这是因为从政治角度看，身处远东地区的中国人，无论其在远东地区有何表现，其存在本身即被俄国人看作对其当前利益及长远利益的某种威胁。因为远东南部曾经属于中国，为中国人所有。有鉴于此，沙俄政府为解决"黄种劳工"问题采取了以下两项措施：一是将"黄种劳工"中的朝鲜人俄国化，将其"改造"成"自己人"；二是加大力度向远东地区迁移俄国其他地区的人口，增强俄国人在远东地区的存在。这样，在黄种人当中，朝鲜人成为俄争取、接纳的对象，中国人则成为其排斥、限制的对象。苏维埃政权在远东地区建立后（1922 年），苏联当局同沙俄政府一样，对"黄种外来移民"涌入远东地区深感不安，并在事实上继承了沙俄政府对付"黄种劳工"的两项措施。

　　然而，无论在沙俄时期，还是在苏联时期，这两项措施的实施效果都不理想。一方面，尽管俄（苏）当局大量接纳赴俄（苏）谋生的朝鲜人加入俄（苏）籍，并对之施以国民待遇，但总的来看仍对其持有戒备之心，仍担心朝鲜移民在政治上不能忠诚于自己。另一方面，尽管从 19 世纪 80 年代起，俄（苏）政府便开始不断采取措施加大向远东地区移民的力度，但远东地区由于远离中央、经济落后、气候恶劣等不利条件而人口增长缓慢。该地区人口的总量和增长速度与西伯利亚地区相比尚且不如，比之相邻的亚太地区则更加悬殊。这种情形促使俄（苏）当局一方面仍把中国人和朝鲜人在远东地区的存在看作是对其当前乃至长远利益的某种威胁；另一方面对来自东邻的人口压力不能释怀，时时感觉俄（苏）在远东地区地位不稳。20 世纪 30 年代末，苏联当局最终用"铁幕"一举解决了"黄色问题"——将朝鲜人和中国人全部驱逐出滨海边疆区，用人为手段将远东地区与亚洲邻国隔离开来。20 世纪 50 年代，中苏之间建立了盟友关系，但双方之间的边界仍是封闭的。六七十年代，中苏关系紧张，苏联当局在国内进行了大量反华宣传，给苏联民众留下深刻印象。直到 80 年代下半期，中苏关系趋于缓和，双方才开始进行劳务合作。与之相对照，苏朝之间的劳务合作早在 40 年代便已开始进行。朝鲜民主主义人民共和国一度成为远东哈巴罗夫斯克边疆区和阿穆尔州劳动力的主要提供者。

　　苏联的解体给远东地区的发展带来重创。这一在计划经济时代备受关照的地区在激进改革之初一下子变成"弃儿"，与西部地区的经济联系大为削弱，企业陷入困境，居民纷纷外迁，人口总量一百多年来首次出现下降趋势。在这种情形之下，远东民众对地区安全问题更加敏感，也更容易作出过激反应，从而为恐"黄"、排"黄"这一历史基因的再次复萌创造了前提。促使远东人，尤其是滨海人反华记忆得以复苏的直接因素有以下几点：

一是苏联解体初期远东地区朝鲜族居民民族意识增强。1991—1992年，滨海边疆区的朝鲜族人提出若干方案，打算号召30年代末被苏联当局驱逐到中亚国家的朝鲜族居民大规模返乡。这些方案的核心思想是在滨海边疆区恢复朝鲜族自治。这一行动令滨海边疆区的俄罗斯人颇感不安。二是1992年初，俄中互免签证协定签订后，赴俄中国人数量较多，给远东地区民众造成巨大的心理冲击。中国人很快入乡随俗，且精明强干，擅长经营，从两国关系的改善中获得的利益比俄罗斯人多。这使得远东地区居民在惊讶之余深感恐慌。三是1991年中苏勘界条约的具体实施对远东人的恐华情绪起了推波助澜的作用。据俄学者所述，苏联当局在筹备签约时，并未充分考虑远东地方当局和民众的意愿。因此，条约的具体实施令后者难以接受，因为根据该条约，滨海边疆区的部分土地和黑龙江、乌苏里江上的部分岛屿应归还中国。在这些因素的共同作用下，远东地区乃至全俄恐"黄"、排"黄"的历史基因被再度"激活"，反华情绪一时高涨①。

（二）90年代上半期俄罗斯国内围绕移民问题的反华舆论的形成是俄某些政治势力为达各自目的而有意加以推动的结果

乐于鼓吹反华言论的首先是新闻记者。转轨之初，俄罗斯媒体为适应市场需求，开始迎合大众口味。为吸引大量读者，记者们倾向于报道负面的、敏感的题材，为追求轰动效应不惜夸张、渲染乃至歪曲事实。

远东地区（尤其是滨海边疆区和哈巴罗夫斯克边疆区）的地方官员也乐于鼓吹反华宣传，因为他们可以从中获取以下好处：一是借助反华行动和言论树立爱国者形象，赢得选民支持；二是转移民众视线，遮掩自己不能在新形势下组织建立正常的生产、生活秩序及对自己辖区内的外来人口进行有效管理的败绩；三是用"中国威胁"向中央施压，迫使后者对远东地区重新加以关注。

---

① 这部分论述的主要参考文献为：A. Ващук и другие. Этномиграционные процессы в приморье в XX веке. Владивосток. 2002. Рыбаковский Л. Население Дальнего Востока за 150 лет-М. : Наука，1990. Нестерова Е. И. Взаимодействие русской администрации и китайских мигрантов на юге Дальнего Востока（вторая половина XIX-начало XX вв.）-Владивосток: Изд-во ДВГУ，2004. Соловьев Ф. В. Китайское отходничество на Дальнем Востоке России в эпоху капитализма（1861－1917 гг.）-M. Наука 1989。

推动反华宣传也符合以内务部、安全局和边防局等为代表的强力部门的利益。他们一方面可从国库获取更多的资金；另一方面，可借助对"中国移民"加强管控之机捞取好处。

毋庸赘言，鼓吹反华论调也符合俄罗斯政府中亲西方派的利益，这些人惯于把中国描绘成俄罗斯未来最危险的外部威胁。

"黄祸"论的存在对俄普通民众或许也是一种慰籍。有相当部分的远东居民倾向于把自身遭遇的困难和问题归咎于中国和中国人。

此外，据俄罗斯学者所述，反华声浪的存在也符合"莫斯科"的政治、经济利益。从政治方面看，俄罗斯国内尤其远东地区反华情绪高涨给俄在勘界等问题上的对华交涉增添了筹码。从经济方面看，俄罗斯政府可借机对远东地区与亚太邻国开展的边贸和易货贸易进行限制，以削弱该地区在经济上的独立性和自主性。1994年，俄罗斯政府不顾阿穆尔州和赤塔州的反对，在对中国人入境实行签证制度的同时，提高了平均关税，使得中俄之间的边境贸易和易货贸易大受打击。与此同时，俄罗斯政府为莫斯科的大进口商提供大量关税优惠，使得后者得以大批进口中国和东南亚各国的商品，之后经由莫斯科销往远东地区。而远东地区在俄中贸易中所占份额因之从1993年的22.6%下降到1994年的7.1%。在此过程中，远东地区的经济利益受损，而中央的财政收入得以增加，① 据此，俄罗斯学者猜测，俄罗斯国内的反华宣传运动也是莫斯科有意纵容的结果。其证据有三：一是中央大报积极参与反华宣传，而莫斯科对此的反应只是由总统和政府成员周期性地声称必须加强与中国的友好关系；二是滨海边疆区行政长官纳兹德拉坚科越权反对实施俄中勘界条约，而中央无法（还是不想）将其"摆平"；三是，中央和地方的一些政府官员及"权威"部门的代表无所顾忌地参与反华宣传②。

（三）俄并未做好文明、有序地接纳大量外来人口的各项准备

时至今日，俄罗斯仍缺少行之有效的移民政策和对外来人口进行登记

① В. Ларин. Россия и Китай на пороге третьего тысячелетия: кто же будет отстаивать наши национальные интересы? // Проблемы Дальнего Востока. 1997 г. № 1。

② В. Ларин. Китай и Дальний Восток России в первой половине 90-х годов: проблемы регионального взаимодействия. Владивосток , 1998 . с. 73。

的制度，在转轨之初更是如此。俄罗斯学者和政界人士指出，这正是90年代初远东地方当局面对涌入俄境的外来人流和伴之而生的失序现象深感无力管控，并因而使得关于人口扩张的所有恐惧得以滋生的真正肇因。在这种制度环境下，原本可控并对俄罗斯有利的外来人流转变成潜在的威胁。由于登记制度的不完备，对于在俄中国人的数量俄罗斯官方至今没有准确的统计数字。这种情况给旨在夸大在俄中国人数量的各种政治投机提供了可能。

（四）中国人和中国商品在俄罗斯远东地区，乃至全俄罗斯形象不佳

在20世纪90年代初，曾有大量假冒伪劣产品涌入俄境，严重地损害了中国商品在俄罗斯的形象。此外，中国人的行为方式和价值观念，特别是在公共场所的行为方式和价值观念，令当地居民难以认同。在远东人的心目中，中国人最典型的特征是"勤劳"和"有进取心"，其次是"狡猾"和"有攻击性"，而"有责任感""有礼貌""诚实""慷慨"等特征中国人很少具有。

（五）中国作为人口大国所具有的巨大的潜在流动人口资源令俄深感不安

中俄战略协作伙伴关系确立后，俄罗斯报刊关于"中国威胁"的言论有所减少。近年来，在俄罗斯各界围绕"中国移民问题"而阐发的言论中，理性的声音逐渐增多。但在揭示"中国人口扩张"对俄罗斯并非现实威胁的同时，俄罗斯学者却纷纷指出，俄罗斯面临"中国人口扩张"的潜在威胁，因为中国人大规模赴俄的可能性非常大。其论据主要有以下几点：

1. 中俄边界两边人口数量对比悬殊且差距不断拉大

俄罗斯学者认为，中俄边界两边，无论人口密度还是人口数量差距都相当悬殊，而人口密度的巨大差距决定了中俄两国国内社会压力的巨大差距，形成了中国人大规模赴俄的先决条件。

2. 中国失业人口众多

俄罗斯学者认为，中国失业和半失业人口的数量超过了俄罗斯人口总数，为增加就业岗位，降低失业率，中国经济必须保持一定的增长速度；中国现阶段的经济增长速度就已经不能完全保障劳动适龄人口的就业，在步入劳动年龄的人口不断增加的情况下，就算中国经济发展保持平稳，其数量巨大的富余劳力也几乎将不可避免地会给作为邻国的俄罗斯带来问题。而一旦用以带动经济增长的外贸出口遭遇挫折，中国就会爆发失业危机，赴俄中国人则将猛增①。

3．中国面临严重的生态危机

俄罗斯学者认为，由于土地使用不合理以及受工业化、城市化的影响，中国的耕地面积正逐年缩减。此外，中国大部分行政区域在生产、生活供水方面存在问题，到 2010 年，中国将首次经历严重的水危机。生态危机将促使中国居民赴俄寻求生存空间。

4．中俄皆存在人口性别比例失衡问题

俄罗斯学者指出，中国自 90 年代以来，男女性别比例失衡的情况日趋严重，男多女少，到 2010 年，将"缺少"1000 万"新娘"。俄罗斯也存在人口性别比例失衡的问题，但情况正好相反，女多男少。俄罗斯 90 年代男女性别比例为 100：113。与城市相比，中国农业地区人口性别失衡的情况尤为严重，而与俄毗邻的地带正是农业地区。这种情况会促使中国边境地区的单身汉赴俄寻找新娘。此外，俄罗斯不实行计划生育对中国人也有吸引力②。

5．俄罗斯对中国人的吸引力将进一步增大

俄罗斯学者认为，现在中国人外流的主要方向虽不是俄罗斯，但其他国家接纳中国人的潜力有限，将来俄罗斯自然会成为中国人外迁的目的地。尽管西伯利亚和远东地区气候寒冷，但未必会吓退中国人，尤其是东北人③。

此外，俄罗斯若加入世贸组织，中国劳动力入俄的障碍将减少，赴俄中国人会大幅增加。

（六）中俄两国毗邻的地缘政治因素令俄罗斯人忧心

虽然美国、加拿大、澳大利亚和西欧等国的实践证明，中国移民群体的存在会令接纳国受益，而非受害，但俄罗斯人强调的是，这些国家中没

---

①　О. Иващенко. Россия 2010－2020－без Сибири? http：//antropotok. archipelag. ru/text/a116. htm。

·②　А. Ващук，и другие. Этномиграционные процессы в приморье в XX веке. Владивосток. 2002. С. 193。

③　Китайское "вторжение" в Сибирь и на Дальний Восток：мифы и реальность. http：//www. polit. ru//research/2003/01/31/579578. htm。

有一个像俄罗斯那样与中国有漫长的共同边界。"只要把中国东部省份的一小部分居民迁往远东和西伯利亚，就会使这些地区的人口平衡发生改变，以至俄罗斯对这些领土的实际主权出现问题。"①

围绕"中国移民问题"的反华言论在俄罗斯国内尤其远东地区影响颇大。据远东相关研究机构如俄罗斯科学院远东分院远东各民族历史、考古与民族学研究所社会舆论研究室等所做的调研，"关于'中国扩张'的宣传在远东起了作用"：1997 年，有近三分之二的居民（62% 的受访者）认为远东地区存在"中国扩张"；1998 年，滨海边疆区 47% 的受访居民认为存在中国兼并该边区土地的危险，其中 28% 的人认为这一威胁的根源在于"中国人的和平渗透"；2002 年，远东南部 38% 的居民将中国人在俄罗斯境内的出现看作北京欲将俄罗斯领土中国化而实施的专项政策的表现，还有 19% 的人认为是中国致力于解决人口过剩问题的表现。与此同时，远东地区有近三分之一的居民（1997 年为 29%，2002 年为 31%）坚决反对中国人在俄罗斯的存在，认为他们挤占了俄罗斯人的工作岗位，对其构成了竞争；有 67%—75% 的人赞成吸引中国劳动力从事建筑、农业和贸易，但只能作为临时工②。

调查还发现，俄罗斯民众对居俄中国人所持态度存在如下矛盾：一方面，在某种程度上欢迎中国人在俄罗斯从事经营活动；另一方面，拒绝让中国人享有某些基本权利。如 20 世纪 90 年代末，有 91% 的哈巴罗夫斯克人不赞成给予中国人加入俄罗斯国籍和购买住房的权利，几乎有 98% 的人反对给予中国人购买土地的权利，77% 的人反对中国人有在俄罗斯长期工作的权利，89% 的人反对为俄罗斯境内的中国公民提供保险和保障，只有53.6% 的人认为可以为中国人提供司法保护③。

五　俄有关人士针对"中国移民问题"提出的策略主张

鉴于中国人大规模赴俄的可能性，俄罗斯学者预测，到 21 世纪中叶，

---

① А. Ларин. Китайцы в России вчера и сегодня: исторический очерк. М.： Муравей，2003. 223 с。

② В. Ларин. Российско-китайские отношения в региональных измерениях（80-е годы XX-началоXXI в.）/М.： Восток-запад，2005. -С. 341。

③ Е. Мотрич. Китайские мигранты в Хабаровске // Перспективы Дальневосточного региона：китайский фактор. М.，1999. С. 49。

居俄中国人的数量将达1000万，成为俄罗斯境内人数居第二位的民族群体。基于这一判断，俄罗斯部分学者和政界人士主张俄罗斯应因势利导，通过积极、有效地利用中国劳动力来解决自身人力不足的问题。与此同时，如何在大量利用中国劳动力的情况下避免俄罗斯东部地区的"中国化"，也成为这部分学者深入探讨的问题。对其观点可作如下概括：

第一，用"国际化"对抗"中国化"。持此种观点的学者，以莫斯科卡内基中心副主任德米特里·特列宁为代表。他认为俄罗斯应制定政策，按一定条件不仅可以从中国，而且也可以从朝鲜、越南、印度和其他国家，吸引一定数量的劳务人员。用配额限制各国劳务人员的数量，以防止某国劳务人员人数过多，对其从事的行业也要进行限制。这些劳务人员在俄罗斯应享有一定的权利并受法律保护①。

第二，用"分散化"对抗"集中化"。俄罗斯著名学者加莉娜·维特科夫斯卡娅、冉娜·扎伊翁奇科夫斯卡娅和维利亚·格尔布拉斯都持有让在俄中国人分散布局的观点。前两者认为，从维护俄罗斯的统一着眼，俄罗斯西部地区也应对中国人敞开大门。应创造条件让中国人更合理地分布于全俄，而不是让他们集中在人烟稀少的远东地区和东西伯利亚地区②。后者认为，为防止在俄罗斯形成中国人居多数的"飞地"，应考虑用经济手段"驱散"已呈现集中趋势的在俄中国人③。

第三，对赴俄中国人进行教化。持这种观点的学者以维利亚·格尔布拉斯为代表。他认为，目前赴俄罗斯谋生的大部分中国人不懂俄语，除贸易和餐饮外，不能也不愿从事其他工作，这些人只能在有限程度上弥补俄罗斯劳动力的缺口。俄罗斯应吸引大量中国青年赴俄留学。这样，一方面可给俄罗斯带来收入；另一方面可培养出通晓俄语且有能力在俄罗斯工作的大中院校毕业生。毕业后想留下来的人都应享有相应的权利，包括入籍的可能④。

第四，对在俄中国人实施归化。持此种观点的既有学者，也有俄罗斯

①　Д. Тренин "Китайская проблема России" Московский центр Корнеги，M.，1998 г。

②　Г. Витковская，Ж.. Зайончковская Новая столыпинская политика на Дальнем Востоке России：надежды и реалии http：//www. carnegie. ru/ru/pubs/books/volume/48401. htm。

③　В. Гельбрас. Китайская реальность России . Москва. Муравей，2001. c. 309。

④　В. Гельбрас. Россия в условиях глобальной китайской миграции. -М. Муравей，2004. c. 149。

政界人士。例如，维利亚·格尔布拉斯认为，应借鉴美国经验，实行"绿卡"制度，给外来人口居留权和就业权。对想获得俄籍的人实施发放配额、限期考察等制度。俄罗斯著名政治人物博里斯·涅姆佐夫在谈论俄罗斯初版《国际法》的弊端时声称，俄罗斯应借鉴美国将外来人口改造成美国人的经验，只要中国移民成为俄罗斯人，其存在就不会给俄罗斯带来坏处①。俄罗斯联邦委员会北方及少数民族事务委员会主席亚力山大·纳扎罗夫则认为目前俄罗斯应着手同化部分中国"移民"，对其施以国民待遇②。

第五，对外来劳务人员的利用规范化。在持有这种观点的人士当中，俄罗斯科学院社会政治研究所的学者列奥尼德·雷巴科夫斯基的论述较为典型。他认为国家必须严格监督移民的数量和质量。移民的地理分布、在不同部门的就业情况应严格遵从俄罗斯的地缘政治利益。为此，应制定符合俄罗斯国家利益的移民政策。③ 远东联邦区总统全权代表普利科夫斯基也持有这种观点，近年来他多次发表讲话，认为远东地区应当吸引利用中国的劳动力，但强调要严格依法行事。

第六，对待赴俄中国人的态度应多样化。俄罗斯部分人士认为，解决俄罗斯的中国人问题不能走极端。如俄罗斯驻华使馆参赞谢尔盖·冈察罗夫曾撰文指出，认为只有靠吸引数百万中国人定居才能解决俄罗斯人口问题的观点与认为应将中国人驱逐出俄境的观点都是不可取的。他认为，对于那些为俄罗斯经济投资、在不同领域具有高等专业技术水平、能实际促进两国经济乃至教育、文化关系发展的中国人，俄罗斯应为其创造在俄获得合法身份的可能性，而对于中国一般的劳动力应在签署有严格限制条件的临时雇工合同的基础上加以利用④。

在部分学者和政界人士深入探讨该如何合理和有效地利用中国劳务人员的同时，也有研究者对俄罗斯吸引利用中国劳动力的前景作悲观预测。

① Лидер Союза Правых Сил Борис Немцов-о поправках к Закону о гражданстве России. http：//news. ferghana. ru/detail. php？ id = 1363. 03. 02. 2003）。

② Н. Гафутулин，В. Кузарь. Как «зашлюзовать» миграционный процесс . http：//www. red-star. ru/2002/09/12_ 09。

③ А. Ларин. Китайцы в России вчера и сегодня：исторический очерк. М.：Муравей，2003. 223 с。

④ С. Гончаров. Китайцы в России кто они？//Проблемы Дальнего Востока. – 2003. – №4. C. 29。

他们的基本思路是，中国无论崛起还是崩溃都将对俄罗斯不利。中国若崛起，则会跟俄罗斯算旧账，不必使用武力，只要通过人口扩张便可达到"不战而屈人之兵"的目的；中国若崩溃，同样会有大量失控人口涌入俄境。对于在俄中国人达到一定数量后将会产生的后果，学者奥列格·伊瓦先科所作的描述颇具代表性。据他预测，到2010年，在俄中国人的数量就有可能达到800万—1000万。届时，中国移民最集中的地方将是与中国毗邻的西伯利亚和远东各联邦主体。到2010年，这些地区的中国移民的数量有可能与当地居民持平。由于中国移民很有活力，当地居民将被从贸易、中小商业以及建筑、农业、伐木等劳动领域排挤出去，从而促使后者向地区外迁移。这样，在西伯利亚和远东地区就会形成中国人的社会影响和文化影响都很大的"飞地"。而当中国人在这些地区达到一定数量后，就会对地方（甚至是中央）政权施加压力，要求法律和整个政局朝有利于中国人群体的方向改变，并可能提出改变这些地区法律地位的问题。以后这些"飞地"可能会分离出去，成为联邦范围内的民族文化自治区域。这些区域会立法解决中国人面临的问题。所有这一切在21世纪20年代就有可能发生。此后，由于这些地区当地居民日益减少，莫斯科对这些地区的影响力将下降，在俄中国人对地方官员的影响将加大，因此，在某一时刻可能就会提出让当地人与中国人共同管理这些地区，甚至将其完全交给中国人管辖的问题。这样，即使在中国发展平稳的情况下，俄罗斯也可能在21世纪20—40年代期间悄无声息地失去西伯利亚和远东的大部分地区。如果中国发展遇挫，爆发失业危机，则俄罗斯失去其东部的大部分或少部分领土的可能性在21世纪20年代或者前10年末就将增大。[①]

六　结语

综合以上情况，我们可以得出以下结论：

其一，在俄罗斯，"中国移民问题"是一个被有关势力上升到政治层面加以夸大、炒作的敏感问题。其主要肇因既有历史基因的复萌，也有现实利益的驱动。只要这两方面因素仍继续发挥作用，"中国移民问题"就

---

① О. Иващенко. Россия 2010 – 2020-без Сибири? http：//antropotok. archipelag. ru/text/a116. htm。

仍会成为炒作的对象。

其二，近年来，俄罗斯虽有部分学者和政界人士较为客观地分析"中国移民问题"，阐述利用中国劳务的必要性，且积极探讨利用中国劳务的有效途径，但俄罗斯社会对中国人持有的戒备和排斥心理仍相当浓厚。今后，在相当长的一段时间内，俄罗斯接纳中国劳务的政策仍将徘徊在经济需求与社会和国家安全的矛盾之中，因而仍将表现出不连贯、不稳定和自相矛盾的特征。

其三，我们应多从自身方面找原因，改进做法，积极应对，促使俄罗斯社会改变对中国人持有的偏见，从而把远东地区变成中俄合作真正的窗口和桥梁。如针对俄罗斯民众对在俄华人印象不佳这一情况，我们迫切需要加强对赴俄罗斯国人的"素质教育"，应该搞一个"形象工程"，加强对境外劳务人员和其他在俄人员的教育和管理，使其遵守当地的法律、法规、公德和习俗，不做有辱人格、国格之事，从而在当地树立起华人的正面形象；针对俄罗斯民众主要通过媒体了解中国，而远东地区及俄罗斯中央媒体对中国负面报道偏多这一情况，我们应加强和改善对外宣传和报道，加强两国新闻机构之间的联系与合作。我们要宣传、阐明自己的政策和立场，利用一切手段向俄罗斯社会描绘一个真实的、有吸引力的、值得与之合作的中国。

本文原载于《华侨华人历史研究》2006 年第 4 期

多元分化与跨国生存选择入境
俄罗斯的中国人口结构分析

王 祎[*]

【摘 要】本文以入境俄罗斯的中国人口为研究对象，追溯了20多年来的发展特点及趋势，着重探讨入境俄罗斯的中国人口在不同历史阶段出现的特点，认为入俄中国人口的演变是从个体到集体、从草根到高端的过程。这种变化是社会发展、市场需求和资源跨国流动的必然结果。入境俄罗斯的中国人口呈现出三个鲜明的特点：一是绝大多数入俄中国人口选择跨国流动，并非为了取得长期居留权或俄罗斯国籍；二是入俄中国人口的发展呈现出多元化趋势；三是迁移人口结构出现向高层次转化的新趋势。在这样的客观存在下，中俄两国的移民政策应与区域一体化和两国各自独特的国家战略相结合，并在一定时期内保持相对稳定。

【关键词】人口流动；俄罗斯；中国；多元化；跨国生存

近些年，随着改革开放的不断深入，我国向海外迁移的人口日益增多，其中包括在俄罗斯的数十万中国人。中国人在俄罗斯这片土地上已生存了一个半世纪，从帝俄时代开始就有华商在此经营。在俄国革命和国内战争时期，华侨也在苏维埃政权建立的史册上写下了浓重的一笔。自20世纪60年代中苏关系冷却了一段时期后，从90年代初开始，中国人口赴俄热潮逐渐升温，到2013年，俄罗斯的中国各类迁移人口已经达到100余万人。

目前，国内外专家学者对入俄中国人口的研究已有很多关注，如谢清明对比了十月革前后的俄国华人社会状况，论述了十月革命对俄国华人社

---

　* 作者简介：王祎：中国华侨华人研究所副研究员。

会的影响，认为十月革命后俄国华人社会逐步走向衰落①。宁艳红研究了
早期旅俄华商的经贸活动，梳理了 1917 年十月革命以前到俄国谋生、从
事商品贸易活动的中国人，认为旅俄华商不仅促进了祖居地的经济发展，
而且促进了旅居地的经济发展。② 于小琴通过对俄罗斯不同机构地区和时
期的社会调查结果的比较，认为俄罗斯社会对中国劳动移民的正面评价趋
向上升，远东地区比莫斯科地区对中国劳动移民的肯定评价更高③。宋延
旭、崔亚平研究了俄罗斯远东社会的经济发展状况和俄罗斯的移民政策，
认为在各个历史时期，外国劳动力均对远东社会经济发展产生了重要影
响，并对中俄劳务合作提出了若干思考④。谢尔盖·梁赞采夫、王祎针对
俄罗斯外国劳务移民监管提出了一系列政策建议，并认为一国移民政策的
制定和调整应符合该国经济和人口发展的大局，而且要认识到移民是在经
济全球化大背景下，促进区域经济一体化的重要力量⑤。谢尔盖·梁赞采
夫将中国劳务移民作为俄罗斯外国劳务移民的组成部分进行研究，认为俄
罗斯应该从法律制度层面在各个领域保护移民的合法权益，用好国际移民
资源，促进俄罗斯人口社会经济的发展⑥。俄罗斯学者盖尔布拉斯的《在
中国全球化移民背景下的俄罗斯》一书，根据历年移民统计数据和对 525
名中国入境人口进行的田野调查，描述了中国入境人口在俄罗斯的社会经
济生活，分析了中国入境人口的作用，并着重指出，中国留学生是未来俄
罗斯永久居民和俄罗斯公民的重要人力资源储备⑦。同时也有一些学位论
文对入俄的中国人口进行了研究，如董文婷研究了 21 世纪以来俄罗斯远
东地区的中国移民，认为中俄之间会逐渐弱化"中国移民"所带来的不利
影响，而中国移民也可以变为促进中俄之间交流、增进中俄人民友谊、促

① 谢清明：《十月革命后的俄国华人社会》，《聊城大学学报》（社会科学版）2013 年第 1 期。

② 宁艳红：《浅析早期旅俄华商的经贸活动及其作用》，《西伯利亚研究》2014 年第 5 期。

③ 于小琴：《刍议俄罗斯社会的排外心理及中国劳动移民的文化适应》，《俄罗斯中亚东欧市
场》2013 年第 5 期。

④ 宋延旭、崔亚平：《外国劳动力对俄罗斯远东社会经济发展的影响》，《欧亚经济》2014
年第 4 期。

⑤ ［俄］谢尔盖·梁赞采夫、王祎：《俄罗斯外国劳务移民与中国移民研究》，《华侨华人历
史研究》2015 年第 1 期。

⑥ С. В. Рязанцев, Е. Е. Письменная, Роль международной миграции в демографическом и
социально - экономическом развитии России, SPERO, 2006. No5。

⑦ В. Гельбрас, Россия в условиях глобальной китайской миграции, М. : Муравей, 2004,
с. 3。

进中俄之间全方位、深层次合作的重要桥梁①,帕夫洛娃·克里斯蒂娜研究了俄罗斯移民政策及对中俄经贸合作的影响,对中俄两国移民领域合作提出了良好预期,认为只要两国政府及人民从大局出发,摒弃偏见,共同努力,团结合作,一定可以促进本国人口社会的可持续发展,共同进步,实现双赢②等。本文根据俄罗斯联邦统计局数据资料和对当地 302 名各类中国人进行问题调查及个案访谈,就入俄中国人口近年来的发展趋势及特点进行分析和研究。俄罗斯联邦统计局将每年入境的外国人口按照来俄目的划分为五类,分别为劳务、旅游、因私、过境、服务。1999—2013 年俄罗斯中国各类入境人口的数量统计见表 1,从数值变化来看,入俄中国人口总数呈波浪式上升态势(见图 1)。20 世纪 90 年代开始,入俄的中国人口经历了大致两个阶段的发展,即 20 世纪 90 年代华商的大增长,21 世纪初留学生、游客的快速增长,2009 年后公务类入境人口增加和华商的转型。

表1　　　　1999—2013 年入俄中国人口按入境目的划分统计表③　　（单位：人）

年份	公务	旅游	因私	过境	服务	合计
1999	184600	178800	24300	1700	58200	447600
2000	239800	172200	29600	2700	49500	493800
2001	164800	164800	78200	2500	50800	461100
2002	126000	267000	262000	500	66000	721000
2003	100000	203000	293000	7000	77000	680000
2004	118000	284000	323000	10000	78000	813000
2005	146000	204000	353000	7000	89000	799000
2006	257000	157000	241000	11000	98000	764000
2007	183799	129749	337559	11354	102293	764754
2008	196924	127155	377693	9891	103128	814791
2009	195158	115870	309664	4195	93364	718251

① 董文婷:《21 世纪以来俄罗斯远东地区的中国移民问题研究》,硕士研究生学位论文,黑龙江大学,2014 年。

② [俄] 帕夫洛娃·克里斯蒂娜:《俄罗斯移民政策及对中俄经贸合作的影响》,硕士研究生学位论文,黑龙江大学,2014 年。

③ 1999—2001 年数据来源于 А. Г. Ларин. Китайские мигранты в России, М., 2009, с. 148, 2002 年后的数据来源于 Федеральная служба государственной статистики, http://www.gks.ru/Россия в цифрах/2015/05/04。

续表

年份	公务	旅游	因私	过境	服务	合计
2010	203392	158061	257678	1293	126152	746576
2011	280453	234127	198798	1119	129323	843820
2012	295941	343357	203038	1259	133797	977392
2013	295000	372000	267000	7000	130000	1071000

注：在俄罗斯联邦统计局数据中，因公包括政府人员、军官、代表团、随行家属及人员等；因私包括个体经营、务工、留学、探亲人员等；服务包括交通工具驾驶员、海员、船员、飞行员、铁路工作者。该数据仅统计 6 个月以下的短期人口流动。

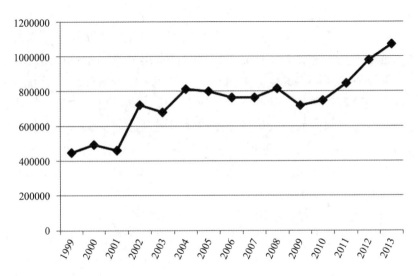

图 1　1999—2013 年入俄中国人口数量分布图（单位：人）[1]

一　俄罗斯华商数量快速增长（20 世纪 90 年代）

1958 年中苏关系破裂后的一段时期，由于两国关系的僵持，民间交往也基本处于停顿状态，在苏联极少能看到华商的面孔。经过三十年沉寂与过渡，20 世纪 80 年代末两国关系开始解冻。两国放弃了根据意识形态划

---

① 1999—2001 年数据来源于 А. Г. Ларии. Китайские Мигранты в России, М., 2009, с. 148, 2002 年后的数据来源于 Федеральная служба государственной статистики, http：//www. gks. ru/Россия в цифрах/2015/05/04。

分敌友的对外政策，转向以国家经济利益为重的外交政策，两国贸易关系开始得到恢复，民间商业交往也开始变得密切。20 世纪 90 年代俄罗斯华商呈现爆发式增长，1993 年俄罗斯中国入境人口一度增长到 75.1 万人①。这一阶段，入俄中国人口的主要构成是华商，这主要是受国家政策和市场导向的影响。

第一，俄罗斯华商数量的增加主要受移入国——俄罗斯国家政策的影响。1991 年 12 月苏联解体，继承了苏联主要家底的俄罗斯开始进行经济、政治体制改革。在实施了激进的"休克疗法"后，俄罗斯社会在短时间内从社会主义计划经济突变成资本主义自由经济，这给社会各个领域、各个层面带来了断裂式的震荡。俄罗斯经济形势急转直下，工农商业开始失去控制，商品极度匮乏，经济陷入严重的萧条。而苏联时期建立起来的重工业基础，根本无法为广大民众提供足够的日常用品和轻工业产品。在此情况下，俄罗斯与独联体其他国家开始纷纷向外求援，敞开大门吸收各方人力、财力、物力的帮助。俄罗斯首先从法律上放宽进出口政策，简化各种办事手续，为外国商品和人员往来提供更多便利。俄罗斯海关委员允许本国"清关"公司以"包机包税""包车包税""包柜包税"的"三包"形式向外国商人提供便捷的"灰色清关"服务，以便更多的商品和服务快速补给到俄罗斯的肌体中。

第二，市场导向是俄罗斯华商骤增的巨大内在动力。巨大的市场需求和往来的便利，吸引华商带来了大量的中国轻工产品。在中国从改革开放至 80 年代末经历了十多年的快速发展后，计划经济体制内在的矛盾已经开始凸显，一批敢为人先的华商抓住了俄罗斯和独联体国家转型的历史机遇，以敏锐的市场感知力和冒险精神，利用信息不对称，通过创新的方式在流通环节中获取巨额利益。1991—1995 年俄罗斯华商主要通过易货贸易和倒爷贸易铺开了两国民间贸易的渠道。华商用信息多、渠道广的优势，以近乎"零成本"的易货形式，用国内的日用品和轻工业品换回俄罗斯木材、钢铁等原料和重工业品，从中获取不菲利润。易货贸易中最经典的案例莫过于牟其中的"罐头换飞机"②。此外，第一代华商也经常从国内带着种类繁多的日用品、服装、鞋帽，沿着西伯利亚大铁路一路兜售到莫斯

---

① A. Г. Ларин. Китайские мигранты в России，М.，2009，с. 147。

② 1992 年，四川商人牟其中用几车皮罐头换回四架飞机。

科，再用获得的收入从莫斯科购进当地的皮毛、手工艺品和其他稀罕商品，带回国内高价出售。第一代华商正是这样从跨国贸易中攫取了第一桶金，铺开了异国销售渠道。由于中俄两国接壤，边境贸易天然就成为两国民间贸易的重要形式。20世纪90年代初，中俄两国边境开放了很多口岸，双方旅游互免签证开始实行。1991年3月6日，黑河大黑河岛率先开始对俄进行民间贸易。同年，绥芬河也兴起了对俄民间贸易市场。此后，同江、密山、东宁等地相继加入互市贸易行列。有当地官员回忆，当时的交易场景异常火爆，前来进行贸易的两国边民十分踊跃，市场上的商品相当丰富。据估算，民间贸易最活跃年间，中国出口的商品价值达10亿美元，边民出入境人次达80万次[①]。华商经营活跃的1991—1999年，中俄两国每年贸易额均在50亿—70亿美元[②]。

二 留学生和旅游人数稳步增加（自21世纪初）

从21世纪初开始，入俄中国人口的构成有了新的变化，除了华商仍是主要构成外，留学生人数开始逐年增加，旅游人数也不断增长。

（一）留学生人数稳步增加

1970/1971—1980/1981学年，几乎没有中国学生在苏联留学，从1990/1991学年开始，才重新出现了中国留学生的统计数据。从2000年开始，随着中国家庭生活水平的普遍提高，80年代出生的独生子女开始陆续步入高等教育年龄，此时国内掀起一股自费留学的热潮。俄罗斯也逐渐成为国内中等收入水平家庭关注的目的国。俄罗斯高等教育之所以逐渐受到该群体的青睐，有五个主要原因。

第一，俄罗斯高等教育本身基础雄厚。尤其是理工、人文、艺术、医学和高科技领域学科水平名列世界前茅，高水平的教学质量是外国留学生考虑的最主要因素。

第二，俄罗斯留学费用较低。据笔者调查访谈，2000年左右，莫斯科市高等学府的本科学费约为1000美元/年，折合人民币8000多元，硕士

---

① 《"磁场效应"再现 互贸区再热黑龙江的大小口岸》，搜狐新闻，2004年6月4日。http://news.sohu.com/2004/06/04/59/news220385956.shtml。

② 《中国对外经济统计年鉴》，中国统计出版社2005年版。

学费也不超过 1 万元人民币①。对于中等收入家庭来说，俄罗斯是性价比相当高的留学国家。

第三，赴俄罗斯留学门槛低、不要求语言基础。凡取得国内教育部颁发的高中毕业证的中国学生均可申请俄罗斯大学本科学位。外国留学生第一年要在预科学习语言和较简单的专业科目，一年后升入相应学历阶段就读。这对没有语言基础的留学生非常具有吸引力。

第四，21 世纪初，留学生可以在当地找到很多工作实践的机会。虽然主要是受雇于中国老板或企业，但也有很多机会接触到俄罗斯社会，体验最本土的人文风俗，并在实践中练习俄语和与俄罗斯人打交道的方式，为自己赚取充裕的生活费用。

第五，苏联解体以来，俄罗斯一直致力于恢复大国地位，复兴本土经济，教育可以说是一本万利的产业。俄罗斯政府正是看到了教育产业链带来的巨大商机，2000 年前后，开始主动向各邻国推介自身优质教育资源。据笔者调查了解，留学中介在输送留俄学生的过程中，可以获取近100% 的利润，因此他们对俄罗斯留学的推荐更是不遗余力。此外，俄罗斯也是很多拥有语言基础或生长在中俄边境地区学生的留学首选地。因此，从 2000/2001 学年开始，中国赴俄留学生的数量稳步增长。2008/2009 学年俄罗斯中国留学生达到 17300 名，占俄罗斯外国留学生总数的 15.9% 。以上这些因素，是 2000 年以后中国学生赴俄留学的重要考量。

2013 年 10 月梅德韦杰夫总理访华时提到，截至 2013 年，俄罗斯约有25000 名中国留学生，其中绝大部分为自费留学生，其余为中国国家公费留学生，还有大约 500 名中国留学生获得了俄罗斯国家公费资助。为加深中俄两国之间的人文交流，俄罗斯开始实施若干行动，如扩大教育宣传，修改相关政策使留学生打工合法化，留学生入籍便利化②等，争取在未来几年，使两国留学生总数提高到 10 万人③。

---

① 本数据来自对 81 名 2000 年初来俄留学生的访谈和笔记亲身经历（笔者与 2003—2010 年于俄罗斯莫斯科留学）。

② Иностранным студентам станет Легче найти работу в Росси. http：//na. ru/society/20130723/951632877. html/2013/07/23。

③ 《梅德韦杰夫：近几年俄罗斯的中国留学生数量将提高到 10 万人》，新华网，2013 年 10 月 22 日。http：//news. xinhua-net. com/video/2013-10/22/c-125580269. htm。

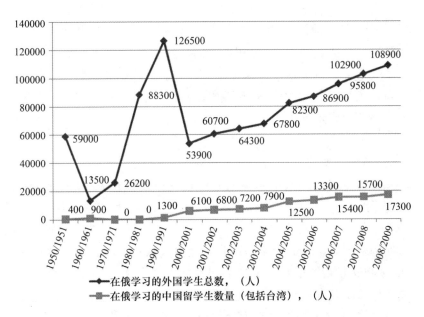

图 2　1950/1951—2008/2009 学年俄罗斯中国留学生数量趋势图①

可以说，留学生在中俄两国人文经贸交流中始终起着重要的桥梁作用。在时代的变革期，他们能用敏锐的眼光捕捉到中俄两国重新建交后所带来的商机：从中国带去皮夹克、牛仔裤和一些日用品卖给俄罗斯人，用所赚报酬抵补整年的学杂费用；一部分俄语基础扎实的留学生则以翻译和中介人的身份在中俄贸易中从事服务工作。在两国关系稳定的共进期，他们变身为导游、志愿者、汉语教师、商人，架起中俄文化旅游交流的桥梁②。

结合自身的留学经历和现实访谈，笔者认为，多数留学生喜欢俄罗斯的自然风光、人文环境、周围永远是赏心悦目的美丽面孔。他们认为俄罗斯的教师绝大多数都很负责，对学生有耐心，留学生可以从老师言传身教中，深刻感受到俄罗斯民族坚毅、执着、热烈，但有些自大的性格。通过调查访谈，笔者也了解到，即使留俄多年，学成后留在当地工作生活的留学生也占少数。这主要由于俄罗斯是非传统移民国家，当地民众和政府或

① А . Л. Арельев，Китайские студенты в России//Интернационализация Образования，2010，NO12。

② 资料来源于对 80 余名各年代赴俄罗斯留学的中国学生的访谈与交流。

多或少存在着排外情绪，而且留在当地不利于自身的职业生涯发展。但多年在俄罗斯学习生活的经历，使俄罗斯情结深深扎根在中国留学生的心里。而恰恰这种铭心的感受，是中俄两国建立长期合作和深入交流的民间基础，广大留学生也正是在中俄交往中成为了对两国具有特殊感情的坚固桥梁和高层次纽带。留学生可以在中俄两国学术互动、人文交流与引进、经贸合作领域起到重要作用。

（二）旅游人数先减后增

2002—2005 年中国赴俄旅游人数一直保持在每年 20 万人次以上，在 2004 年达到 28.4 万人的峰值。此后，虽然 2006 年和 2007 年分别是中国的"俄罗斯年"和俄罗斯的"中国年"，但两国政府的鼓励政策并没有很大程度促进两国旅游业的交流，这两年旅游人数仍处于持续下降阶段。由于 2008—2009 年俄罗斯经历了较为严重的经济危机、2009 年莫斯科切尔基佐夫市场关闭及发生频繁袭击亚洲人事件，俄罗斯经济社会环境相对恶化，这对游客的信心造成一定的负面影响，因此，赴俄旅游的中国游客人数下降到 10 年中的最低谷。从 2010 年开始，赴俄旅游的中国游客人数才开始呈现增长态势。

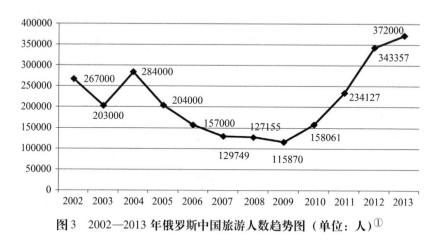

图3　2002—2013 年俄罗斯中国旅游人数趋势图（单位：人）①

2010—2013 年游客在入俄中国人口总数中分别占 21%、27.7%、

---

①　Федеральная служба государственной статистики，http：//www.gks ru/Россия в цифрах/2015/05/04。

35％、34.7％；在俄罗斯经济社会环境稳定安泰时期，旅游市场发展势头就会旺盛，就可以获得中国巨大市场带来的丰富利润。

表2　　　2002—2013年中国游客数量占俄罗斯外国游客百分比①

年份	赴俄外国游客总数 单位：人	中国游客人数 单位：人	中国游客占赴俄 外国游客百分比	中国游客在赴俄 外国游客中数量排名
2002	2686000	267000	9.94％	3
2003	2779000	203000	7.30％	4
2004	2637000	284000	10.77％	3
2005	2251000	204000	9.06％	2
2006	2275000	157000	6.90％	4
2007	2123000	130000	6.12％	4
2008	2168000	127000	5.86％	5
2009	2000000	116000	5.80％	5
2010	2025000	158000	7.80％	3
2011	2228000	234000	10.50％	2
2012	2430000	343000	14.12％	2
2013	2506000	372000	14.84％	2

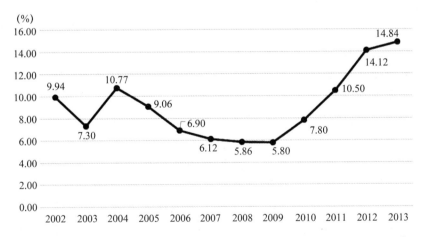

图4　2002—2013年中国游客数量占俄罗斯外国游客百分比趋势图（％）②

---

① Федеральная служба государственной статистики, http：//www. gks ru/Россия в цифрах/2015/05/04。

② Там же. 。

需要指出的是，2014 年，受石油价格的影响，卢布汇率暴跌，这使得俄罗斯国内销售国际高档奢侈品的价格相对其他国家和地区偏低，因此"购物团"的涌入造成了 2014 年中国赴俄旅游人数的增加。市场是无形的指挥棒，无论是留学产业还是旅游产业，只有俄罗斯社会营造出包容开放的社会环境、实施因地制宜的稳定政策，才能获得中俄民间交往中的稳定收益。

三 公务类人员数量增加，华商经营转向正轨（2009 年后）

2000 年以后，俄罗斯政局和社会经济进入相对稳定的发展期，这为世界优质资本创造了良好的生长土壤。在以个体行为为主的华商在俄罗斯铺出一条创业路、大量留学生在俄学习为企业发展奠定了人才基础的条件下，中资企业开始了大规模拓展俄罗斯市场的征程。2009 年后，中资企业加快入俄步伐、华人商城建设呈现雨后春笋之势，随着两国经济交往主体发生变化，迁移人口结构也发生了相应的变化，即政府人员、军官、代表团、随行家属及人员等公务类短期（6 个月以下）入境人数增加，华商经营层次也开始逐渐提高。

（一）公务类人员数量增加

据中国驻哈巴罗夫斯克领事馆统计，2002 年俄罗斯远东地区中资企业仅有 6 家。到 2009 年，据中国驻俄罗斯大使馆商参处不完全统计，俄罗斯有 163 家中资机构、公司、企业，其中绝大多数是大型国有企业，只有 8 家标注为民营或私营，1 家标注为合资企业。到 2011 年，据《中国在俄罗斯投资的企业名册》[①] 统计，2006—2011 年在俄罗斯联邦注册的中国投资企业已超过 600 家，几乎全部是央企或国企。中国央企国企走出去过程中，派出了大量代表团赴俄实地考察，为企业进驻俄罗斯做准备。同时，新时期两国政府层面合作项目增加，公务类人员频繁互动和交流，也增加了公务类短期入境人口数量。

---

① 《中国在俄罗斯投资的企业名册》，百度文库，2015 年 5 月 10 日。http://wenku.baidu.com/linkurl = OZPDrLVCg4dnBsOlaTf ＿ wtc-qpZKjKFJJJJjruxhoP-VQ25S79suWfm1StAGlqnen3Co43JywZLvn7mONASYF30p9t8g4uSpjat9LcgBd2q。

表3	1999—2013 年中国赴俄罗斯的公务类人员数量①	（单位：人）
年份	中国赴俄公务出行人数	入俄中国人口总数
1999	184600	447600
2000	239800	493800
2001	164800	461100
2002	126000	726000
2003	100000	680000
2004	118000	813000
2005	146000	799000
2006	257000	764000
2007	184000	765000
2008	197000	815000
2009	195000	718000
2010	203000	747000
2011	280000	844000
2012	296000	977000
2013	295000	1072000

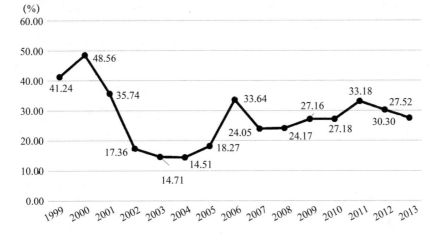

图5　1999—2013 年中国赴俄罗斯的公务类人员占入俄中国人口总数
百分比趋势图（%）②

① 1999—2001 年数据来源于 А. Г. Ларин，Китайские мигранты в России. М.，2009. c. 148，2002 年后的数据来源于 Федеральная служба государственной статистики，http：//www.gks.ru/Россия в цифрах/2015/05/04。
② 1999—2001 年数据源于 А. Г. Ларин，Китайские мигранты в России. М.，2009. c. 148，2002 年后的数据来源于联邦统计办公室 http：//www.gks. 俄罗斯/俄罗斯数字/2015/05/04。

2006 年之前，公务类人员数量在入俄中国人口总体中占比不超过20%，2006 年和 2007 年互为两国的"国家年"，国家和各级政府层面的公务出访相对频繁，因此表现为公务类出行人员数量的增加，2006 年公务类出行人数占入俄中国人口总数的 33.64%。此外，公务类人员的增加还包括大量两国商贸、文化、学术、科技交流团组。

（二）华商经营开始走上商城经营的正轨

华商在俄罗斯各大集装箱或露天市场经营已经有二十多年的历史，包括切尔基佐夫大市场、留布里诺市场、荷花市场、鲍曼市场、莫斯科奥林匹克体育场、叶卡捷琳堡大市场等，华商主要在此经营服装、鞋帽、食品、各类日用品等商品。华商的货源大多通过"灰色清关"渠道获得，这种方式虽然时间短、费用低，但存在着极大的风险，一旦俄罗斯政府开展清查行动，大多数华商的货物都会因违反当地法律法规而被查封，可以说在大市场上经营的华商是如履刀锋，随时面临倾家荡产的危险。俄罗斯政府面对种种不规范现象和混乱的管理，也屡屡出击，然而背后强大的利益链一直掣肘乱象的根治。

随着俄罗斯政府对走私、受贿等腐败现象打击力度逐步加大，加紧推进加入 WTO 的进程，更为了重塑大国的威严，俄罗斯政府从 2008 年开始，采取了一系列措施，彻底清理经济社会发展中的灰色地带。"灰色清关"是俄罗斯特殊时期的权宜之举，但它并不是促进经济社会健康发展长久之计，反而是长期困扰中俄两国民间贸易正常发展的魔咒。为了彻底清理"灰色清关"衍生的一系列腐败和走私链条，2008 年 9 月 11 日俄罗斯当局扣押了莫斯科市八个仓库里的 6000 多个中国货柜；2009 年 6 月俄罗斯当局又以防火不合格关闭了俄罗斯最大的商品集散地——切尔基佐夫市场①。这殃及大批个体经营模式的华商，他们失去了在俄的"大本营"，一部分个体华商被分散到其他市场和地区清理余货，另一部分人由于损失惨重而被迫回国。此外，在切尔基佐夫、鲍曼等华商集聚的大市场周围，经常发生抢劫、勒索、诈骗等案件，华商不堪其扰，尤其是 2009 年在俄罗斯境内发生了多起俄罗斯民粹分子故意伤害亚非洲人事件，使在俄的华商

---

　　①　切尔基佐夫大市场始建于 20 世纪 90 年代，占地 200 多公顷，有超过 10 万人在此工作，其中华商近 6 万人。

心感不安，频生回国意念。来自政府和民间的双重压力交织在一起，使华商和企业看到，单打独斗的经营方式已经不能满足时代进步和俄罗斯经济社会发展的要求，大浪淘沙，落后方式终将被先进模式取代，"个体退、集体进"的新打法是新时期中俄经贸领域合作的未来趋势。此外，俄罗斯政府在 2009 年后，收紧了因私赴俄工作的配额数量，而且对在当地经营的华商进行更加严格的监管，这也是 2009 年后华商数量逐渐减少的重要因素。在经济发展的新时期，以个体经营为主的华商数量稳减、随大型企业进驻俄罗斯的公务类出行人员数量稳增，是新时期入俄中国人口结构变化的新特点。2009 年 10 月 13 日，普京总理在访华时对温家宝总理说："我们两国政治关系无可挑剔，但总有'灰色清关'，总有假冒伪劣，我们的经贸关系就不足以支撑我们的政治关系。没有坚实的经贸合作为基础和支撑，慢慢地我们两国关系可能就会朝着相反的方向发展。"2009 年后，个体华商吸取了曾经的惨痛经验，开始纷纷谋求正规合法的经营途径。大量中资或中俄合资的大型商贸城开始如雨后春笋般应运而生。

1. 格林伍德国际商贸中心

2010 年 9 月，国务院国有资产监督管理委员会监管的大型企业集团中国诚通控股集团有限公司投资 3.5 亿美元，收购了莫斯科州的格林伍德国际商贸中心，以便引导和规范中俄民间贸易的"三合法化"，即商品合法化、商人身份合法化、经营合法化。2011 年 9 月，格林伍德商贸中心正式运营。据格林伍德商贸中心负责人介绍，该中心位于莫斯科州红城区，坐落在莫斯科大环 69 公里—73 公里处，紧邻俄罗斯联邦最大的国际展览中心、莫斯科国际机场及欧尚大型购物中心。项目一期占地 20 公顷，共有 15 栋独立建筑，使用面积 13.26 万平方米，停车场面积 11 多万平方米。项目二期占地 21 公顷，毗邻商贸园区。该中心可以为在俄华商和中资企业提供集物流清关、仓储配载、会展中心、财务核算、法律咨询、营销中心及推送信息于一体的"一站式""管家式"的服务。中国企业入驻后可以进行批发贸易、品牌推广等经营活动。同时进驻的还包括海关办公室、移民办公室等 17 个俄罗斯官方部门。目前，俄罗斯海关已在格林伍德商贸中心设立了一个电子报关中心，由俄罗斯海关授权的报关公司为中国企业和品牌进行登记，并将其纳入俄罗斯海关保护名录中。格林伍德商贸中心把经营理念定为：用经营场所的合法化带动人员、货物的合法化。目前商贸中心已进驻 300 多家企业，格林伍德商贸中心希望通过打造正规的经营场所带动中国制造品牌的树立，并最终使中国品牌得到俄罗斯市场的认可。目前，格林伍德商贸中心除了中国的商家之外，还有来自俄罗斯、越南、土耳其、德国、斯洛伐克、日本、韩国等多个国家的商家入驻。

2. 其他商贸中心

除格林伍德商贸中心以外，莫斯科也陆续兴建起了多个大型商贸中心。其中莲花城商贸中心的兴建得到了中国广东省政府的大力支持。广东省国资委下属广东丝绸纺织集团子公司——广东丝里国际集团服装有限公司直接参与了莲花城的投资建设。目前，莲花城由俄罗斯火焰集团占有绝大部分股份，中国、越南、印度、巴基斯坦等国商户各选总代表，参与少量股份组建，一期投资高达7亿美元。此外，还有多家商贸城处于正在招商或者准备招商之中。莫斯科—义乌国际商贸中心由浙江世丰投资有限公司和莫斯科市政府控股40%的塔希尔集团共同投资开发运营，一期投资5亿美元，建筑面积达10万平方米，设1500个摊位，全部经销中国日用品。中方投资企业浙江世丰投资有限公司得到了浙江省政府的政策支持，义乌商品城和浙江众多轻工业企业的丰富资源为商贸中心提供了优质可靠的资源。另外，塔希尔集团在全俄主要大中城市拥有40多家大型综合超市购物中心，并且深谙当地法律法规、行事规则，加之其与俄罗斯海关、莫斯科市政府的良好关系，可以使入驻企业商品通过商贸中心的营销网络较顺利地进入俄方股东的几十家大型超市。

中国光大国际建设工程总公司与俄罗斯 AFI 开发公司签订了合作协议，也将联手在莫斯科投资开发"中国城"。

关于中国在俄投资的商贸城项目，中俄各方评判不一，俄方主要是民众的反对意见仍占多数[①]，这主要是对在俄"中国势力"壮大的担忧。因此如何弱化商城的国籍色彩，采用各方能接受的方式开展经营，是各商贸城未来工作的难点。还有一些商户担心这些新建商城"换汤不换药"，虽然外观比大市场规范，但运营流程没有实质性改善，因此采取观望态度。此外，这些商贸中心经营模式和所售商品相似度非常高，极易导致争抢资源、恶性竞争情况的发生。只有各商城真正带领华商走上健康经营的正轨，规划出独具特色的经营领域，对产品、公司进行差异化分类和管理，

---

① 《莫斯科中国城项目被热炒　俄公司称近期不开工》，人民网，2009 年 7 月 29 日。http://finance，people. comcn/GB/70392/9740375. html。

避免大而全，才能提高商贸城的吸引力和投资模式的"成活率"。

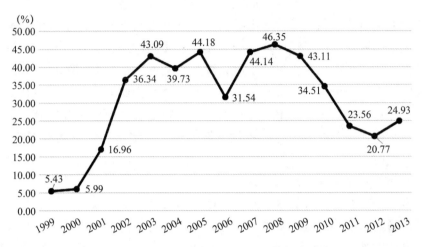

图6　1999—2013 年中国因私赴俄人员占入俄中国人口总数百分比趋势图①

这些商城的出现并健康发展，将极大促进并带动中资企业和华商的进驻，因此，华商从 2012 年后开始重返俄罗斯，进驻新兴的商贸城并开始正规经营。2013 年，因私入境人数占入俄中国人口总数的 24.93%。但"再次回归"已经与 2009 年前不能同日而语，华商们更希望通过正规合法的渠道谋求长久的生存和发展。

结语

中国赴俄人口迁移历史经历了一个从个体到集体、从地区到全国、从草根到高端的过程。这种变化是社会发展、市场需求和资源跨国流动的必然结果。市场决定一切，包括人力资源流动，谋求个体利益最大化对于任何一个族群都是最终的生存目标，因此任何一种类型的人口流动都是人们在市场导向下，经济理性的策略性选择。就目前统计数据及调查访谈而言，俄罗斯的中国入境人口呈现出三个鲜明的特点：

第一，俄罗斯中国入境人口的发展呈现出多元化拓展趋势，这是俄罗

---

① 1999—2013 年的数据源于 А. Г. Ларин, Китайские мигранты в России. М. , 2009. с. 148，2002 + 后数据资源联邦统计办公室。http：/www. gks. 俄罗斯/俄罗斯数字/2015/05/04。

斯社会发展的要求和中国综合国力显著增强的客观表现。首先，近10年来，俄罗斯经济虽经历过金融危机、石油危机等，但总体经济状况呈上升趋势，大国地位不断巩固，国内各项法律制度也相继建立健全。俄罗斯越来越规范的社会和市场环境客观要求参与主体的合法化和规范化。大量国际迁移主体的合法化进程淘汰了过去游走于灰色地带的大部分小商人或劳务移民，吸引了更多的旅游、留学、公务及合法行商的人员，从而客观上形成了迁移主体的多元化发展。其次，由于中国自身国力大幅提升，经济实力不断增强，"走出去"的步伐逐渐加快，高层次人才流动范围更广，大型企业向国外扩展业务的范围更宽，游客的出行欲望也更加强烈，这是中国的迁移人口呈现多元化拓展的内在动力。

第二，绝大多数入俄中国人口选择跨国流动，不以取得长期居留权或俄罗斯国籍的迁移人口占多数。首先，俄罗斯是非传统移民国家，其境内的绝大多数外国移民是由于政治原因形成的，而非市场驱动的结果。同时，俄罗斯国内民族主义情绪始终存在，这使得外国迁移人口从心理上缺乏对俄罗斯的信任感和归属感。此外，获得俄罗斯永久居留权和国籍的难度相对较大，社会福利也远不及欧美国家那样有吸引力。因此，入俄中国人口大多不愿长期居留在俄罗斯，或取得俄罗斯国籍。据俄罗斯联邦统计局数据计算，近年来，每年获得俄罗斯长期居留权的中国入境人口不超过0.2%[①]。其次，中国的发展速度远超俄罗斯，国内的经济社会环境不断改善，社会各项福利水平也不断提高，这对入俄的中国人口来说，是一种强劲的拉力。因此大多数入俄的中国人口选择跨国流动。

第三，迁移人口结构出现向高层次转化的新趋势。从前文的统计数据可以看出，高层次迁移人口，如留学生数量逐年增加，公务、旅游等人员在入俄中国人口总数中所占比例逐年上升。一方面，这显示中国人民的生活水平在不断提高，人们有更多的自由支配资金可以用于自费旅游和自费留学；另一方面，公务出行人员数量显著增加，体现了双方政府层面、大型企业层面的交往日益频繁，带动了相关人员的频繁流动。而且围绕国家交流和企业投资，衍生出很多服务性行业和服务性人口迁移。这是资源跨国流动带动人员跨国流动的直接体现。

---

① 梁赞采夫、王祎：《俄罗斯外国劳务移民与中国移民研究》，《华侨华人历史研究》2015年第1期。

随着两国经济社会的发展、区域经济一体化的深入，跨区域流动也许是中俄两国人口迁移的主要形式。在平衡利弊后，国籍的概念对于入俄中国人口来说似乎不再那么重要。在这样的客观存在下，中俄两国的移民政策就应考虑与区域一体化和两国各自独特的国家战略进行结合，从长谋划，并在一定时期内保持相对稳定。

　　本文原载于《俄罗斯东欧中亚研究》2015 年第 5 期

俄罗斯远东地区社会状况及华侨
生活状况的田野调查（2017.1.16—20）

谢春河　宁艳红[*]

2017 年 1 月 16—20 日，黑河学院远东研究院谢春河教授、宁艳红研究员，与我校外聘俄罗斯布拉戈维申斯克国立师范大学副教授安德烈·德鲁佳卡博士以及布拉戈维申斯克国立师范大学在读博士生周天河一行 4 人组成中俄调查组，对俄罗斯阿穆尔州（以下简称"阿州"）以及犹太自治州进行了为期 5 天的社会考察，本次考察的核心任务是研究俄罗斯远东社会状况暨旅俄华侨的从业状况和社会融入问题。调查组先后走访了阿州首府布拉戈维申斯克市、阿州伊万诺夫区政府所在地伊万诺夫卡镇、阿州直辖市别洛戈尔斯克（以下简称"白山市"）、阿州坦波夫区政府所在地坦波夫卡镇、布列亚区政府所在地新布列亚市、犹太自治州首府比罗比詹市等 6 个城市，访谈了 30 余名旅俄华侨。

一　考察路线及经历

（一）布拉戈维申斯克是首达及必经城市

布拉戈维申斯克市是阿穆尔州及布拉戈维申斯克区行政中心，位于阿穆尔河（黑龙江）左岸和结雅河（精奇里江）右岸河口地带，与黑龙江省黑河市隔黑龙江相望，是赴俄重要通道，也是赴阿穆尔州首达及必经城市。2015 统计数据显示，布拉戈维申斯克市区人口 22.4 万人，在俄罗斯远东地区排名第五位。

史料记载布拉戈维申斯克市是最早开展对华贸易的俄罗斯城市，曾经

---

* 作者简介：谢春河：黑河学院远东研究院教授；宁艳红：黑河学院研究员。

是中国人聚集最多的俄罗斯城市之一。这座城市是 1856 年俄国殖民者在原属中国管辖的精奇里江口非法建立的乌斯奇—结雅哨所基础上发展起来的。1858 年 7 月，根据沙皇指令，命名为布拉戈维申斯克市。布拉戈维申斯克是俄罗斯远东地区的边境前哨，是通往亚洲太平洋地区的大门。1860 年中俄《北京条约》签订后，该区域被俄国割占。此后大量俄罗斯内地移民和华侨纷纷涌入。尤其是采金业的兴起促进了城市的快速发展。1865 年阿穆尔地区开始出现私人采金业。黑龙江支流上黄金蕴藏丰富，仅 1894 年，阿穆尔地区就开采出超过 13 吨黄金。丰厚的利润吸引大规模的移民融入，水路运输业也迅速发展。1897 年，布拉戈维申斯克市人口已达到 3.28 万人（当年阿穆尔省人口为 12 万人），其中常住华侨人口约占总人口的 1/3，加上流动人口，华侨人数达到半数以上（生活在黑龙江左岸江东六十四屯、海兰泡的大批中国人因割地而成为华侨）。2017 年初，在俄罗斯经济尚未根本好转、大批华侨被迫陆续回国的背景下，仍有 2000 余名华侨工作、散居在布拉戈维申斯克市的各个行业和角落，他们在布拉戈维申斯克市的生活状况、创业历程也是俄罗斯远东地区华侨的一个缩影。

1 月 16—17 日，我们先后考察了布拉戈维申斯克市各类商场、酒店以及华侨经营的微型企业和大型综合性跨国集团。

由于布拉戈维申斯克市是阿穆尔州首府又是著名的旅游城市，流动人口较多，商品销售业和旅店餐饮业非常景气，曾经给苏联解体后最早进入的华商带来了丰厚的利润。近年来，随着俄罗斯经济的萎靡，卢布贬值，华商的经营状况已大不如前。

阿斯特拉瓦商场又名"群岛"，是布拉戈维申斯克市最大的综合商场之一，凡是到布拉戈维申斯克市创业谋生和旅游的中国人几乎均光顾过此商场。调查组成员特意选择客流高峰时段先后两次"光顾"该商场。1 月 16 日，该商场购物者稀少，中国游客寥寥无几，偌大的超市冷冷清清，收银员悠闲地坐在那里，曾经排长龙付账的场景荡然无存，这说明布拉戈维申斯克市流动人口依然较少，而且当地居民的购买力仍然薄弱。

午饭之时，我们走进一家位于繁华大街上的中档西餐厅，里面只有 3 位食客就餐。安德烈·德鲁佳卡博士告诉我们，前些年，这家餐馆生意非常火爆，不提前预定餐位几乎找不到午餐的空位，与现在空荡荡的餐厅形成鲜明对比。当天晚上我们进入水果大市场内的一家中餐馆，情况虽然略好于西餐馆，但晚餐黄金档期间不足 20% 的顾客率，仍然让人感觉到布拉戈维申斯克市餐饮业的一丝冷意。据华侨业主讲，目前在俄罗斯各行业中，经营中餐馆效益较好，即使在当前的困境时期，大多数店铺也能保持盈利状态。

友谊水果蔬菜库是布拉戈维申斯克市最大的水果蔬菜批发市场，商贩大多为中国人。该市场创建于1997年，是利用苏联时代闲置的厂房改建的（俄罗斯很多批发市场都是利用苏联时代建设的闲置厂房改建），后为华商租赁建立。目前友谊水果蔬菜库仍然是远东地区最大的果蔬集散地之一，注册商户百余家，其中三分之二是中国人，其他为俄罗斯、阿塞拜疆、吉尔吉斯斯坦、塔吉克斯坦、哈萨克斯坦等国商人。十年前的友谊水果蔬菜库一度是远东地区最繁华的中国大市场，但是在2013—2016年，该商场经历了明显的滑坡过程。在访谈中，华侨业户普遍反映生意虽有起色，但仍然经营困难。首先，铺面租金较高，一个面积在三十余平方米的水果店的租金大约为每月1万元人民币；其次，雇员成本也大幅提高，尤其是中国工人，除却支付日常工资外，还要为雇工定期办理签证、居留证等，有的还负责雇工的吃住，费用高昂。因此，华商大多雇用自家亲戚或当地俄罗斯人以及哈萨克斯坦、吉尔吉斯斯坦等国的廉价劳动力，外国人每天的雇佣成本在20—40元人民币之间。

以"三条金鱼"命名的中国服装大市场，简直就是中国大市场在俄罗斯的翻版，鼎盛时期这里有两百余家中国商铺，以经营服装鞋帽以及日用百货为主。2017年初，由于经济滑坡，华商已处于微利或亏损状态，大多数华商返回国内，现在仅余不足三十家商户。坚守在这里的很多华商也在低价处理积压的货物，有的甚至赔钱甩卖，如进价上百元的皮靴几十块钱亏本出售。

在布拉戈维申斯克市经营大型综合性企业的华商并不多，他们主要活跃在餐饮等社会服务行业和建筑业。现存于布拉戈维申斯克市的中国建筑公司有十余家，华富集团是其中最大的中国独资公司，最具有代表性。公司董事长兼总裁何文安先生是在中、俄两国均享有盛誉的知名侨商，他的企业横跨中国南北、中俄两国。在采访中得知，何文安以其敏锐的洞察力和非凡的勇气，于1989年带领150余人进入俄罗斯布拉戈维申斯克市从事建筑业，以质量好、信誉优、工程进度快逐渐在布拉戈维申斯克市站稳脚跟，在阿穆尔州奠定了雄厚的商业基础。截至2015年末，华富集团在布拉戈维申斯克市经营4家大规模商场、1家阿穆尔州最大的星级宾馆，建设了百万平米的商业住宅，资产总额达 17 亿元人民币。2016 年他与俄罗斯政府合作，启动了占地 4 公顷的"威尼斯项目"，预计 2021 年完工。这是按照 1：1 比例在布拉戈维申斯克市重现水上威尼斯商城风采的鸿篇巨制，是目前俄罗斯第二大商服地产开发重点项目之一。由于其在税收、就业等方面为俄罗斯带来了显著的社会经济效益，得到俄罗斯政府重点扶持，但是仍遇到了诸如垫付资金回收慢、资本周转周期长等方面的困境。

（二）考察伊万诺夫卡和别洛戈尔斯克

1. 伊万诺夫卡

伊万诺夫卡位于布拉戈维申斯克市东北三十公里处，是距离市区最近的一个较大城镇，是伊万诺夫区政府所在地，镇内有 6 千人左右，全区有 2.5 万人。伊万诺夫卡地区原属于中国瑷珲副都统辖区，处于中国历史上著名的江东六十四屯区域。自古以来这里居住着达斡尔族、满族、汉族等民族，在俄罗斯书籍中将之概称为"满洲人"。中俄《瑷珲条约》签订后，伊万诺夫卡成为俄罗斯领土，但根据《瑷珲条约》，居住在这里的"满洲人"仍归瑷珲副都统管辖，属于江东六十四屯的西北部区域。据 A. 帕诺夫的《阿穆尔地区的黄种人问题》记载，1860 年，中国定居人口已达 10500 人[①]。另据 1863 年《［同治］黑龙江通省舆图总册》记载，该区域有 43 屯，816 户[②]，与俄罗斯方面的统计数字基本相当。

1864 年首批哥萨克移民来到这里，建立了俄罗斯移民村，与当时接受中国政府管理的"满洲人"交错而居。1900 年后，这里正式被俄罗斯政府抢占。1926 年，成立了阿穆尔州伊万诺夫区，伊万诺夫卡成为该区的政治中心，并迅速发展成为距离布拉戈维申斯克市市区最近的较大城镇。现在，这里已经没有常住华侨。前些年有华商租种土地从事大豆、蔬菜生产，华工和华农曾在镇内居住，但由于经济滑坡，已经先后离开了。近年来，伊万诺夫卡成为著名的旅游城镇，经常有中国游客光顾。

2. 别洛戈尔斯克

别洛戈尔斯克（白山市）位于伊万诺夫卡东北 90 公里外，建于 1860

---

① ［俄］A. 帕诺夫：《阿穆尔地区的黄种人问题》，圣彼得堡，1910，p. 89。
② 《［同治］黑龙江通省舆图总册》卷二，黑龙江省档案馆藏档案，20 - 7 - 580。

年，距离布拉戈维申斯克市 126 俄里（1 俄里≈1.0668 公里），是穿越西伯利亚干线的繁荣大型交通枢纽，与阿穆尔州行政中心布拉戈维申斯克市有铁路相连，铁路交通为该市带来较大的发展空间。1913 年，这里曾经是西伯利亚大铁路的中转车站。从 1926 年起该市成为俄罗斯阿穆尔州直辖城市，目前也是别洛戈尔斯克区行政中心。1931 年，亚历山大罗夫斯克改名为红色游击队城。1935 年，红色游击队城改名为东古比雪夫卡。1957 年，改名为别洛戈尔斯克。该市也是英雄的城市，在二战期间曾有 13341 名俄国人参战，死亡 3100 人。从中可以看出俄罗斯是战斗的民族，面对困境和战争他们从不哀怨也不抱怨，而是坦然面对。尽管遭遇了经济危机，从大街小巷市民坚定的眼神以及他们的日常行为中看出，他们还是积极面对发生的一切。2015 年最新统计数据显示，该市人口为 6.7 万人。近年该市利用便捷的铁路交通枢纽的区位优势建立了超前发展区。

白山市是远东地区中国人聚集较多的城市之一，仅次于布拉戈维申斯克市。19 世纪末 20 世纪初，大批中国人涌入，形成第一次中国移民高潮。20 世纪 90 年代，曾一度有数千人涌入该市，形成历史上第二次中国人暂时性移民高潮。俄罗斯通往中国的油气管道办公室设在白山市，曾有许多中国建筑工程队承揽建设项目。俄罗斯经济滑坡后，在这里谋生的中国人日渐减少，目前仅剩百余人，而且很多都是从布拉戈维申斯克市转来或把生意发展到白山市的华商。

亚洲饭店是该市最大的中国饭店，以经营中餐为主、西餐为辅，是白山市知名度和景气度均较高的高档餐馆。中国店主已经购买房屋的产权，另外在布拉戈维申斯克还经营着 2 家中国饭店。

白山市中国大市场是白山市规模最大的服装批发零售市场。十几年前这家市场由中国人创建并经营。该市场最多时有 170 多家中国商户，平均每年每人的收入达 40 万—60 万元人民币。但俄罗斯遭遇经济滑坡之后，市场效益直线下滑，很多中国商户都返回国内，商场经营者也将之转让给俄罗斯人经营。如今市场内中国商户只有 7、8 家，加上经营水果批发的 5 家中国业主，整个市场还剩 20 多名华商。市场整体收入也大幅减少，每年平均效益在 20 多万人民币。

在杰尼新思科水果批发商场，一家水果批发商店的业主是一名来自黑河市的 27 岁小伙子，在布拉戈维申斯克市和白山市都有商铺。据他说，在白山从事水果批发还是获利颇丰的，最主要的原因是这里可以现金交易，资金周转快，而布拉戈维申斯克市赊账现象太严重，尤其是中国人之间互相赊账的情况很普遍。这种赊账情况在白山市却很少见。

（三）考察坦波夫卡、新布列亚、比罗比詹犹太自治州

1. 坦波夫卡

坦波夫卡是阿穆尔州坦波夫区政府所在地，镇内人口 7000 人。其前身是 1909 年建立的阿穆尔实验农场，1926 年成立坦波夫区。

坦波夫卡区位于结雅河左岸，正对着中国瑷珲镇的黑龙江左岸沿江地带，是著名的江东六十四屯的核心区域。中国人是这里最早的开发建设者。这里也是达斡尔人的祖居地，是鄂伦春、鄂温克等山林民族的渔猎地。在 17 世纪中晚期抗击沙俄入侵的战争中，大批的满族八旗以及汉军子弟入居该地"屯垦戍边"。此后数百年中，山东、河北、山西、安徽等地百姓"闯关东"进入该地谋生，人口渐繁，开发日盛。至 1858 年中俄《瑷珲条约》签订、沙俄吞并黑龙江左岸时，这里已村屯连片、阡陌纵横、人口万余。正因如此，在条约中明确规定，中国人在该区域有永久居住权，中国政府具有永久管理权；但在当时沙俄政府眼里却成为眼中刺、肉中钉的"飞地"。1900 年 7 月，由于清政府的软弱，沙俄出动政府军队强行占领该地，数万中国人被沙俄政府军队屠杀、劫掠、驱逐殆尽，制造了骇人听闻的"江东六十四屯惨案"，中国人黯然退出这里的历史舞台。

2007 年，坦波夫卡新建了远东联邦区唯一的农业博物馆，展示了阿穆尔实验农场从 1909 年初建立至今，从农业种植到农业深加工到现代化农场的百年发展历程。博物馆在记录俄罗斯人开发建设江东六十四屯历史的同时，也不得不承认"当年的满洲人曾经和他们一起共同开发村、农场的历史"。博物馆展台上既有满洲人使用的磨盘和算盘，也有哥萨克人的磨盘和纺织机，它们见证了当年中俄居民拓荒的历史。通过调查得知，在坦波夫卡地区，1900 年后还有部分躲过那场"劫难"的中国人居住在这里，一直到 1929 年苏联借口"中东路事件"大规模排华，中国人才彻底离开此地。

百年轮回，如今坦波夫卡区已成为俄罗斯远东地区的大粮仓，再也难见到中国人的身影。但在中苏关系交好时期以及近二十年来，这家现代化农场在良种培育、作物种植、粮食深加工等方面，与中国的农业种植单位以及科研院所还保持着良好的合作交流关系。

2. 新布列亚

18 日中午，我们抵达布列亚区政府所在地、布列亚河上的最大城镇——新布列亚镇。城镇以河命名。布列亚河，中国文献称"牛满江"，是黑龙江左岸最大的支流之一，长 623 公里，流域面积达 7 万余平方公里。新布列亚位于布列亚河下游右岸，西伯利亚大铁路线上，在其附近还有一个叫布列亚的小镇，建于 1900 年。而新布列亚镇是在 20 世纪 80 年代兴建布列亚水电站的过程中发展起来的，如今有人口 2 万余名，华侨 20 余名。

在西伯利亚铁路道左新布列亚镇头最显眼的交叉路口矗立着一家以"哈尔滨饭店"命名的中餐馆。这家饭店处于当地地标性建筑的岔道口，过往的车辆和当地人均喜欢光顾此店，生意很好。这是一家华商开设的餐馆，饭店女老板是哈尔滨人，17 岁到黑河创业经营水果，20 世纪 90 年代赴俄布拉戈维申斯克市经商，后辗转到此地。餐厅为两层楼房，主色调是典型的中国红，大厅中还有一个较大的表演舞台，有音响设备，一楼有 14 个卡台，二楼均为单间。每逢节庆日，布列亚镇的俄罗斯人就会包下这家饭店狂欢至天明。这个饭店月租金为 1 万元人民币，女老板雇用 2 名来自黑河的厨师负责中国菜系的制作，此外雇用了 1 名俄罗斯经理和 3 名服务员。俄罗斯雇工月薪一般为 1.6 万—1.8 万卢布。

女老板在俄罗斯经商二十余年，曾经在黑河市、布拉戈维申斯克市经营水果，2015 年转行在此地经营中餐厅，其还在八十里外、位于布列亚河上游的达拉干镇（1 万多人口）买了一栋房子开设北京饭店。她无疑是一名成功的华商。她告诉我们，在俄罗斯混不下去或者赔钱的、破产的华商大多数都是由于自身原因，外因影响很少，华商之间很多欠账都是赊黄的，其实中国人站不住脚首先是由于俄罗斯经济滑坡，卢布贬值；其次是个人经商基础没有夯实，或不善于经营或运气不好。

3. 比罗比詹

比罗比詹市是我们考察的最后一站。该市是俄罗斯面积最小的州之一犹太自治州的首府，以流入黑龙江的比罗、比拉两条河的名字命名，比拉河从中穿过，距离中国国境线 75 公里（鄂温克语：比拉 + 比占河——常驻游牧营地）。

比罗比詹位于西伯利亚铁路线上，始建于 1912 年，1934 年成为犹太自治州的首府，1937 年建市，是俄罗斯在黑龙江沿岸建立得最晚的大城市。人口统计数据显示，2015 年该市区人口为 7.48 万。

比罗比詹市是俄罗斯远东地区华侨聚居最多、幸福指数和创业人数最高的城市之一。比罗比詹的华侨约有 3000 人，几乎活跃在社会经济的各个领域和部门，服装、建筑、汽车配件、日杂百货、餐饮、旅店、果蔬批发等行业几乎都被中国人占据。华商经营着该市著名的"比拉饭店""火烈鸟饭店""哈尔滨菜库""促姆商场"等很多知名企业。

"哈尔滨菜库"是一家华商独资开设的企业，女业主是黑龙江鹤岗人。菜库建筑面积达 770 平方米，一楼为蔬菜水果批发库房，二楼为住宅和餐厅，女业主花费 200 余万元人民币购买房屋产权。女老板在俄罗斯经商 17 年，俄语流利，言谈举止、生活习惯已经完全融入俄罗斯社会。这是我们遇到的最适合俄罗斯生存环境，具有灵活经营理念，事业成功的华侨业主。除了这家企业外，在比罗比詹她还与人合伙开设超市。"哈尔滨菜库"的效益较好，以前从事零售业务，现在以批发为主，都是现金交易，从不赊账。经营时间为每天早 8 点到晚上 5 点，上午不到 7 点，女老板带领着员工们就开始不停地忙碌起来，接待着一波又一波的小批发商，有中国人，更多的是俄罗斯小商贩。他们为了批发到新鲜的水果蔬菜，一大早就前来订购。据店主介绍，虽然菜库盈利，但是效益已大不如从前，每年从同江发往比罗比詹二三百车的货物，足以证明该菜库的经营规模和实力。刚开始创业的时候，为了节约成本，她自己直接进货，如今菜库规模扩大，精力不足，已全权委托代理商负责进货。"哈尔滨菜库"雇用了很多俄罗斯员工，长期雇用俄罗斯员工 7 人，还有临时雇佣人员，这里是当地支付俄罗斯员工工资最高的企业，一般每人每月工资为三万多卢布，工资需当日结算，否则俄罗斯工人会讨要。据女业主介绍，俄罗斯员工很贫穷，等待发工资维持日常开销。她还雇用一名哈尔滨魏姓女员工负责做饭。2012 年 11 月，女员工来到比罗比詹一家洗车行务工，由于勤快被女业主雇用，每年管吃管住工资 5 万元，女员工对工作环境和工作内容很满意。

为了互通信息，相互照应，比罗比詹的华侨建立 500 余人的微信群。调研得知，如今在俄经商利润很低，很多钱压在货物上，资金周转周期长，但华侨们仍然坚守在这里，因为他们已习惯了俄罗斯的生活。像这位女业主，每每回到中国生活反而不习惯，她感觉人多喧闹、拥挤，"甚至一过海关就头疼"。但是生活在这里的华商都有告老返乡、落叶归根的想法，并不想加入俄罗斯国籍，这应该是一百多年来绝大多数旅俄华侨的真实想法。

据说比罗比詹还有一个叫李某的华商，16岁赴俄，是当地知名度最高的中间代理商，他娶了俄罗斯媳妇并生了孩子，经营着当地最大的中餐厅。调研得知，由于中国人的涌入，滋生俄罗斯官员的腐败。他们大多干几年换个工作。但是能在俄罗斯混得风生水起的华侨，身后一般都有俄罗斯人帮助和支撑。这里的华侨很少聚会，尤其是做买卖的华商互相往来较少。究其主要原因，一是俄罗斯政府不鼓励华侨聚集，一旦人多聚集便会驱散；其二是俄罗斯市场规模小，蛋糕小，竞争比较激烈；其三是华商多属于低层次经营，很少发展成大型企业。

"ЦУМ"中央商场是比罗比詹远近闻名的中国商城，这里仅二楼、三楼就有三十余家华侨摊床，他们大多经营服装生意，有的还经营食品和小饰品店，这里的每名华商业户至少有1—2个摊床，效益好的拥有更多的摊床。这家商场的俄罗斯老板给每个中国商户发"劳务大卡"，华商不用担心身份问题，所以这里聚集着许多华商。商场里的华商承包所有服装摊床，除独自经营外，一部分委托俄罗斯人经营。有一位华商已在此经营了17年，先后开设三个店铺。附近的中央露天大市场还有七八十户的华商店铺，他们大多在俄罗斯经商十余年，这里雇用俄罗斯员工也是日工资制，平均每人工资在七八十元钱人民币。

在比罗比詹的华商眼里，俄罗斯人友好、和善，并不排斥中国人，他们没有被打压，甚至华商可以进入一些时尚的大型商场经营摊床，这与布拉戈维申斯克市截然不同。这既有历史原因（该城市无边界争执问题，当地俄罗斯人的民族主义色彩不浓厚，对华侨的戒心较小）；也有现实原因，犹太自治州成立较晚，对移民本身就不排斥，同时由于犹太人口碑不太好，尤其是商人的信誉度没有中国人高，对比之下中国人更能赢得当地俄罗斯人的好感。另外这里的社会环境、社会风气、社会治安较好，几乎没有勒索、敲诈华侨事件。警察高度负责，如华侨遇到麻烦，警察会立即处理，华侨在这里有很强的安全感，这里也是华侨眼中远东地区最安全的城市。

二 考察基本结论

五天的时间，考察组成员自驾车披星戴月，昼夜兼程，节省了很多时间，虽然略显匆忙，但有很大的收获。尽管不能全面深入考察问题，还是对俄罗斯远东地区的社会舆情尤其是华侨在远东地区的生活、经济文化活动有了初步的认知，具体总结如下。

（一）远东华侨的业态与社会地位

远东华侨大多从事建筑、餐饮、服装鞋帽、日用百货和蔬菜、水果批发与零售、农业种植等行业。围绕以上行业又形成许多配套的服务产业，如租赁土地种粮食、蔬菜，做粉条、豆腐，生豆芽，养蘑菇等副业产品。有学者统计，中国蔬菜和水果在阿穆尔市场所占比例达98%，服装、针织制品、各种纺织品和鞋类分别占80%到95%。此外，他们还经营超市、房地产、中介公司、运输公司、旅游公司等，在远东地区无论是大城市还是小村镇都有华商的足迹。华侨是俄罗斯远东侨民的主体，但总量不大，且地位偏低。由于他们俄语水平低，仅会一些商业用语，无法与俄罗斯人进行思想沟通交流，加上在俄罗斯的华侨大多是高中文化水平，高学历者甚少，几乎没有从事高科技行业的人才。除少数国家公派人员、企业老总和经理人社会政治经济地位较高外，其余绝大多数为从事低端商业经营的小商贩、土地及林场承租者、雇佣工人和雇农。他们没有话语权，难以进入俄罗斯主流社会。华侨处于俄罗斯社会的中下层，以各自不同的生活方式，在不同的时段进入远东地区谋生。

俄罗斯远东地区到底有多少华侨？在中国没有准确数字，俄罗斯权威部门对此也讳莫如深。总体而言，目前总量不大，在5万人左右。这些华侨中大多都有十余年甚至二十余年的赴俄经历，他们抢抓机遇，在俄罗斯经济环境尚好的时候掘下第一桶金，具有较好的社会和经济基础，凭借累积的经济实力、人脉和对俄罗斯经济的信心坚守下来。如今远东地区各行业均不景气，华侨收入大不如从前，很多人为了生活挣扎着，但仍然有一些人坚守在俄罗斯，很多新侨民也都是他们的亲属或雇工。

（二）远东华侨的社会和经济困惑

俄罗斯远东地区的华侨以所在城市以及所在区域为空间单位，他们以一个市场或是经营同一种类商品为主，聚集在一起居住，形成一个个微型聚居区，形成简单的华人社区。华侨聚集主要原因是这些底层社会的华侨对当地社会还有很多不安全感，加之语言沟通能力弱，大家聚居，可以互相照应，但这样的"社区"的功能还非常弱，还处于一个初级阶段。

华侨很少参加社团组织活动，远东地区缺少强有力的华侨社团组织。远东华侨之间的关系比较复杂，华侨间的联系比较松散，大多为同乡关系、亲属关系、朋友关系、雇佣关系，受同乡情感、亲属关系及各种利益影响，华侨之间仍延续百年来以地缘、亲缘、血缘、业缘为主的社会网络，外人很难介入，团结协作意识较差，普遍存在排外现象。在异国他乡的华侨本应抱团取暖、相互照应，但由于俄罗斯远东市场狭小，很多商贩之间，尤其是同行业商贩之间明争暗斗，相互防范心理比较严重。正所谓"同行是冤家"，普遍存在的现象是同在一个市场经营同一种类商品的人很少深度交往。但是也不能一概而论，比罗比詹的华侨主动聚居在一起，新布列亚的华侨在春节时也会聚集到"哈尔滨饭店"过个团圆年。

由于俄罗斯经济萎靡，经商环境恶劣，以及三角债务缠身，很多华侨处于微利状态甚至亏损边缘。房地产建筑、汽车配件、矿产、农林业、服装水果等各行各业的商业经营均如此。如布拉戈维申斯克市华商，尤其以服装和水果批发业者赊账现象比较严重，三角债较多，经常出现烂账现象，有些商户资金链断裂，致使相关华商因此破产，严重制约了资金的周转，进而影响了可持续性经营。20 世纪末 21 世纪初在俄的华商，面对俄罗斯经济危机，有的人无法获利开始赔钱，大多数华商选择回国另谋出路。如在布拉戈维申斯克市汽车修理业，原来有一大批华商做汽车配件及修理，且生意兴隆，但现在留下来的很少。留下来的华商，大多数硬撑着，靠着微薄的利润换取生活费。即使像华富这样在俄罗斯有很深社会和经济基础，得到俄罗斯政府支持的成功企业，目前也面临诸多困境，尤其受到垫付资本大、资本周转周期长、资金回笼慢的困扰。总体来看，何先生在俄罗斯投资创业的经济境遇也是远东地区华商的一个真实写照。

（三）远东华侨社会融入的阻力较大

华侨移民俄罗斯意愿不强。一位研究华侨的俄罗斯学者说，中国人在俄罗斯待不长，纷纷回国的一个主要原因是俄罗斯卢布贬值，经济滑坡。在俄罗斯微利或者亏损，或者同在中国挣的钱一样多，赴俄创业的华商选择离开，他们没有继续留守的理由，这是内因决定的。华侨离开俄罗斯还有一些外在因素，就是俄罗斯的一些国家利益和地方利益集团主观上不希望外国人移民远东地区，尤其是中国人，他们在制定移民政策以及创业、经商等方面设定门槛较高，让更多的华侨望而却步。即使像布拉戈维申斯克市华富老总、比罗比詹"哈尔滨菜库"女老板这样的成功人士也没有移民俄罗斯的打算，他们仍然要落叶归根，回归故里。可以说，俄罗斯远东华侨绝大多数是由于经济目的、教育目的的暂居性移民，以永久移民为目的的华侨凤毛麟角。其实，这种状况百年来几乎没有什么改变。除却国内巨大的发展空间之外，关键还是俄罗斯远东地区并未营造出吸引华侨的生活环境和创业环境。

从 19 世纪中后期以来，俄罗斯在开发远东地区的过程中均把限制外国人，尤其是限制中国人的存在当作政治战略实行。在"远东是俄罗斯的远东"的前提下，始终坚定不移推行着"远东俄罗斯化"的历史进程，从帝俄时代到苏联时代再到当代新俄罗斯，从来就没有改变过。从 2007 年开始，俄罗斯政府全面禁止外国人在俄罗斯市场从事零售工作。因此，中国商人很难在俄罗斯的大型商场里兜售商品，只能集中在特许中国人开设的商场。远东地区对中亚一些国家的移民较为宽容。如一位在布拉戈维申斯克市友谊水果蔬菜库经商的来自塔吉克斯坦的苏夫洛夫从事经营水果批发十三四年，在布拉戈维申斯克市买了两栋房子、两台车，一家九口人都顺利加入了俄罗斯国籍，远东的中国人是很难有此待遇的。

网络上曾流传着来自哈巴罗夫斯克市印在砂糖纸袋上的一句话："这里的一切都是俄罗斯的，这里的一切都属于我们，从莫斯科到俄罗斯的尽头。"黑河学院王禹浪教授的调查报告形象地记录了远东地区俄罗斯人，尤其是地方利益集团民粹者们心理认知："一定要让中国人明白的首要问题是：中国人开发远东的参与程度是由俄罗斯人所决定，而不是由中国人决定。在俄罗斯人眼里，如果俄罗斯远东彻底向中国开放，那就直接涉及中国大量的人口劳动力涌入远东的问题。时间一久，俄罗斯远东地区的俄罗斯人口就会逐渐变成少数民族，而中国人则会越来越多。因此，限制中国人在开发远东地区时的大量涌入则必然成为我们俄罗斯的基本国策。"在他们眼里，中国传统文化的涌入将会不断冲击俄罗斯远东社会，从价值观、生存观以及理念等各个方面冲击远东社会，将成为未来远东地区社会发展的障碍与文化思潮。泛中国化的生活方式、华人利益最大化的思维观念一直是俄罗斯远东社会防范的主要问题，在特定中俄关系背景下阿穆尔州尤为明显。中国人在阿穆尔州受到诸多限制，是整个俄罗斯限制中国人最严厉的地方。因此在参与阿穆尔州经济开发上，中国人不要抱太多幻想，俄罗斯人不会让华侨赚太多的钱，更不愿意他们永远留下来，成为俄罗斯的华裔公民。

（四）远东地区华侨的未来之路

无论如何，远东华侨的未来之路会一直延伸下去，华侨在远东社会中的地位和作用也会逐渐提高和增强。在 2017 年 1 月份的考察中我们切实感觉到，远东经济已触底，中国迎来参与俄罗斯远东地区开发的最佳时机。如 2015 年以来布拉戈维申斯克市经济一直向好，但仍没有走出低谷，但人口减少的趋势已经得到遏制。2000 年该市人口数量突破 22 万之后就一路下滑，至 2008 年回落到 20 万附近，到 2015 年该市人口又回到 22 万人以上的历史高位。2015 年以来，远东地区的经济触底回升，人口减少的趋势也得到了根本遏制，首次实现人口增长，增长率连续三年超过死亡率，远东人口外流趋势也得到遏制。走在布拉戈维申斯克市的各类场所，触目皆是青少年儿童，昭示着这座城市的复兴。不过，俄罗斯市民手里的现金仍很少，购买力较弱。坚守下来的华侨绝处逢生，仍能看到希望。华侨普遍认为，俄罗斯远东地区仍然很穷很困难，虽然目前生意难做，但最黑暗的时期已经过去。如今华侨的心态已开始变得从容，不再焦虑。2017 年 7 月，我们再次来到布拉戈维申斯克市的时候，商场、餐馆、旅店的顾客明显增多，卢布升值、市场通货膨胀问题得到初步遏制。

黑河就是一个观察俄罗斯远东经济的窗口，每天出入黑河海关的俄罗斯人的数字就是一个俄罗斯远东经济的晴雨表。毗邻而居的俄罗斯人只要有条件、具有一定钱财就一定会到美丽的黑河市来消费，而且在布拉戈维申斯克市打拼的华侨也有所增多。

俄罗斯经济的复苏与俄罗斯实施"向东看"、实施开发远东战略分不开。近年来，俄罗斯调整发展重心，发展远东地区战略提到了重要位置。尤其是 2013 年底乌克兰危机的爆发给俄罗斯造成了非常严重的政治和经济双重危机，俄罗斯被西方国家开除出 8 国集团，经济萎缩，卢布大幅贬值，通货膨胀，反而为其积极推进"向东看"战略、大规模开发远东带来了契机。以远东的发展来维持欧俄经济的衰退与停滞，是俄罗斯"向东看"战略的根本目的。为开发远东，吸引资本，俄罗斯实施了一系列针对性措施，甚至在短短三年内陆续建立了 18 个"超前经济区"。

坚守远东的华侨活跃在诸多经济社会领域，从发展的眼光看，更多的华侨会进入农业、林矿领域。据 2012 年俄罗斯制定的《2013 至 2025 年阿穆尔州的经济社会发展规划》统计，阿穆尔州是远东地区最大的农业产区，占有远东联邦区 44% 的农业用地和 55% 的耕地。考察中我们看到，从布拉戈维申斯克驰往坦波夫卡沿途两边都是连片开垦出来的土地，这些都是近年新开垦的。2011 年笔者乘车前往阿穆尔州谢列姆真区考察的时候，道路两边几乎都是荒原，很少见到开垦的土地。现在这里的俄罗斯人看到了土地种植带来的巨大利益，尤其是绿色农业巨大的市场需求，加快了土地开发力度。华商看准商机，在布拉戈维申斯克市仅黑河籍华侨 N 就租赁 10000 垧土地种植大豆，获利颇丰。在布拉戈维申斯克市有大型浸油厂阿穆尔油厂，很多大豆种植户都为这家油厂供应原料。

比较而言，比罗比詹市是研究分析远东地区华侨创业的好样本。在当地华侨眼中，这里不排斥中国，为中国人谋生营造了较为宽松的社会环境、安全环境、政治环境，使华人能较好融入当地社会。如"哈尔滨菜库"的女老板感言，俄罗斯法律也保护守法的外国公民和生意人，关键是要遵守俄罗斯的法律，尊重当地的文化和生活方式。这也正是在远东地区各个城市中比罗比詹华侨的幸福指数和满意度高居榜首的主要原因。在当地俄罗斯人眼中，比罗比詹华侨对当地社会经济发展的贡献度逐年增大，他们对华侨的接受程度日益增强。在此环境下，华侨有更大的发展空间。比罗比詹华侨是否会真正融入俄罗斯社会，甚或成为俄罗斯社会的一部分，还有待时间进一步检验。

大多数华侨在远东地区居住工作十多年甚至二十年，早已习惯了俄罗斯生活。虽然大多数华侨仍无定居或取得俄罗斯国籍的打算，但即使目前经营陷入困境，他们仍然在坚守，没有撤退的打算。携亲带故、携家带口，甚至在这里娶妻生子，把孩子送入俄罗斯幼儿园、学校的也大有人在。

总体而言，俄罗斯远东地区社会状况与经济虽有所好转，但仍处于较低迷态势。目前其主要面临的困难是：其一，一线劳动力缺乏；其二，基础设施落后；其三，建设资金短缺；其四，管理制度僵化；其五，地方利益集团故步自封。俄罗斯进步人士充分认识到，破除上述困境，俄罗斯积极开发远东地区的最大依赖力量是中国，远东地区的发展需要并依赖华侨的参与，俄罗斯远东开发为华侨带来历史上最好的发展机遇，远东华侨的经济地位和政治地位一定会不断上升。

俄罗斯远东地区中国移民状况述论

黄定天　赵俊亚*

【摘　要】中国移民出现在俄罗斯远东地区的历史始于 19 世纪六七十年代，在近 150 年的历史中，远走他乡的中国人活跃在商贸、建筑、采矿、农业等各行各业，为远东地区的社会经济发展做出重大贡献。然而这一历史事实不但没有得到肯定，反而衍生出"中国人口威胁论"。通过具体分析远东地区中国移民状况不仅可以客观反映中国人在该地区经济建设和社会发展中所做的贡献，也是对俄罗斯境内"中国人口威胁论"的有力驳斥，有助于促进中俄关系实现更加良好发展。

【关键词】俄罗斯远东；中国移民；威胁论

中国移民出现在俄罗斯远东地区的历史始于 19 世纪六七十年代，在近 150 年的历史中，远走他乡的中国人活跃在商贸、建筑、采矿、农业等各行各业，为远东地区的社会经济发展做出重大贡献。然而这一历史事实不但没有得到肯定，反而衍生出"中国人口威胁论"。本文依据近年来俄罗斯新解密的历史档案和最新调查统计资料，对各个历史时期远东地区的中国移民状况进行简略的分析，同时驳斥俄罗斯近年来蔓延的"中国人口威胁论"。

一　俄罗斯远东地区中国移民状况的历史与现实

150 年来中国人在俄罗斯远东地区生息劳作的历史经历了沙皇俄国、苏

---

　* 作者简介：黄定天：吉林大学东北亚研究中心教授、博士生导师；赵俊亚：吉林大学东北亚研究中心在读博士。

联、俄罗斯联邦三个历史时期，现将三个时期的中国移民状况分述如下。

（一）沙俄时期

俄罗斯远东地区面积为 620 万平方公里，占全俄面积的 36%，但人口为 120 万，仅占全俄人口的 5%。19 世纪下半叶，沙俄政府开始大规模开发远东，因劳动力严重缺乏，从 60、70 年代开始，沙俄的国营企业和私营企业就开始从中国山东等省招募华工来此开采金矿、修建军用设施和乌苏里铁路。华工主要居住在滨海地区，小部分散布于阿穆尔和北部地区。① 80 年代远东地区的加工业得到发展，并开始向大机器生产过渡，远东经济进入资本主义原始积累时期，华工作为远东劳动力市场的生力军，成为远东资本积累不可缺少的一部分。90 年代沙俄开始修筑西伯利亚大铁路，因铁路经过地区人口稀少，近 3 万季节性华工出现在符拉迪沃斯托克、哈巴罗夫斯克、尼古拉耶夫斯克以及南乌苏里等几个城市。② 20 世纪初中国劳工的雇佣范围及规模逐步扩大，夏季流入的季节工以每年 1.5 倍的速度增长，1910 年远东地区中国移民达到 15 万，约占当时远东地区总人口的 12%，③ 是迄今为止，中国人口所占远东地区总人口比重最高的时期。华工成为沙俄开发远东地区的重要劳动力资源，在远东整体经济开发中的作用显然不可忽视。

1917 年前，俄罗斯远东地区的华工主要集中在资源开采和加工、运输、通讯、建筑、贸易、农业和服务性行业。据统计，在 1913 年华工占远东采金业劳动力总数的 87.6%，占滨海州硅酸盐工业劳动力总数的 92.5%，占森林工业劳动力总数的 67.1%，占码头行业劳动力总数的 57.8%，占乌苏里铁路劳动力总数的 53.3%，占阿穆尔河流域船舶修造业劳动力总数的 32.8%。④ 其中阿穆尔州金矿雇用的华工数量在远东各行业中占首位，1894 年仅在阿穆尔的私人矿上就有 12239 人。

---

① Г. Ткачева. История и современность – Иммиграция на Дальнем Востоке России ［J］, Проблемы Дальнего Востока, 1994，（4）：96。

② 陈碧笙：《世界华侨华人简史》，厦门大学出版社 1991 年版，第 302 页。

③ Россия и Китай на дальневосточных рубежах, Сборник материалов международной научной конференции, Вып. 2, Благовещенск：изд-во АмГУ, 2001. 4 – 5。

④ В. Карлусов, А. Кудин. Российский Дальний Восток Китайское присутствие на российском Дальнем Востоке：историко-экономический анализ, Проблемы Дальнего Востока, 2002，（3）：78。

（二）苏联时期

1926 年，远东地区约有 7 万多中国移民，他们在这个地区的人口增长率比十月革命前降低了 3.8%，但在远东地区的经济社会发展中继续担任着重要角色。[①] 他们基本上是体力劳动者。这一阶段的煤矿工业和运输业，很大程度上仍继续依靠中国劳动力。

值得注意的是，远东地区的中国移民几乎百分之百都具有劳动能力，也就是说，他们都是劳动人口。在无须专门知识的体力劳动领域，华工占绝大多数，在其他行当中他们也是多数或者起着相当大的作用，而且多为重体力劳动。这种职业特点就决定了远东地区中国移民中男性比例绝对高，男女比例约为 100：7。[②] 当然这是由地域和工作性质的限制所决定的。他们文化程度较低，只有 1/3 的人识字。1925 年，仅有 180 名中国人在远东地区普通教育学校中学习。[③]

据 1937 年 1 月苏联人口普查数据显示，当时远东地区中国移民降为 24589 人，相当于 1926 年数量的 1/3。此后，由于军事、政治等方面的原因，苏联禁止中国人进入远东地区，并大规模驱逐中国人出境，这种局面一直持续到苏联解体前夕。

1986 年中苏之间开始进行劳务合作。80 年代末，苏联企业获权直接与中国企业建立联系并从中国进口劳务，于是到远东地区务工的中国劳务人员开始增加，每年多达 2 万人，这些劳务人员主要来自东北三省的边境市县。在这一阶段，中国劳务人员主要被雇佣于建筑施工和农业种植，其活动处于苏联各有关机构的严密监管之下。

（三）俄罗斯联邦时期

苏联解体后，俄罗斯远东地区中国移民激增，主要是由中俄两国的经济状况和政策所决定的。从俄罗斯方面看，远东地区对中国的日用商品和

---

① ［俄］亚历山大·拉宁：《中国移民在俄国——中国移民对俄国远东发展的贡献》，李宏为译，《历史档案》1994 年第 2 期。

② Г. Ткачева. История и современность-Иммиграция на Дальнем Востоке России, Проблемы Дальнего Востока, 1994, (4)：97。

③ Дальне-восточное краевое статистическое управление. Статистический ежегодник, 1926. Вып, 1. Хабаровск Благовещенск, 1927. 66 – 67。

廉价劳动力有很大需求；俄罗斯政府推行市场化改革措施，企业和个人获得了一定程度的自主经营权。从中国方面看，拥有大量富余劳动力和日用商品的供应能力；政府推行改革开放政策，鼓励边境市县开展对外经贸活动和劳务输出。① 于是，中国的日用商品开始大量发往俄罗斯远东地区销售，边贸和"倒包"迅速兴起并空前活跃，有中资参与的合资企业纷纷建立。这批"倒爷"将中国的日用百货由小到大逐渐推向了俄罗斯市场，为繁荣远东市场起到了巨大作用，同时他们在中俄贸易中也占有重要地位。与此同时，许多中国的建筑施工队也来到远东地区，他们或与俄方合作，或单独承建工程项目，为远东经济的发展添砖加瓦。从事农业的中国劳务人员为远东地区的粮食生产、蔬菜供应提供了保障，繁荣了远东地区的农贸市场，改善了远东居民的物质生活。

20 世纪 90 年代，中俄边境口岸进一步开放，中国人通过劳务、旅游和留学的方式大量进入俄罗斯远东地区。这些进入远东地区的中国人主要集中在滨海边疆区、哈巴罗夫斯克边疆区和阿穆尔州。根据现有资料统计，苏联解体后远东地区常住的中国人口逐年递增。1989 年远东地区的中国常住人口为 1742 人，1990 年达到 1.5 万人，1993 年则激增到 10 万人，② 1996 年为 20 万—30 万人，2001 年为 23.7 万人，③ 这个数字虽然远远超过了 1910 年时的 15 万人，但在当地总人口中的比重仅占 3.3%，与 1910 年中国人口占远东地区总人口 12% 的比例相比大幅度下降。

滨海边疆区的中国移民数量在远东地区稳居第一位。在滨海边疆区 1994 年入境的中国人约为 4 万人，1995 年为 3.5 万人，1996 年为 3.55 万人，1997 年为 5.2 万人，1998 年为 7.3 万人，1999 年为 1.2 万人。④ 另据滨海边疆区统计委员会的统计，1994 年在滨海边疆区登记的来自中国的劳务人员为 7895 人，1995 年为 8349 人，1996 年为 8292 人，1997 年为 6968 人，1998 年为 7179 人，1999 年为 6360 人。登记的数字远远少于入境的数字，因为一部分人转往他处，一部分人根本未做登记。中国劳务人员主

① 沈莉华：《关于俄罗斯远东中国移民问题的思考》，《东北亚论坛》2005 年第 4 期。

② В. Карлусов, А. Кудин. Российский Дальний Восток-Китайское присутствие на российском Дальнем Востоке：историко-экономический анализ, Проблемы Дальнего Востока, 2002, (3)：81。

③ Российская газета, Новости, 2001 – 02 – 16。

④ М. Алексеев. Угрожаетли России китайская миграция, мировая экономика и международные отношения, 2000, (11)：98。

要集中在滨海边疆区的一些城镇，如符拉迪沃斯托克、乌苏里斯克、纳霍德卡、阿尔乔姆、阿尔谢尼耶夫、游击队城。同时期在哈巴罗夫斯克边疆区登记的中国劳务人员为 1947 人，阿穆尔州为 1495 人，萨哈林州为 864 人，犹太自治州为 609 人，堪察加州为 364 人，科里亚克自治州为 200 人。① 在远东地区的中国人一半以上从事建筑业和商业、31% 务农、14.4% 在工业领域，其余从事运输业和服务业。

目前，绝大多数身处远东地区的中国人属短期居留，并非真正意义上的移民，在远东地区取得俄罗斯国籍及居留证的中国人属极少数。在中国人口最多的滨海边疆区，1995 年初，取得居留证长住的中国人只有 26 人，另有 5 人具有"无国籍人员"的身份；到 1999 年底，这两者的人数增加到 46 人。在阿穆尔州，1991—1996 年，有 99 人取得居留证，15 人取得俄罗斯国籍，还有 28 人与俄罗斯公民结婚。在哈巴罗夫斯克边疆区，有 170 人取得居留证。1992—1997 年，在哈巴罗夫斯克边疆区登记的 27 件中俄跨国婚姻中，有 25 位中国人提出居留申请。在犹太自治州，1998 年有 4 位中国男性与俄罗斯女性登记婚姻，并获得居留证。②

二 是"威胁"还是贡献

俄罗斯远东地区自然资源丰富，但地广人稀，劳动力极其匮乏，导致社会经济发展缓慢。生活劳作在远东地区的中国人吃苦耐劳，遵纪守法。他们在开采业、商业、运输业和农业生产方面作用突出，为远东地区的开发建设做出了不可磨灭的贡献。远东地区的中国人不仅为该地区政府的各级财政增加了税、费收入，为当地居民提供了商品和服务，还为当地居民创造了就业岗位。无论历史上还是现在，居住于此的中国人一直是远东社会经济发展的推动力。然而，相当一部分俄罗斯人对中国人的重大贡献并不认可，既恐惧又排斥，在理论上也由历史上的"黄祸论"演变为"中国人口威胁论"，而且有愈演愈烈之势。

2004 年俄罗斯科学院远东历史考古和人种学研究所在俄罗斯滨海边疆区、哈巴罗夫斯克边疆区、阿穆尔州和犹太自治州做了一次大范围社会舆

---

① ［俄］诺索夫：《俄罗斯远东与中国》，《西伯利亚研究》1996 年第 4 期。
② 于晓丽：《俄罗斯远东转型期外来人口状况分析》，《俄罗斯中亚东欧研究》2005 年第 2 期。

论民意调查，其结果堪忧。在问到"您认为对俄罗斯利益及其远东领土的威胁来自哪里？"时，46%的俄罗斯人把所谓"中国的扩张政策"作为对俄罗斯利益及其远东领土的第一位威胁；在问到"你是否同意中国在俄罗斯远东进行扩张的说法？"时，54%的俄罗斯人持肯定态度；在问到"如果你同意中国在俄罗斯远东进行扩张的说法，那么指哪些扩张？"时，40%的俄罗斯人认为中国向俄罗斯远东地区扩张的主要内容是领土扩张、31%认为是人口扩张、27%认为是经济扩张；在问到"估计一下中国人在边疆区总人口所占的比重"时，他们认为占到10%，普遍高估了中国人在远东地区总人口中所占的比重。①

不错，中俄东部边界的确长期存在领土争端，但经过多年谈判磋商，已经取得共识。尤其是2004年10月14日，普京总统访华期间，中俄双方签署了《中华人民共和国和俄罗斯联邦关于中俄国界东段的补充协定》，就黑瞎子岛和阿巴该图洲渚两个未协商一致地段的边界线走向问题达成协议，从而标志着中俄之间长达4300公里边界线的走向全部确定。2005年6月2日，中国外交部长李肇星和俄罗斯外交部长拉夫罗夫在俄远东城市符拉迪沃斯托克市，代表中俄两国政府互换了《中华人民共和国和俄罗斯联邦关于中俄国界东段的补充协定》批准书。这标志着协定正式生效，中俄边界线走向以法律形式全部确定下来，标志着两国彻底解决了所有历史遗留的边界问题。中俄最后一部分有争议的边界土地，包括位于黑龙江和乌苏里江交界处的黑瞎子岛和靠近内蒙古满洲里的阿巴该图洲渚在内近375平方公里，双方将各得约一半。对此，俄罗斯各大媒体纷纷作了报道。俄罗斯塔斯社说，这是世界上两个举足轻重的大国经过40多年谈判，双方都做出让步后取得的成果，中俄边界今后将会永远被和平的氛围所环绕。俄罗斯最有影响力的《消息报》网站刊文说，目前的解决方案是中俄两国政府和人民都可以接受的，它不仅彻底解决了两国所有历史遗留的边界问题，而且为两国成为万年好邻居、好朋友提供了坚实保证。另外，俄罗斯的各大电视台也在第一时间对互换批准书一事做了及时报道。俄罗斯政要的评价也很高。俄罗斯前总理普里马科夫认为，这次和平解决边界问题是一个伟大成就，它将两国间曾经发生过的和有可能发生的所有领土争端与不和彻底变为历史。中国学者则认为，划定这样一个两国都满意的边

---

① 自曲伟：《俄罗斯民意测验对中国的看法值得注意》，《西伯利亚研究》2004年第5期。

界，既尊重历史，又照顾了现实，对中国来说，具有划时代意义。美联社说，中俄两国解决了历时数十年的边界纠纷，并同意共同开发能源，标志着这两个国家完全转变为经济与政治合作伙伴。尤其是在 2006 年 3 月 21日，俄罗斯总统普京访华并和中国国家主席胡锦涛签署《中俄联合声明》，双方重申 2007 年底前全部完成剩余两块地段的勘界工作，并称，2005 年两国批准的《中华人民共和国和俄罗斯联邦关于中俄国界东段的补充协定》标志着两国边界问题的彻底解决。以上事实说明，中国政府对解决两国边界争端的诚意，同时也证明中国对俄罗斯不存在任何领土企图。

既然所谓的"中国人口威胁"根本不存在，为何"中国人口威胁论"这一论调还蔓延不绝呢？这首先在于中苏关系紧张时期，苏联方面反华宣传的影响尚未彻底消除。其次是一些俄罗斯人过高估计了远东地区中国移民的数量，而苏联解体后远东地区人口不断下降，使他们产生了恐惧心理。最后是中国经济飞速发展与苏联解体后俄罗斯经济的持续滑坡所形成的鲜明对比，导致了一部分俄罗斯人的失衡心理，因而产生排华情绪。

尽管"中国人口威胁论"在俄罗斯远东地区喧嚣一时，但相当一部分俄罗斯学者、政治家和民众能从客观公正的角度看待远东地区的中国移民问题。他们肯定了远东地区的中国人为远东经济的发展，特别是为基础设施的建设做出的重要贡献，对远东地区摆脱旷日持久的经济低迷状态有着重要的促进作用。

今明两年中俄两国互办"国家年"，其目的在于进一步加强双方政治互信，推动政治、经济、科技、军事、人文等各领域合作，宣传《中俄睦邻友好合作条约》确立的"世代友好、永不为敌"的和平思想，巩固中俄友好的社会基础，推动中俄战略协作伙伴关系迈向更高水平。我们应当利用这个契机，做好工作，对我国在俄罗斯远东地区的商贸与劳务人员加强教育与管理，并多组织政府机关与文教科技系统的高层次群体与俄罗斯各界的交流，使俄罗斯人深入了解和客观公正地认识中国，彻底破除"中国人口威胁论"。

本文原载于《人口学刊》2006 年第 9 期

俄罗斯远东地区的所谓中国"移民"问题

李传勋

李传勋[*]

【摘　要】本文对中俄两国关于"移民"定义的歧义进行了辨析，利用俄罗斯学者的调查研究成果，对当代旅居俄罗斯远东的中国人的现状，包括其在俄就业结构、收入水平、未来去向等，进行了全面的分析和探讨，在此基础上从历史文化角度对"中国人口扩张论"作了解读和批驳。

【关键词】俄罗斯；远东地区；中国；移民问题

本文主要分析俄罗斯远东地区与外贝加尔地区，特别是与中国接壤的滨海边疆区、哈巴罗夫斯克边疆区、阿穆尔州和赤塔州（赤塔州于2008年3月1日与阿加布里亚特自治区合并后改称外贝加尔边疆区）的所谓中国"移民"问题。这一问题被俄罗斯一些媒体炒得沸沸扬扬，一些俄罗斯学者也撰文甚至著书加以研讨，使其成为中俄关系中一个颇具敏感性的问题。

一　中俄两国对"移民"定义的歧义

毋庸讳言，在俄罗斯境内，特别是在与我国毗邻的远东地区和外贝加尔地区确有一定数量的中国移民。但对移民的数量，俄罗斯有些学者估计过高，如说西伯利亚地区和远东地区的中国移民有500万之多[①]。这固然与俄罗斯一些别有用心者恶意夸大有关，也与俄罗斯人对移民的理解过于

　＊　作者简介：李传勋：黑龙江大学俄罗斯研究所研究员、博士生导师。

　①　В. Л. Ларин，Китай и Дальний Восток России в первой половине 90 – х：проблемы регионального взаимодействия，Владивосток，1998г. с. 106。

宽泛不无关系。

"移民"有两层含义：一是指参与迁移活动的人或人群，二是指较大数量的人口从某一地区向另一地区的迁移行为。1980 年版《辞海》对"移民"的释义有二，其一为："由政府或民间团体大批地、有组织地迁往国外某一地区永久定居的人。同侨民的区别在于：侨民一般系自己单独或集体结伴前往国外，不一定以永久定居为目的。"其二为："在一国内部，较大数量的、有组织的人口迁移。"李剑华、范定久主编的《社会学简明辞典》对"移民"的定义是："由政府或民间团体大批地、有组织地将一部分居民迁往国内其他地区或国外某一地区永久定居的人。迁往国外的移民同侨民的区别在于：侨民一般自己单独或集体结伴前往国外，不一定以永久定居为目的。"如上所述，在汉语中，"移民"与侨民或出国旅行者的区别有二：一是由政府或民间团体组织的大批人的迁移，二是迁往国外是以永久定居为目的的。

在俄语里，"移民"是两个源于拉丁语的同根词 миграция 和 мигрант。前者是词干 мигр 加上一个表示行为的后缀 аци（я），意思是"迁移"；后者是词干 мигр 加上一个表示人的后缀，意思是"进行迁移的"。俄罗斯 2002 年出版的《新百科辞典》对 миграция 的释义有二：一为"迁移、移民"，二为"人们通常由于改变居住地而迁移，分为一去不返的移民（即彻底改变常住地）、暂时移民（即相当长期而又时间有限的移居）和季节性移民（即一年中固定时期的迁移）。有时把经常定期乘车往返于居住地点与工作或学习地点也归为移民，即所谓'钟摆式'移民"。该辞典对 мигранты 的释义则是"进行移民行为的人"。俄罗斯 2001 年出版的《现代俄语详解辞典》对 миграция 的释义为"由于经济原因、民族压迫、自然灾害导致的人口由某一居住地向另一居住地的大规模迁移、搬迁"。该辞典对 мигранты 的释义为："由于经济原因、民族压迫、自然灾害而被迫离开自己居住地的人们。"

把中俄两国对"移民"含义的解释进行比较可以看出，中国人对移民的定义强调其有组织性和永久性，而俄罗斯人对"移民"的理解显然要宽泛得多，只强调由某一居住地向另一居住地的迁移，即人口在空间上的移动，而不论其是有组织的，还是自发的；是迁移后永久定居，还是临时暂住。唯其如此，俄罗斯不仅把在俄取得临时居住证和长期留住证的外国公民算作移民，把持有签证（对独联体国家公民免签）在俄罗斯务工和留学的外国公民算作移民，甚至把赴俄旅游的外国游客，还有在两国边境地区因工作需要往返通勤的外国人，如国际列车司乘人员都算作移民。如果这样算，俄罗斯一些媒体动辄称在俄中国移民有上百万之多也就不足为怪了。迄今为止，尽管"移民"这个概念在国际学术界尚未形成一个各方广泛认可的定义，但世界上大多数国家还是把它界定为具有相对永久性的人口迁移。如《大美百科全书》就说："广义而言，人类的迁移是指个人或一群人穿越相当的距离而作的永久性移动。"① 因此，俄罗斯传媒和学者所说的"中国移民"其实大多数为暂时逗留在俄罗斯境内的中国公民，并非我们所理解的那个意义上的移民，即取得俄罗斯居留证或俄罗斯国籍、在俄罗斯永久（起码是长期）居住的中国人。

二 旅居俄罗斯远东与外贝加尔的中国公民现状

我国有关部门未公布过赴俄中国公民的正式统计数字，因此本文采用俄方正式出版物上的材料。不过，俄罗斯学者也承认，俄罗斯没有关于中国"移民"的权威统计资料，边检、内务（警察）、海关等部门和地方政府的统计数字出入较大。因此，笔者尽量引用俄罗斯权威学者的学术著述，并加以必要的比较和考证。

（一）从俄远东与贝加尔入境的中国人——大部分是所谓"钟摆式移民"

俄罗斯远东学者 В. Л. 拉林认为，如果不算经常过境且短期逗留的运输工人，1996—1999 年，每年经俄中边界东段（远东和外贝加尔）边境通道进入俄罗斯的中国人为 35 万—38 万人；从 2000 年起增加到 50 万—55 万，而且主要是通过旅游和私人旅行方式入境的②。

通常经由中俄边界东段边境通道进入俄罗斯远东地区与外贝加尔地区的中国人数量，远远高出在这一地区长期逗留的中国人数量。这不仅是因为其中相当一部人是过境者，又转赴俄罗斯其他地区，还因为人数很多的

---

① 《大美百科全书》第 19 卷第 61 页，外文出版社 1994 年版。转引自傅义强《欧盟移民政策与中国大陆新移民》，暨南大学出版社 2008 年版，第 31 页。

② В. Л. Ларин，В тени проснудщегося дракона: Российско-китайские отношения на рубеже XX – XXI веков，Владивосток，2006. с. 387, 390。

"一日游"旅游团，当天入境当天出境。根据俄罗斯有关法律规定，少于3天无须由内务部门作移民登记，即"落地签"，所以俄罗斯当地内务部门对中国"移民"的统计数字，总是大大低于边检部门对入境"移民"的统计数字。2007年，从赤塔州进入俄罗斯境内的中国公民为234071人，其中在居住地点作了移民登记的有40782人①；2008年入境的中国公民增至244358人，作了移民登记的有54976人②。

　　这里要强调的是，即使从入境总人数中刨除过境者和"一日游"游客，剩下的人也远非所谓"移民"。下面我们从中国公民入俄境的目的作出分析。

　　从表1可以看出，在此期间进入俄滨海边疆区境内人数最多的中国公民是旅游者，确切地说，是以旅游团成员身份免签进入俄境的中国人。自1994年1月28日中俄两国政府间协定生效后，中俄两国公民去对方国家，只有持外交护照和公务护照者才可以免签，而持普通护照的中国公民赴俄均须签证。办理签证程序烦琐且费时较多，因此普通中国公民往往通过旅游途径进入俄罗斯。因为根据1992年12月18日的中俄关于旅游团体互免签证协定，两国公民加入旅游团免签去对方国家，可在指定的旅游目的地逗留3个月。表1所列的12万多名旅游者中，除部分以旅游为目的的人外，多为以经商和从事其他经济活动为目的的人。这样的旅游者很难在俄长期逗留，因为俄方采取了严格的监控措施。

表1　　　　　　　　2004年1—8月从滨海边疆区入境的中国公民分类

入境目的 总人数	旅游	入境交通工具 服务人员	商务	过境	受雇	检验员	司机	经营 管理人	因私	公务	其他
207718	125543	14441	32510	932	10695	2244	8697	7643	269	165	4579

　　资料来源：滨海边疆区移民局设在边境口岸的移民监察岗统计资料。

---

　　①　Комитет международного сотрудничества, внешнеэкономических связей и туризма Читинской области, "Международное сотрудничество и внешнеэкономические связи Читинской области в 2007 году", Чита, 2008. с. 77.

　　②　Министерство международного сотрудничества, внешнеэкономических связей и туризма Забайкальского края, "Международное сотрудничество и внешнеэкономические связи и туризм Забайкальского края в 2008 году", Чита, 2009. с. 81.

表 1 所列的商务人员、经营管理人员及受雇人员，多为持因公普通护照签证入境的从事贸易及其他经营管理的人员，此类人员在签证期满前就会离境。过境者不在入境地点居留，公务人员不会成为移民。因私入境者也须在签证期内逗留，这部分人中倒可能有一些在俄罗斯取得暂住证和居住证的人，即我们所理解的移民。表 1 所列的入境交通工具服务人员、司机、检验员等，人数众多，属因公务或商务每天或经常往返过境的人，在中国被称作通勤人员，但俄罗斯却把这类人称作"钟摆式"移民。综上所述，尽管进入俄罗斯滨海边疆区的中国公民有 20 万之多，但真正意义上的移民却难以从中认定。

　　2000 年 2 月 29 日签订的中俄免签旅游新协定把在对方境内逗留的期限由 90 天减为 30 天，而且规定一个旅游团至少由 5 人组成。这一新规使通过免签旅游渠道赴对方经商或务工的人受到限制，而多次往返的俄罗斯签证和办私人邀请入境则更为方便。外贝加尔斯克移民监察岗外国公民微机统计系统的资料表明，2002 年到外贝加尔斯克镇的中国公民，平均每人过境 15 次。这类人就是被俄罗斯学者称为"钟摆式"移民的中国人。

（二）在远东与外贝加尔打工的中国人——所谓"季节性移民"

　　在俄罗斯境内逗留时间较长的中国人，除了数量有限且地位合法的留学生和中资企业中国籍员工之外，最大的群体就是根据双边合同在俄务工人员。这些人持合法的劳务许可手续和有效签证，在俄罗斯移民部门登记备案，因此人数统计比较准确。俄罗斯学者把这些中国人称为季节性移民。远东与中国接壤地区的中国务工人员情况见表 2。

　　从表 2 可以看出，从 20 世纪 90 年代至今，俄罗斯远东南部与中国毗邻地区每年通过正式渠道引进的中国劳动力从万人上下增加到 2 万左右，其中大部分人集中在滨海边疆。

　　据俄罗斯 REGNUM 通讯社报道，2007 年，在哈巴罗夫斯克边疆区获劳务许可的 23700 名外国侨民中，有大约 6900 名中国人，在滨海边疆区务工的 16000 名外国人中，中国人有 6394 名①。萨哈林州有 1930 名中国

---

　　① Д. Кобзев, Приграничный Китай: Трансформация методов торговля и китаизация Россиян, с. 2。

工人从事汽车修理、住房和办公楼建筑、批发和零售贸易以及林业①。

B. Л. 拉林教授指出："在俄罗斯远东，主要是远东南部，20世纪与21世纪之交经常逗留的中国人有3万至3.5万。到本世纪前10年中期，更广泛地从中国吸收合同工人可能把这一数字增加到了4万至4.5万人。"②

原哈巴罗夫斯克边疆区行政长官、新任远东联邦区总统全权代表维克多·伊沙耶夫2009年5月在梅德韦杰夫总统主持的边境合作会议上指出，"远东有10.3万外国劳动移民，占经济自立人口的3%，其中中国人占1.2%"③。这就是说，近年在俄罗斯远东地区务工的中国人约为4.12万人。伊沙耶夫的话印证了上述媒体和学者的估计。

表2　　　　　　　　俄罗斯远东南部地区利用中国劳务的情况

地区	1993年	1995年	1997年	1999年	2001年	2005年	2006年
滨海边疆区	7329	8349	6964	6374	9639	15578	10386
阿穆尔州	693	699	663	634	312	3646	4529
哈巴罗夫斯克边疆区	2795	3251	819	973	1254	3612	2483
犹太自治州			327	467	550	684	770
合计	10817	12299	8773	8448	11755	23520	18168

资料来源：俄罗斯学者综合上列联邦主体劳动与就业部门统计资料汇编而成，转引自 E. За гребнов，"Экономическая оР анизация китай ской ми грации на российский Дадьний Восток после респала СССР"，//Пронозис，2007，Nol（9）。

在外贝加尔地区，据俄罗斯学者统计，从20世纪90年代中期到21世纪初，在赤塔州打工的中国人不过1000多人，2002年达到3420人。近年来，外贝加尔地区利用外国劳动力包括中国劳动力有迅速增加之势。据俄罗斯联邦移民局赤塔州分局统计，2006年该州共招收外国工人19830名，其中中国公民占80.3%，为15923人④。另据当地外经贸部门统计，2007年赤塔州使用的外籍劳工达31323人，比上年增加60%，中国公民占总数

---

① Более 750 тыс. трудовых мигрантов из Китая работают в разных странах мира. www. renum. ru/news/1016843. html，19. 06. 2008。

② B. Л. Ларин，В тени проснувшегося Дракона：росийско-китайские отношения на рубеже XX – XXI веков，Владивосток，2006г. с. 396。

③ Тихоокеанская звезда. 25. 05. 2009。

④ "80% Работающих в Читинской области и ностранцев – китайцы"，http：//www. miot. ru/main. mhtml? part = 38publD = 225。

的 67.6%①，为 21174 人。2008 年比上年又增加 7.5%，为 33681 人，中国人占总数的 80.9%②，为 27248 人。

（三）在远东与外贝加尔获得俄罗斯国籍或居留证的中国人——"常住移民"

俄罗斯远东地区和外贝加尔地区对中国人实行严格限制的移民政策，故这一地区长期合法定居的中国移民数量极为有限。据统计，21 世纪初，在与中国毗邻的边境地区，取得俄罗斯国籍或居留证的中国人不超过 1000 人。其中，在滨海边疆区，截至 2003 年初，获得居留证的中国人为 98 人，1998—2002 年，有 42 名中国人取得俄罗斯国籍。在哈巴罗夫斯克边疆区，有 170 名中国人获得居留证。在犹太自治州，仅有 4 个中国人在 1998 年娶俄罗斯姑娘为妻并获得居留证。在阿穆尔州，1991—2002 年，总共有 67 名中国公民获居留证，有 23 名中国人取得俄罗斯国籍。在赤塔州，截至 2002 年初，有 54 名中国人获俄罗斯国籍或居留证。实际上，上述获俄罗斯居留证或国籍的中国人多为与俄罗斯公民通婚的人，因为《在俄罗斯联邦外国公民地位法》规定，只有与俄罗斯联邦公民结婚且在俄罗斯拥有居所或在俄罗斯联邦出生的外国公民方可获临时居留许可。

（四）旅居俄罗斯远东的中国人的基本情况

有关旅居俄罗斯远东地区华人的基本情况，在俄罗斯也没有权威、正式的统计信息。一些俄罗斯学者在俄毗邻中国地区对旅俄华人作过一些问卷调查，我们只能通过这些调查了解和研究这些华人的基本情况。

莫斯科大学亚非学院教授 B. Г. 格尔布拉斯分别于 1998 年末至 1999 年初和 2002 年主持过两次问卷调查。在俄罗斯科学院远东研究所主任研究员 A. Г. 拉林的主持下全俄社会舆论调查中心于 2007 年下半年进行过一次问卷调查。这几次调查相对而言具有一定的代表性和可信性。

① Комитет международного сотрудничества, внешнеэкономичеких связей и туризма Читинской области, "Международное сотрудничество и внешнеэкономические связи Читинской области в 2007 году", Чита, 2008 г. с. 78 – 79。

② В. Л. Ларин, В тени проснувшегося Дракона: Российско-китайские отношения на рубеже XX – XXI веков, Владивосток, 2006 г. с. 393 – 394。

1. 旅居俄罗斯远东地区华人在中国的原住地

从 A. Г. 拉林主持的问卷调查结果来看，在远东地区与中国邻近的三大城市中，来自黑龙江的人数最多，占 79%；吉林人次之，占 9%；辽宁人和山东人各占 3%，北京人占 2%，来自河北、上海、江苏的人各占 1%。东北三省的人占旅居俄罗斯远东地区中国人的大多数，主要原因是两者地理毗邻。

2. 旅居俄罗斯远东地区华人的就业结构

表 3 是一位俄罗斯学者综合另外两次问卷调查结果综合编制的。

从表 3 来看，旅居俄罗斯远东地区的中国人大多数在商贸领域就业，其次是运输业和建筑业，在公共饮食业就业的中国人有减少的趋势，在工农业中就业的人数虽有所增加，但所占比例始终不高。

表 3   远东地区中国公民就业结构（%）

就业领域	2002 年	2005 年
贸易	70	64
公共饮食	16.6	4
建筑	4.8	8
工业	1.2	4
农业	2.4	4
运输	2.4	10

资料来源：E. Заребнов, "Экономическая оР анизация китай ской ми грации на российский Дадьний Восток после респала СССР", //Пронозис, 2007, Nol (9).

3. 旅居俄罗斯远东地区华人的教育程度

旅居远东地区的华人绝大多数在传统产业和传统服务业部门就业，即体力劳动或对专门知识要求不高的职业。这些人的文化水平不仅远低于欧美、大洋洲的中国移民，而且与旅居莫斯科的华人相比也有差距。见表 4。

表 4   2002 年被调查者的受教育水平（%）

受教育程度	莫斯科		伊尔库茨克	哈巴罗夫斯克		符拉迪沃斯托克		占被调查者总数的比例
	1998	2002	2002	1999	2002	1999	2002	
高校	24.3	70.4	18.1	21.8	10.6	39.0	12.6	29.5
不完全高等教育	35.3	16.9	8.8	35.8	21.2	9.0	29.4	18.0

续表

受教育程度	莫斯科		伊尔库茨克	哈巴罗夫斯克		符拉迪沃斯托克		占被调查者总数的比例
	1998	2002	2002	1999	2002	1999	2002	
完全中学	22.4	7.0	45.6	31.8	48.0	34.0	31.9	32.5
不完全中学	12.1	4.2	26.9	6.1	19.2	17.0	26.1	19.4
小学	1.9	0	0.6	2.2	1.0	1.0	0	0.4
未作回答	4.0	1.5	0	2.3	0	0	0	0.2
合计	100.0	100.0	100.0	100.0	100.0	100.0	100.0	100.0

资料来源：В. Г. Гельбрас，Россия ву словия хглобальной китайской миграции. М. ：Муравей，2004. с. 98.

4. 旅居俄罗斯远东地区华人在俄罗斯逗留时间

旅俄华人特别是远东地区华人在俄罗斯逗留时间多不长，按我们的理解，这些人不能算作移民。

从表5可以看出，在远东地区各大城市居住3年以上的华人占50%以上，这一调查结果大体上还是支持了笔者关于旅俄华人大部分并非移民的结论。不过也应当看到，远东地区华人在俄逗留时间有延长的趋势，这可能与2007年的调查对象主要是在俄罗斯经商的业主及其雇员有关，这部分华人收入较高，生活条件较好，因此能够在俄罗斯工作较长时间。当然，这仅是2007年下半年的调查结果，随着俄罗斯政府限制华人在俄罗斯从事露天零售商业政策的强化，这个华人群体的去向已被迫作出了改变。

表5 　　　　　　　2007 年远东地区被调查华人在俄居住年限（%）

现住地 居住时间	远东	符拉迪沃斯托克	哈巴罗夫斯克	布拉戈维申斯克
不足1年	14	15	9	20
1 至 2 年	21	26	20	16
2 至 3 年	22	19	23	25
3 至 5 年	20	27	15	19
5 年以上	23	14	33	21

资料来源：А. Г. Ларин，"Жизнь в России лаеами лаеами китайских ми грантовв"，Элекронная ве Рсия бюллетеъя "Населние и обгцество"，20 октября 2008 г.

5. 旅俄华人在俄罗斯工作的收入情况

据一些俄罗斯学者在 2005 年所作的问卷调查结果，按合同在俄罗斯务工的中国人月收入为 2000—4000 卢布，而市场上的业主或商贩平均月收入为 10000—35000 卢布。再看看 2007 年下半年对莫斯科和远东地区全部样本（700 人）所做调查的结果。

表6 　　　　　　　2007 年被调查者的月平均收入（卢布）

收入金额	5000 卢布以下	5000 至 20000 卢布	20000 至 40000 卢布	40000 至 100000 卢布	100000 至 300000 卢布	300000 卢布以上
占被调查者比例%	21	61	9	2	2	1
折合人民币（按 1 元人民币等于 3.35 卢布计算）1493 元以下	1493 元以下	1493 至 5970 元	5970 元至 11940 元	11940 元至 29851 元	29851 元至 89552 元	89552 元以上

资料来源：А. Г. Ларин, "Жизнь в России лаеами лаеами китайских ми грантовв", Элекронная ве Рсия бюллетеъя "Населние и обгцество", 20 октября 2008 г.

现在，我们将同期俄罗斯远东地区当地居民的收入水平与表 6 中在莫斯科和远东地区经商的中国业主及其中国雇员的月平均收入水平作个比较。据俄罗斯媒体报道，2007 年第二季度哈巴罗夫斯克边疆区按居民人口计算的月最低生活标准为 5225 卢布[①]；2007 年 1—10 月滨海边疆区居民的月均收入为 10200 卢布，符拉迪沃斯托克市企事业单位 10 月份的平均工资为 16576.6 卢布[②]。两相比较，远东地区华商有 21% 的人月均收入低于哈巴罗夫斯克边疆区的最低生活标准，这部分人当为华商的底层，属雇员一类；大部分人（占 61%）的月均收入相当于滨海边疆区人均月收入水平，这部分人当属华商的中层；而在华商的高层中，大部分人（占 9%）收入在 2 万—4 万卢布之间，大体上相当于当地航空运输、科研开发、金融等高收入行业从业人员的收入水平；而 4 万卢布以上的高收入者总共只占 5%。

6. 旅俄华人来俄目的

既然旅俄华商大部分人收入并不高，为什么还要来俄罗斯工作呢？

---

① Тихоокеанская звезда. 8 августа 2007。

② 俄罗斯地区新闻网，2007 年 12 月 13 日，2008 年 1 月 2 日。

从表 7 看，现在莫斯科和远东地区三大城市中经商的华人赴俄前多是
工人和农民工，且多数处于失业状态；其次人数较多的是国有企业和非国
有公司的普通职员，他们大多收入不高，再就是农民、无业人员和家庭妇
女，更属社会中的无固定收入者。此处还须强调，在远东地区经商务工人
员多来自东北三省尤其是黑龙江省的边境市县。

表7　　　　　　　　2007 年被调查者来俄前职业和决定来俄目的

被调查者			来俄目的%					合计
来俄前的职业身份	人数	占被调查者比例%	被派来工作	在中国找不到工作	寻找更有利的工作	想在俄罗斯受教育	其他	
大学生	37	5.3	19	0	57	27	2	100
工人	264	37.7	1	70	26	2	1	100
农民工	75	10.7	1	67	28	1	3	100
国企普通职员	77	11.0	18	3	71	5	1	100
非国有公司普通职员	44	6.3	41	2	52	2	2	100
国家机关领导人员	22	3.1	36	4	55	0	5	100
非国有公司领导人员	12	1.7	17	0	75	0	8	100
农民	34	4.8	6	26	62	3	3	100
企业主	39	5.6	3	0	85	6	3	100
失业者	41	5.8	0	29	59	7	5	100
家庭妇女	31	4.4	0	52	39	3	6	100
其他人员	22	3.1	13	0	60	19	9	100
未作回答者	1	0.14	0	0	100	0	0	100
合计	700	100	8	40	45	5	2	100

资料来源：А. Г. Ларин，"Жизнь в России лаеами лаеами китайских ми грантовв"，Элекронная
ве Рсия бюллетеъя "Населние и обгцество"，20 октября 2008.

由表 8 可以算出，2005 年东北三省城镇居民月均收入为 724.2 元，农
村居民月均收入只有 282.7 元，黑龙江省则更低一些。尽管大部分在俄罗

斯经商务工的中国公民收入并不太高,但每月 1500—6000 元的收入对他们还是很有吸引力的。至于大学生、国家机关干部、非国有公司高管和企业主等,虽然不存在就业难的问题,但他们到俄罗斯的目的是找到更有利的工作或赚更多的钱。几乎所有被调查者到俄罗斯都是出于经济方面的考虑,移民并非他们决定来俄罗斯的最初目的。对此,一些俄学者也有清醒的认识,如俄罗斯科学院远东研究所教授 B. Я. 波尔佳科夫就指出:"远非所有此时此刻在俄居留的华人都可称为严格意义上的移民,即长住俄罗斯联邦境内或至少是致力于此的人,许多来俄华人,都把自己在俄罗斯的工作或商贸活动看作进一步在自己国内开拓或扩展生意的'跳板'。"①

表8   **2005 年东北三省城乡居民收入**   单位:元

地区	城镇居民人均可支配收入	农村居民人均纯收入
辽宁省	9107.6	3690.2
吉林省	8690.6	3264.0
黑龙江省	8272.5	3221.3
平均值	8690.2	3391.83

资料来源:《中国统计摘要 2006》,转引自鲍振东等《2006 年:中国东北地区发展报告》,社会科学文献出版社 2006 年版,第 344、345 页。

7. 旅俄华人对未来去向的打算

从表9可以看出,在对未来去向的打算方面,远东地区的华商与莫斯科的华商有很大区别。希望获得俄罗斯国籍或长期居留证在俄罗斯定居或常住的华商,在莫斯科华人中所占比例高达 67%,而在远东地区则只有27%;希望将来回中国定居只是有时来俄罗斯办事或干脆不再来俄罗斯的华商,在莫斯科华人中的比例是 36%,在远东地区则高达 50%。造成这种差别的主要原因在于远东地区和莫斯科华人的来源地不同。如前所述,远东地区华人多来自东北特别是黑龙江省边境市县,他们来俄的目的只是多挣点钱,改善自己的生活条件,即以脱贫为目标。这些人资本不雄厚,既不奢望,也无能力在俄罗斯谋求长远发展。莫斯科的华人则不同,虽东

---

①   B. Я. Портяков , "Новые китайские мигранты в России: промежуточные итоги", Проблемы Дальнего Востока. 2004, № 3。

北三省人也占较大比例（29%），但其余的人都来自东部沿海经济发达地区。这些人文化程度较高，眼界更开阔，市场经济意识强，经营管理水平高，而且很多人资本较雄厚，在某些行业中居主导地位，如温州华商在莫斯科鞋业市场上所占份额最高。因此莫斯科华商更倾向于在俄罗斯长期经营，扩展自己的事业。从这个意义上说，莫斯科的华商有"移民"倾向的要多一些，而远东地区华商的"移民"倾向则弱得多。

表9　　　　　　　　　2007 年被调查者对未来去向的打算

未来去向 ＼ 现住地区	俄罗斯	莫斯科	远东	符拉迪沃斯托克	哈巴罗夫斯克	布拉戈维申斯克
取得俄国籍住在俄罗斯	20	32	9	6	11	9
取得居留证住在俄罗斯	26	35	18	16	25	13
住在中国有时到俄罗斯办事	35	28	41	39	46	39
住在中国再也不来俄罗斯	5	3	8	9	6	9
去第三国	2	2	3	1	3	4
难以回答	12	2	20	29	9	26

资料来源：А. Г. Ларин，"Жизнь в России лаеами лаеами китайских ми грантовв"，Элекронная ве Рсия бюллетеъя "Населние и обгцество"，20 октября 2008.

三　远东"中国人口扩张论"的历史文化解读

在俄罗斯，中国移民是媒体的热门话题，据俄罗斯学者统计，仅 2003 年 12 月，在俄罗斯某搜索引擎上有关华人向俄罗斯移民的文章多达 1.2 万条以上[①]。一些学者和政界人物捕风捉影，任意夸大中国"移民"的数量，以此作为中国对俄罗斯远东地区进行"人口扩张"的论据。

2007 年下半年，А. 拉林主持了对莫斯科市及远东地区三大城市 900 名俄罗斯人的问卷调查（同时还对 700 名中国商人和 200 名大学生进行了调查，其结果已在上文引用），结果耐人寻味。

回答"下列论断来自传媒资料和专家意见，您认为哪些意见是正确

① В. Я. Портяков ，"Новые китайские мигранты в России：промежуточные итоги"，Проблемы Дальнего Востока. 2004，№ 3。

的?"这一问题的情况,见表 10(方格中的数字是作该种选项者占全部回答者的百分比,括号中的数字是回答的数量)。

表 10

地区 供选择的论断	全俄 (1285)	莫斯科 (652)	远东 (633)	符拉迪沃 斯托克(209)	哈巴罗夫 斯克(238)	布拉戈维 申斯克(186)
在俄华人数量不超过 30 万—40 万	3	4	2	5	2	1
在俄华人数量为几百万	19	23	15	25	14	7
在俄华人数量每年增加很多	32	32	31	25	35	32
每年有大量华人非法留俄	35	31	38	27	38	52
每年离俄华人数与入俄华人数实际上持平	6	6	7	11	5	3
难以回答	5	4	7	7	6	7

资料来源:А. Я. Дарин,"Китайские ми гранты лазами россиян", Электронная ве рсия Бюллетеня "Население и общество". 19 мая-I июоня 2008.

可以看出,选择第 1 项和第 5 项的被调查者比例很小,而选择第 2 项,尤其是第 3、第 4 项的比例则高得多。这就是说,无论在首都莫斯科,还是在远东地区,都有更多的人认为(或相信)在俄华人数量很多并逐年增多,而且还有大量非法移民。这种不符合实际的认识成为滋生和蔓延"中国人口扩张论"的土壤。

无独有偶,被调查者对"中国发展比俄罗斯快且人口众多,您是否由此认为,将来中国人和中国的影响可能在俄罗斯远东地区占优势?"这一问题的回答,表明很多俄罗斯人有这种担忧。选择"这种局面已经开始""必然发生"和"可能发生"的被调查者,在莫斯科占 53%、在远东地区占 75%,都超过半数。但持"这种情况可能但并非必然发生"的人最多,而且莫斯科人与远东人差别不大,表明很多俄罗斯人对此前景抱担忧而拿不准的心态。在对远东地区前景的展望上,莫斯科人与远东人的差别很大,如对中国人占优势这一前景,认为"已经开始"和"必然发生"的莫斯科人合起来占 27%,而远东人则占 46%;认为这种情况"不会发生"

的莫斯科人占39%，而远东人只占18%。这种差别说明，对远东地区的前途，远东人比莫斯科人更担忧一些，换言之，"中国威胁论"在远东地区更有市场。调查中还发现，俄罗斯人担忧的前景会以什么形式体现出来，则无论在莫斯科，还是在远东地区，人们认为可能性最大的形式恰恰是人口扩张（分别占被调查者的48%和41%）。

　　正是因为俄罗斯人对中国人口扩张的担忧，他们对中国人长住俄罗斯多表现出反对的态度，见表11，被调查者回答"您如何看待华人在俄罗斯长住的想法？"这一问题的情况（作该选项者占全部回答者的百分比）。

表11　　　　　　　　　调查"您如何看待华人在俄罗斯长住"问卷

被调查者态度 ＼ 地区	全俄	莫斯科	远东	符拉迪沃斯托克	哈巴罗夫斯克	布拉戈维申斯克
难以回答	3	4	3	4	2	3
反对	56	47	64	69	57	66
可以容忍	23	24	22	18	29	19
中立无所谓	14	21	8	7	7	10
同意	3	4	3	3	5	1

　　从表11可以看出，很多被调查者（在莫斯科近半数，在远东地区则近2/3）的回答是否定的，而持肯定态度者则寥寥无几。这种情况与俄罗斯科学院远东分院远东各民族历史、考古与民族学研究所1994—2003年在远东地区所作的几次问卷调查结果是一致的。

　　近年来，由于中俄战略协作伙伴关系的深化和双方政治互信的加强以及俄罗斯远东地区的振兴和发展有赖于中俄合作在俄罗斯已形成共识，"中国人口扩张论""中国威胁论"在俄罗斯特别是远东地区已大为降温，但远未销声匿迹。其中缘由，一些俄罗斯学者从人口学、经济学、地缘政治学等角度作了分析，比较普遍的观点是俄罗斯远东人口不断减少，而中国东北就有1亿多人口，且就业问题尖锐，俄地广人稀的远东地区面临中国移民的巨大压力。从经济层面看，中国经济迅速发展且已遭遇资源短缺的瓶颈，而俄远东地区作为一个尚未充分开发的自然资源宝库对于中国有巨大的诱惑力，由此认为中国对外经贸的"走出去"战略也是一种"全球性对外政治进攻"的战略，而俄罗斯则是"北京计划"中的目标①。有的俄罗斯学者则从国内政治角度分析，认为俄罗斯特别是远东地区一些政界人物有意炒作"中国威胁论"是出于本利益集团的政治需要。В. Л. 拉林在《90年代上半期的中国与俄罗斯远东：地区相互关系问题》一书中指出："所有的人都玩中国牌：政治家要在假爱国主义和民族主义的浪潮中保住或取得政权；军人要莫斯科更注重他们的需要；哥萨克要提高自己的地位和在民众中的声望；各联邦机构则为了本部门的利益。"应当说，上述观点分别从人口、经济、政治等角度揭示出"中国威胁论"在俄罗斯滋生的原因，但是问题的根源只能从历史文化的层面去探究。

我们都知道，以儒家思想为核心的中华文化历史悠久、博大精深，具有"海纳百川"的宽广胸怀和强大的文化势能。唯其如此，近代以前的中国在与周边国家的交往中，一方面，吸收域外文化中优秀的成分为我所用，另一方面，中华文化的核心价值观则得以保持和延续，并以其强大的文化势能改造异域文化。

中国对外移民历史悠久。二战以后，北美成为华人移民首选之地，其次是澳大利亚和西欧，再次为东南亚国家。欧美西方国家经济发达，当地文化处于强势地位，但华人移民仍顽强地保持着自己的文化特性，而当地社会的民主和宽容，又使得华人移民得以在一定程度和局部区域（如西欧不少国家城市中的唐人街）维持自己相对独立的社区和独特的生活方式。东南亚国家的经济文化发展水平相对落后，华人移民凭借自己的勤劳肯干、善于经营，在经济领域建树更大。同时由于自己的文化在客观上处于强势，遂得以更好的传承。

中国移民在俄罗斯的境遇则有所不同。俄罗斯虽然在历史上曾是欧洲乃至世界的大国和强国，科学技术和文学艺术也曾取得骄人的成就，但俄罗斯文化在世界上始终未能成为一种强势文化，其影响范围和力度都相对有限。

对于旅居俄罗斯的中国人而言，由于语言障碍，更由于本民族文化影响的根深蒂固，他们难以融入俄罗斯社会。沙俄时期，远东地区的中国人大都聚集而居，不与俄罗斯居民杂居。在中国人的社区里，他们由自己公推出来的首领管理，发生纠纷甚至争讼，也由首领出面协调，在内部解

---

① В. Г. Гельбрас, Россия в условиях глобальной китайской миграции. М. : Муравей, 2004г. с. 66。

决，而不诉诸属地的俄国当局。来远东地区经商务工的中国人大多是独身男性，不带家眷，有如"候鸟"定期往返，把在俄国挣到的钱带回中国。中国人与当地俄国人这种疏离的关系及自成一体的社会生活使俄国人自然地把中国人及其文化视为一种异己力量加以排斥。由于这一地区在中俄《北京条约》签订前是中国的领土，这就更加剧了俄国人对中国人的疑忌。曾于 1883—1901 年在朝鲜和中国任职的俄国外交官 H. 舒伊斯基认为中国移民的主要危险首先在于东西方文化的根本区别和中国人由于"中国民族文化类型特点而不可能被同化"。1914 年春天，阿穆尔地区督军 H. 贡达基写道："中国人坚定地坚持自己的民族文化，不放弃与其故土的精神联系，身处异国他乡仍是自己祖国的忠实儿子，丝毫没有同化于周围居民的要求，中国人简直就是敌对分子。"[1] 远东的"黄祸论"由此滋生，排华行动也随之而起。

一个世纪过去了，中俄两国各自经过了曲折的发展历程，彼此向对方敞开了大门。一些富有进取心的中国人来到俄罗斯，来到与自己毗邻的远东地区开拓自己的事业。这样一来，中俄两国人民的文化适应问题再次发生。

笔者也不完全认同俄罗斯学者的下述说法，即"同乡会是一种民族自我组织的特殊类型，它把与接纳社会的民族隔绝与向这个社会施加影响，与在新居住地占领和扩大自己的社会经济阵地结合起来"[2]。其实，"同乡会"的历史背景没有那么复杂，其实际功能也没有那样重大，它不过是中国人民间自发成立的，利用同乡关系开展互济互助、协调彼此利益关系的组织。它在中国及海外起码已存在了上百年。俄罗斯有这种中国人的同乡会，固然与中国人浓重的乡土观念不无关联，但同时也是中国人融入当地社会受挫的一种不得已的反应。在俄罗斯经商打工的华人大多不懂或粗通俄语，与俄罗斯人交流与沟通存在困难，而相当数量的俄罗斯人对外国人特别是作为亚洲人的中国人的排斥也使中国人望而却步。至于俄罗斯政府部门的官僚主义积习，特别是官员腐败及警察的勒索，是华人遇到困难和危险不向他们投诉，而去找同胞同乡寻求帮助的重要原因。B. Я. 波尔佳科夫教授也曾指出，"华人移民融入俄罗斯社会的程度低也遭到质疑，虽

① В. Л. Ларин，Китай и Дальний Восток России в первой половине 90 - х：проблемы регионального взаимодействия. Владивосток，1998г. c. 154。

② Там же.，c. 54 – 55。

然这在一定程度上是由于新来的人不懂俄语及大多数普通俄罗斯公民的种族宽容性不高所致","在俄华人群体成为本族和外族歹徒及俄罗斯各部门官员通过各种手段勒索的对象,这种情况阻碍了华人移民对俄罗斯现状的正常适应,相反促进了群体内部联系的稳定维持"①。

俄罗斯远东地区中国移民问题在新的历史条件下又被提了出来。问题的症结在于,俄罗斯文化既缺乏足够的势能同化在俄华人,又不具有恢宏的包容性为异域文化的发展提供宽松的环境。在这个"空档"中,俄罗斯狭隘民族主义和文化排外主义找到了自己的位置。于是,100 年前的"黄祸论"沉渣泛起,其现代版本就是"中国人口扩张论"和"中国威胁论"。

全球化是当今世界发展的客观进程,国际移民是推动全球化进程的重要因素。大批中国人走出国门,同时也有大批外国人到中国来,其中也有为数众多的俄罗斯人,可以说,若论"钟摆式"移民,俄罗斯人来中国的数量要多得多。在海南三亚,已形成了一个由几万俄罗斯旅游度假者组成的社区。他们作为中国的客人受到热诚欢迎与接待。我们相信,中俄两大民族有足够的智慧解决相互移民问题,使移民成为推动两国关系健康发展的积极因素。

本文原载于《俄罗斯中亚东欧研究》2009 年第 12 期

---

① В. Я. Портяков , "Новые китайские мигранты в России: промежуточные итоги", Проблемы Дальнего Востока, 2004, № 3。